# Kunst und Gesellschaft

**Reihe herausgegeben von**
Christian Steuerwald, Fakultät für Soziologie, Universität Bielefeld, Bielefeld, Deutschland

Die Reihe Kunst und Gesellschaft führt verschiedene Ansätze der Soziologie der Kunst zusammen und macht sie einem interessierten Publikum zugänglich. In theoretischen als auch empirischen Arbeiten werden dabei verschiedene Kunstformen wie etwa die Bildenden und Darstellenden Künste, die Musik und die Literatur hinsichtlich ihrer gesellschaftlichen und künstlerischen Bedeutung und Struktur untersucht. Dies beinhaltet nicht nur Analysen zu Kunstwerken und -formen, sondern auch Studien zur Produktion, Vermittlung und Rezeption von Kunst. Neben aktuellen Arbeiten stellt die Reihe auch klassische Texte der Kunstsoziologie vor. Damit sollen zum einen die Zusammenhänge zwischen Kunst und Gesellschaft herausgearbeitet werden. Zum anderen zielt die Reihe darauf, die Relevanz einer Soziologie der Kunst hervorzuheben.

Marie Rosenkranz

# Umkämpfte Kunst

Aktivistische Kunstpraktiken im Kontext des Brexits

Marie Rosenkranz
Institut für Sozialwissenschaften
Humboldt-Universität zu Berlin
Berlin, Deutschland

Bei der vorliegenden Monografie handelt es sich um eine Dissertation an der Kultur- Sozial- und Bildungswissenschaftlichen Fakultät der Humboldt-Universität zu Berlin im Rahmen der Promotionsförderung der Hans-Böckler-Stiftung.

Die Publikation wurde ermöglicht durch Druckkostenzuschüsse der Hans-Böckler-Stiftung, des Instituts für Sozialwissenschaften, sowie der Kultur- Sozial- und Bildungswissenschaftlichen Fakultät der Humboldt-Universität zu Berlin.

ISSN 2625-1531  ISSN 2625-154X (electronic)
Kunst und Gesellschaft
ISBN 978-3-658-46372-4  ISBN 978-3-658-46373-1 (eBook)
https://doi.org/10.1007/978-3-658-46373-1

Die Deutsche Nationalbibliothek verzeichnet diese Publikation in der Deutschen Nationalbibliografie; detaillierte bibliografische Daten sind im Internet über https://portal.dnb.de abrufbar.

© Der/die Herausgeber bzw. der/die Autor(en), exklusiv lizenziert an Springer Fachmedien Wiesbaden GmbH, ein Teil von Springer Nature 2024

Das Werk einschließlich aller seiner Teile ist urheberrechtlich geschützt. Jede Verwertung, die nicht ausdrücklich vom Urheberrechtsgesetz zugelassen ist, bedarf der vorherigen Zustimmung des Verlags. Das gilt insbesondere für Vervielfältigungen, Bearbeitungen, Übersetzungen, Mikroverfilmungen und die Einspeicherung und Verarbeitung in elektronischen Systemen.
Die Wiedergabe von allgemein beschreibenden Bezeichnungen, Marken, Unternehmensnamen etc. in diesem Werk bedeutet nicht, dass diese frei durch jede Person benutzt werden dürfen. Die Berechtigung zur Benutzung unterliegt, auch ohne gesonderten Hinweis hierzu, den Regeln des Markenrechts. Die Rechte der jeweiligen Zeicheninhaber*in sind zu beachten.
Der Verlag, die Autor*innen und die Herausgeber*innen gehen davon aus, dass die Angaben und Informationen in diesem Werk zum Zeitpunkt der Veröffentlichung vollständig und korrekt sind. Weder der Verlag noch die Autor*innen oder die Herausgeber*innen übernehmen, ausdrücklich oder implizit, Gewähr für den Inhalt des Werkes, etwaige Fehler oder Äußerungen. Der Verlag bleibt im Hinblick auf geografische Zuordnungen und Gebietsbezeichnungen in veröffentlichten Karten und Institutionsadressen neutral.

Planung/Lektorat: Daniel Rost
Springer VS ist ein Imprint der eingetragenen Gesellschaft Springer Fachmedien Wiesbaden GmbH und ist ein Teil von Springer Nature.
Die Anschrift der Gesellschaft ist: Abraham-Lincoln-Str. 46, 65189 Wiesbaden, Germany

Wenn Sie dieses Produkt entsorgen, geben Sie das Papier bitte zum Recycling.

# Danksagung

An dieser Stelle möchte ich allen Personen danken, die mich bei der Anfertigung meiner Doktorarbeit unterstützt haben.
Besonderer Dank gilt zunächst Andreas Reckwitz für die Betreuung und die Zusammenarbeit an der Humboldt-Universität zu Berlin. Insbesondere seine Unterstützung während der Corona-Pandemie war für die Durchführung dieses Projekts unerlässlich. Besonders danken möchte ich auch meiner Zweitbetreuerin Karen van den Berg, die mich schon in der Vorbereitung meiner Promotion unterstützt und deren Arbeit an der Zeppelin Universität meine Freude an der Forschung maßgeblich beeinflusst hat.
Auch möchte ich den Künstler*innen Wolfgang Tillmans, Tania Bruguera, Kathrin Böhm und Manick Govinda sowie ihren Mitarbeiter*innen meinen Dank aussprechen, für ihr Vertrauen, den Zugang zu ihrer Arbeit und den geduldigen Umgang mit meinen Nachfragen.
Für ihre fachlichen Hinweise, kritischen Anmerkungen und Lektüren einzelner oder mehrerer Kapitel danke ich Hilmar Schäfer (†), Nina Tessa Zahner, Christian Steuerwald, Judith Siegmund, Sabine Sanio, Ludger Schwarte, Anke Schad-Spindler, Linn Burchert, Christian Marty, Philipp Kleinmichel, Jenny Fadranski, Bastian Kenn, Falk Rößler, Luise Willer und Regina Hartig.
Für den fachlichen Austausch, die Unterstützung und die gemeinsame Auseinandersetzung mit der Wissenschaft danke ich Marget Lünenborg, Friederike Landau-Donelly, Eva Zepp, Annika Haas, Hanna Göbel, Sophia Prinz, Severine Marguin, Dennis Pohl, Julian Stahl, Christian Weining, Anna Staab und Helene Romakin. Bei Antje Scharenberg und Thomas Dekeyser bedanke ich mich für die Gastfreundschaft während meiner Feldforschung.
Mein Dank gilt außerdem meinen Kolleg*innen an der Humboldt-Universität zu Berlin für die ertragreichen Diskussionen und die Zusammenarbeit, die meine

Promotionszeit sehr bereichert hat. Meinen Kolleg*innen am Sonderforschungsbereich „Intervenierende Künste" an der Freien Universität Berlin und dem Forschungsschwerpunkt Ästhetik an der Zürcher Hochschule der Künste danke ich für den wertvollen Austausch in der Abschlussphase meiner Promotion.

Großer Dank gilt nicht zuletzt der Hans-Böckler-Stiftung für die finanzielle und ideelle Förderung meines Projekts.

Meinen Eltern, meinem Bruder und meinen Berliner Freund*innen danke ich für ihr Vertrauen in meine Arbeit, die Zerstreuung und die ansteckende Vorfreude auf mein erstes Buch.

# Inhaltsverzeichnis

1 **Einführung** .................................................... 1
  1.1 Gegenstand und Forschungsfragen ........................ 1
  1.2 Grundannahmen im Forschungsfeld ....................... 4
  1.3 Anmerkungen zur Forschungsperspektive .................. 7
  1.4 Aufbau der Arbeit ....................................... 9

2 **Vokabular** .................................................... 11
  2.1 Praktik – Praktiken – Praxis ............................. 11
  2.2 Kunst ................................................... 13
  2.3 Aktivismus .............................................. 14
    2.3.1 Aktivismus abseits der Kunst – Alternative Begriffe in den Politikwissenschaften ........................ 14
    2.3.2 Von den *relational aesthetics* zur sozial engagierten Kunst – Alternative Begriffe in den Kunstwissenschaften .............................. 15
    2.3.3 Eine kurze Begriffsgeschichte: Aktivismus als literarische Praxis .................................. 17
    2.3.4 Aktivismus als soziales Phänomen – Zur Entfrachtung eines politischen Begriffs ................ 19

3 **Theoretisch-methodologischer Zugang: Postautonome aktivistische Kunstpraktiken** ................................... 21
  3.1 Künstlerische Autonomie ................................. 23
    3.1.1 Künstlerische Autonomie bei Immanuel Kant, Theodor Adorno und Pierre Bourdieu ................ 23

|  |  | 3.1.2 | Autonomie in der Gegenwart: Die Narrative des Autonomieverlusts und der Autonomiekritik | 26 |
|---|---|---|---|---|
|  | 3.2 | Zur Praxeologie des Kunstaktivismus | | 28 |
|  |  | 3.2.1 | Die rezeptionsästhetische Tendenz praxeologischer Kunstwissenschaft | 30 |
|  |  | 3.2.2 | Künstler*innen als Handlungsträger*innen aktivistischer Praktiken | 32 |
|  |  | 3.2.3 | Zur retrospektiven Erforschung künstlerischen Tuns: Werkzeuge der Praxisforschung | 35 |
|  |  |  | 3.2.3.1 Materialität | 35 |
|  |  |  | 3.2.3.2 Relationalität | 37 |
|  |  |  | 3.2.3.3 Performativität | 38 |
|  | 3.3 | Methodisches Vorgehen | | 40 |
|  |  | 3.3.1 | Fallauswahl | 40 |
|  |  | 3.3.2 | Zugang zum Material | 42 |
|  |  | 3.3.3 | Analyse des Materials | 44 |
|  |  |  | 3.3.3.1 Bildanalyse | 44 |
|  |  |  | 3.3.3.2 Inhaltsanalyse | 45 |
|  |  | 3.3.4 | Situiertes Schreiben | 46 |
| **4** | **Historische Vorläufer: Das „Phantom-Archiv" aktivistischer Kunst** | | | **47** |
|  | 4.1 | Aktivismus als Innovation? | | 48 |
|  | 4.2 | Kunst und Leben: Impulse der Avantgarden | | 50 |
|  | 4.3 | Joseph Beuys und der erweiterte Kunstbegriff | | 52 |
|  | 4.4 | Selbstkritiken des Kunstfelds: Von der *Institutional Critique* zur instituierenden Praxis | | 55 |
|  | 4.5 | Der öffentliche Raum als Bühne: ACT UP | | 57 |
|  | 4.6 | Bildpraktiken im Arabischen Frühling | | 58 |
|  | 4.7 | Vom Innovationsgedanken zur Perspektive der Zeitspezifik | | 60 |
| **5** | **Aktivistische Kunstpraktiken im Kontext des Brexits** | | | **61** |
|  | 5.1 | Die Brexit-Debatte als Anlass aktivistischer Kunstpraktiken | | 61 |
|  |  | 5.1.1 | Das Brexit-Referendum | 63 |
|  |  | 5.1.2 | Das Empire als kulturelles Imaginäres | 67 |
|  |  | 5.1.3 | Deutungsstreits und ästhetische Strategien | 69 |
|  |  | 5.1.4 | Kulturpolitik | 72 |
|  |  | 5.1.5 | Indienstnahme der Kunst: Das „Festival of Brexit Britain" | 74 |

| | | | |
|---|---|---|---|
| | 5.1.6 | Kulturalisierung als Neuerung: Ein Exkurs zum ersten EU-Referendum 1975 | 75 |
| | 5.1.7 | Politische Kultur und kulturelles Klima | 76 |
| | 5.1.8 | Politisierung der Künste | 77 |
| 5.2 | Zur politischen Umfunktionierung von Werk und Renommee – Wolfgang Tillmans' „pro-EU / anti-Brexit campaign" | | 82 |
| | 5.2.1 | Einführung: meine Rezeptionserfahrung | 82 |
| | | 5.2.1.1 Ablauf der Kampagne | 84 |
| | | 5.2.1.2 Betrachtungsweisen: vom (un-)informierten Blick | 89 |
| | 5.2.2 | Aktivismus der Bilder | 92 |
| | | 5.2.2.1 Himmel, Inseln und der synoptische Blick | 97 |
| | | 5.2.2.2 Appelle – Text als politisierender Deutungsrahmen | 99 |
| | | 5.2.2.3 Interpretationen des Brexits | 101 |
| | 5.2.3 | Aktivismus des Künstlers | 103 |
| | | 5.2.3.1 Die „pro-EU / anti-Brexit campaign" in Tillmans' Werk | 103 |
| | | 5.2.3.2 Von der politischen Kunst zum Aktivismus | 104 |
| | | 5.2.3.3 Zum Narrativ persönlicher Betroffenheit | 106 |
| | | 5.2.3.4 Aktivismus im institutionellen Gefüge: Prozesse der Kunstwerdung | 107 |
| | 5.2.4 | Zwischenfazit | 109 |
| 5.3 | Politische Vollzugsweisen künstlerischer Praxis – Kollektiver Aktivismus bei *Keep it Complex, Make it Clear!* | | 111 |
| | 5.3.1 | Einführung | 111 |
| | | 5.3.1.1 Das Kollektiv *Keep it Complex, Make it Clear!* | 116 |
| | | 5.3.1.2 Das „Unite Against Dividers. Activation Weekend for the Arts" | 118 |
| | 5.3.2 | Praxis-Topoi | 120 |
| | | 5.3.2.1 Do it Yourself-Praktiken | 122 |
| | | 5.3.2.2 Essen als künstlerisch-politische Praxis | 124 |
| | | 5.3.2.3 Therapiekultur | 125 |
| | 5.3.3 | Subjektivierung | 127 |
| | | 5.3.3.1 Von der physischen Versammlung zum dezentralen Netzwerk | 128 |

| | | | |
|---|---|---|---|
| | 5.3.3.2 | Kollektive Ressourcen und Kollektivität als Abgrenzung | 131 |
| | 5.3.4 | Zwischenfazit | 132 |
| 5.4 | Kreative im Widerstand – *Brexit Creatives* | | 134 |
| | 5.4.1 | Einführung | 134 |
| | | 5.4.1.1 Das Netzwerk *Brexit Creatives* | 134 |
| | | 5.4.1.2 Interviewpartner | 137 |
| | 5.4.2 | Inszenierung | 138 |
| | | 5.4.2.1 Online-Auftritt: Die Tentakel der EU | 138 |
| | | 5.4.2.2 Against the „unifying pan-Europeanist aesthetic" | 141 |
| | | 5.4.2.3 Publikationspraxis: Angriffe auf die „not so liberal arts" | 141 |
| | 5.4.3 | Subjektivierung: Kreative als Kulturkritiker*innen des Kunstfelds | 143 |
| | 5.4.4 | Zwischenfazit | 145 |
| 5.5 | Aktivismus als performative Institutionskritik – Tania Bruguera „School of Integration" | | 146 |
| | 5.5.1 | Einführung | 146 |
| | | 5.5.1.1 Tania Bruguera | 149 |
| | | 5.5.1.2 Die „School of Integration" | 150 |
| | 5.5.2 | Praxis-Topoi | 152 |
| | | 5.5.2.1 Pädagogische Praktiken | 152 |
| | | 5.5.2.2 Instituierende Praktiken | 153 |
| | | 5.5.2.3 Autotheoretische Praktiken | 155 |
| | 5.5.3 | Subjektivierung: Die Künstlerin als Initiatorin | 157 |
| | 5.5.4 | Zwischenfazit | 158 |
| **6** | **Schlussbemerkungen** | | **161** |
| 6.1 | Ein Fazit nach Fallstudien | | 162 |
| | 6.1.1 | Europa-Begriffe: Affirmation, Meidung, Kritik | 164 |
| | 6.1.2 | Funktionszuweisungen zur Kunst | 165 |
| | 6.1.3 | Kipp-Punkte | 165 |
| 6.2 | Systematisierung der Forschungsergebnisse | | 167 |
| | 6.2.1 | Relationalität: Trennung und Verfügbarmachung | 167 |
| | 6.2.2 | Materialität: Zur Navigation kunstkritischer und politischer Diskurse | 169 |

|  |  |  |
|---|---|---|
|  | 6.2.3 Performativität: Normalisierung des aktivistischen Kunstbegriffs | 169 |
| 6.3 | Einordnung ins Forschungsfeld | 170 |
| 6.4 | Grenzen der Arbeit und Ausblick | 173 |

**Literatur** .................................................. 177

# Einführung 1

## 1.1 Gegenstand und Forschungsfragen

In seiner im Jahr 2023 erschienenen Monografie „Hyperpolitik" beschreibt der belgische Historiker Anton Jäger einen sich verändernden politischen Zeitgeist in Europa. Nach einer Ära technokratischer Postpolitik habe sich mit dem Aufstieg der sogenannten Neuen Rechten eine antipolitische Haltung verbreitet, auf die nun eine Omnipräsenz politischer Stellungnahmen folge. Es ist kein Zufall, dass Jäger diesen Wandel anhand eines künstlerischen Beispiels illustriert: Wolfgang Tillmans' Fotografien. Sei der Künstler in den 1990er Jahren durch Fotografien scheinbar beiläufiger Szenen bekannt geworden, sehe „Tillmans' Welt" heute „verstörend anders"[1] aus. Nicht nur fotografiere er zunehmend Proteste, etwa der *Black-Lives-Matter*-Bewegung, Tillmans habe sich – erstmals im Kontext des Brexit-Referendums[2] – auch selbst aktivistisch engagiert und stehe damit für ein gesteigertes Bedürfnis nach politischen Stellungnahmen – im, aber auch abseits des Felds der Kunst. So streitbar es erscheint, dass es sich bei dieser neuen hyperpolitischen Kultur bloß um einen Zeitgeist handeln soll – im Sinne eines Trends, für den es nicht auch eine Vielzahl an Anlässen gäbe – trifft Jäger hier

---

[1] Jäger, *Hyperpolitik. Extreme Politisierung ohne politische Folgen*, 10.
[2] Mit der Wortschöpfung Brexit, die gleich 2016 in das Oxford English Dictionary aufgenommen wurde, wird der Austritt des Vereinigten Königreichs (UK) aus der Europäischen Union (EU) bezeichnet. Als Portmanteau kombiniert das Wort „Britain" und „exit", obwohl es das UK war, über dessen Austritt bei dem Referendum abgestimmt wurde. Die Wortschöpfung wird auf 2012 datiert, nachdem zuvor mit der Bezeichnung Grexit ein möglicher Austritt Griechenlands aus der Eurozone diskutiert wurde. Vgl. BBC News, „Brexit added to Oxford English Dictionary".

---

© Der/die Autor(en), exklusiv lizenziert an Springer Fachmedien Wiesbaden GmbH, ein Teil von Springer Nature 2024
M. Rosenkranz, *Umkämpfte Kunst*, Kunst und Gesellschaft,
https://doi.org/10.1007/978-3-658-46373-1_1

doch einen wichtigen Punkt: Aktivismus ist in der Kunst längst zu einer gängigen Praxis geworden, welche die Gegenwartskultur bestimmt.

In Europa haben rechtspopulistische Parteien in der vergangenen Dekade eine euroskeptische Programmatik der Renationalisierung vorangetrieben. Das Konzept *Europa* wurde dabei zum Anlass einiger grundsätzlicher Aushandlungen essentialistischer und post-essentialistischer Kulturbegriffe. Im Zuge dieser „Kulturkonflikte"[3] wurde auch die Kunst nicht nur zum Gegenstand und Austragungsort politischer Auseinandersetzungen, Akteure der Kunst wurden auch zu ihren aktiven Beteiligten. In Polen wurde im Jahr 2017 um das Danziger Weltkriegsmuseum gestritten, nachdem die Regierung interveniert und Einwände gegen die Schau erhoben hatte[4]; im Jahr 2021 wurde ein umstrittenes Mediengesetz verabschiedet, das die polnische Medienvielfalt in Frage stellt. In Ungarn besetzten Studierende im Jahr 2020 die Theaterakademie SZFE, nachdem die Verwaltung der Akademie mit regierungsnahem Personal ersetzt worden war. Zahlreiche Theater und Akademien in Europa solidarisierten sich mit den Protesten.[5] Auch in Deutschland gehört es längst zur Strategie rechtsnationaler Parteien, Druck auf Kulturinstitutionen auszuüben. Die AfD stellte einige Anträge auf die Veröffentlichung von Finanzierungsquellen und Namen Beteiligter an Kulturproduktionen.[6] Dafür wurde die Partei gleich mehrfach zur Adressatin aktivistischer Kunstaktionen: Das *Zentrum für politische Schönheit* stellte dem AfD-Politiker Bernd Höcke eine Miniatur-Version des Holocaust-Mahnmals vor seinen Garten und verhinderte im Zuge der Bundestagswahl 2021 mit der Aktion „Flyerservice Hahn"[7] die Verbreitung von AfD-Flyern in Millionenanzahl. Aktivistische Künstler*innen, so die These dieser Arbeit, werden in Europa gegenwärtig zu immer sichtbareren Akteuren politischer Konflikte.

Dass Künstler*innen zunehmend direkt in politische Verhältnisse eingreifen, anstatt diese bloß im Sinne politischer Kunst zu repräsentieren, ist seit längerem eine Entwicklung im internationalen Kunstbetrieb. Der Künstler, Aktivist und Autor Gregory Sholette schrieb kürzlich in seiner Monografie „The Art

---

[3] Reckwitz, „Kulturkonflikte als Kampf um die Kultur: Hyperkultur und Kulturessenzialismus".

[4] Kellermann und Stucke, „Streit um Westerplatte-Museum in Danzig – Polens Regierung will ihr Geschichtsbild durchdrücken".

[5] Vgl. Hanschke, „Demo für Ungarns Studenten".

[6] Vgl. Laudenbach und Goetz, „AfD und Kulturpolitik".

[7] Der „Flyerservice Hahn" war eine inszenierte GmbH, die allen AfD-Verbänden in der Republik ein günstiges Angebot zur Produktion von Wahlkampf-Flyern machte, welches diese zahlreich annahmen. Die Flugblätter wurden aber nicht verteilt, sondern entsorgt. Vgl. Flyerservice Hahn.

## 1.1 Gegenstand und Forschungsfragen

of Activism and the Activism of Art", dass es schon in den 1970er Jahren zu einem „activist turn"[8] im Kunstfeld gekommen sei. Kunstaktivismus habe sich damals – aufgrund einer Reihe von kontingenten Faktoren, darunter das verstärkte Engagement von Künstler*innen außerhalb der Kunstwelt – zu einer Kunstform entwickelt, die inzwischen von „einer institutionellen Säule der zeitgenössischen globalen Hochkultur"[9] anerkannt werde. Nicht umsonst jedoch zeichnet Sholette diesen Statuswandel aktivistischer Kunstpraktiken erst heute nach. Denn gegenwärtig sind diese Praktiken nicht nur als Kunst anerkannt, sondern für das Verständnis des Kunstfelds zentral.

Aktivistische Künstler*innen gelten nicht mehr als außenstehende Provokateure wie z. B. noch zu Zeiten von Joseph Beuys, sondern gehören zu den einflussreichsten Akteuren der Kunst – gemeinsam mit Bewegungen wie *Black Lives Matter* und *metoo*, die 2020 die ersten Plätze des Power100 Rankings des Kunstmagazins *ArtReview* belegten. Im Jahr 2022 wurde der erste Platz von dem Kollektiv *ruangrupa* belegt, das die *documenta fifteen* kuratierte, und erstmals landeten auch Gewerkschaften, die sich für Kulturarbeiter*innen einsetzen, auf einem der ersten Ränge – knapp vor dem Fotografen Wolfang Tillmans, der auf Position sechs gerankt wurde.[10]

Ziel der vorliegenden Untersuchung ist es, aktivistische Praktiken im Kunstfeld in ihrem Zusammenhang mit den gegenwärtigen politischen Verschiebungen in Europa zu untersuchen. Denn interessant an dem Phänomen Kunstaktivismus ist, dass es sich zugleich *reaktiv* bildet, und politischen Entwicklungen, von denen Künstler*innen passiv betroffen sind, unmittelbar begegnet, zugleich aber im Wesentlichen aus Praktiken besteht, die genau dieses Passiv-Reaktive von sich weisen, und stattdessen eine aktive Rolle der Künste in politischen Konflikten beanspruchen. Folgende Forschungsfragen werden in dieser Arbeit verfolgt: Was zeichnet aktivistische Kunstpraktiken aus, die sich mit dem europäischen Einigungsprojekt auseinandersetzen? Welche Rollen nehmen Künstler*innen durch aktivistische Kunstpraktiken in diesem politischen Kontext ein?

Dieser Arbeit liegt die Analyse einiger künstlerischer Aktionen rund um das Brexit-Referendum zugrunde – das Votum über den Verbleib des Vereinigten Königreichs (UK) in der Europäischen Union (EU), welches am 23. Juni 2016 stattfand und zum Austritt des UK aus der EU im Januar 2020 führte. Denn zu

---

[8] Sholette, *The Art of Activism and the Activism of Art*, 59.
[9] Sholette, 11.
[10] Im Jahr 2019 befanden sich übrigens mehrere Akteure, die sich zum Brexit positioniert hatten, unter den Power100: Hans Ulrich Obrist als Leiter der Serpentine Gallery und Wolfgang Tillmans. Letzterer zählte zwar schon im Jahr 2010 zu den Power100, erfuhr jedoch 2016 einen deutlichen Aufstieg im Ranking und wurde etwa 2017 explizit nicht nur als Fotograf, sondern bereits als „artistic statesman" gelistet. Vgl. ArtReview.

Beginn dieses Forschungsprojekts war es vor allem die Debatte um den Brexit, die als besonders konkretes Beispiel der Veränderung der politischen Kräfteverhältnisse in Europa galt. Zudem sorgte dieses Aufkündigen der EU-Mitgliedschaft für einen Bündelungseffekt europäischer nationalistischer Bewegungen. Nicht nur begrüßten rechtsnationale Politiker*innen wie Marine Le Pen und Geert Wilders die Entscheidung zum Austritt aus der EU.[11] Der Brexit wurde auch als „Katalysator und Symbol eines Kulturkampfes"[12] gesehen, in dem es um weit mehr ging als die konkrete Frage der Mitgliedschaft in der EU.[13] Dass die Brexit-Debatte auch weitreichende Identitätsaushandlungen mit sich brachte, führte zu einer bemerkenswerten Verdichtung künstlerischen Engagements. Künstler*innen positionierten sich auf beiden Seiten des politischen Streits. Die in dem Zuge entstandenen aktivistischen Praktiken eignen sich daher besonders für eine Analyse unterschiedlicher aktivistischer Ansätze: sie weisen eine hohe Vergleichbarkeit auf, da sie sich alle auf den gleichen Gegenstand beziehen.

Die Tatsache, dass sich diese Arbeit am Beispiel des Brexit-Referendums mit Kunstaktivismus beschäftigt, mag dennoch etwas überraschen. Der Austritt des UK aus der EU ist Realität geworden, sodass sich anhand dieses Beispiels zumindest nicht der Nachweis führen lässt, dass aktivistischen Kunstpraktiken ein besonders großes politisches Potenzial innewohne. Es geht mir jedoch nicht darum, diese pauschal zu legitimieren oder zu delegitimieren, sondern die soziologische Frage zu behandeln, was Kunstaktivist*innen eigentlich *tun*, und in welche Rollen sie sich durch ihre Praktiken begeben.

## 1.2 Grundannahmen im Forschungsfeld

Mit der aktuellen Konjunktur aktivistischer Kunstpraktiken geht ein wachsendes Forschungsfeld einher. Wurde der Diskurs zunächst vor allem durch amerikanische Wissenschaftler*innen und Kurator*innen geprägt[14], wird das Thema auch

---

[11] Vgl. als/dpa/AFP, „Brexit".

[12] Roß, „Aus dem vereinigten ist ein gespaltenes Königreich geworden", 5.

[13] Der polnische Philosoph Piotr Cap beschrieb die Debatte daher als „proto-referendum debate". Cap, „'BRITAIN IS FULL TO BURSTING POINT!' Immigration themes in the Brexit discourse of the UK Independence Party", 70.

[14] Duncombe, *Cultural Resistance: Reader*; McKee, *Strike Art: Contemporary Art and the Post-Occupy Condition*; Thompson und Sholette, *The Interventionists. Users' Manual for the Creative Disruption of Everyday Life*; Love und Mattern, *Doing Democracy: Activist Art and Cultural Politics*; Kester, *The One and the Many: Contemporary Collaborative Art in a Global Context*.

## 1.2 Grundannahmen im Forschungsfeld

in der deutschsprachigen Forschungslandschaft seit einigen Jahren behandelt – und bereits zunehmend institutionalisiert[15]. Die vielfältigen Beiträge aufzulisten würde der stetig wachsenden Literatur kaum gerecht werden. Allerdings gibt es in dem transdisziplinären Forschungsfeld einige Grundannahmen, die ich zu Beginn dieser Arbeit herausarbeiten will.

Für eher soziologische Beiträge zum Thema ist die in der Differenzierungstheorie angelegte Annahme zentral, dass sich die Kunst grundsätzlich in ihrer sozialen Funktion von der Politik unterscheide und sie sich also als gesellschaftlicher Bereich in einem *Distanzverhältnis* zur Politik befinde. Aus dieser Grundannahme – die unter dem Begriff der Autonomie auch in der philosophischen Ästhetik verankert ist – geht, zweitens, eine Konzeptualisierung des Aktivismus als *Interventionspraxis* hervor. Aktivistische Praktiken gelten als Ein- bzw. Übergriffe von Künstler*innen, und so auch als Symptome der Entdifferenzierung von Kunst und Politik, welche Künstler*innen vorantreiben würden. Und drittens wird im Forschungsfeld meist davon ausgegangen, dass Kunstaktivismus in der ein oder anderen Form eine Innovation markiert, auch, wenn es schon immer politische Kunst gegeben hat. Die drei leitenden Grundannahmen ließen sich so zusammenfassen:

- Autonomie: Kunstaktivismus als Neuverhandlung von Autonomie[16], Kunstaktivismus als Infragestellung ästhetischer Autonomie[17], Kunstaktivismus als Symptom der Postautonomie[18]
- Intervention: Kunstaktivismus als direkter Eingriff in die Politik[19]

---

[15] Etwa durch das Horizon2020 Projekt FEINART, den Sonderforschungsbereich 1512 Intervenierende Künste und die DFG-Netzwerke „Versammeln: Mediale, Räumliche und Politische Konstellationen" und „Kulturen ästhetischen Widerstands". Vgl. „The Future of European Independent Art Spaces in a Period of Socially Engaged Art"; SFB 1512 „Intervenierende Künste"; „DFG-Netzwerk ‚Versammeln'";, „DFG-Netzwerk ‚Cultures of Aesthetic Resistance'".

[16] Vgl. Kester, *The One and the Many: Contemporary Collaborative Art in a Global Context*; Eusterschulte und Krüger, *Involvierte Autonomie*.

[17] Vgl. Rebentisch, „Zur Aktualität ästhetischer Autonomie. Juliane Rebentisch im Gespräch."

[18] Ullrich, *Die Kunst nach dem Ende ihrer Autonomie*.

[19] Thompson und Sholette, *The Interventionists. Users' Manual for the Creative Disruption of Everyday Life*; McKee, *Strike Art: Contemporary Art and the Post-Occupy Condition*; van den Berg, Jordan, und Kleinmichel, *The Art of Direct Action: Social Sculpture and Beyond*.

– Innovation: das „erste neue Kunstgenre des 21. Jh"[20], „activist turn"[21], Abkehr von der politischen Kunst[22]

Obwohl diese Annahmen in der Literatur wiederkehren, gibt es feine Unterschiede. Nicht nur werden beispielsweise verschiedene Autonomiebegriffe verwendet, deren theoretische Ursprünge ich in Kapitel 3 noch genauer darstelle. Die Autor*innen, die sich auf Autonomie beziehen, *bewerten* diese auch sehr unterschiedlich.

Diese Arbeit möchte diese im Forschungsfeld geteilten Grundannahmen zum Ausgangspunkt nehmen und für den Kontext des Brexits genauer qualifizieren. Denn beispielsweise mit der Vorstellung, Künstler*innen seien autonom, oder würden ihre Autonomie freiwillig verwerfen, scheint etwas nicht zu stimmen. Aktivistische Künstler*innen *reagieren* häufig auf politische Umstände, die auch sie betreffen, und können daher nicht bloß als Agent*innen der Entdifferenzierung[23] gesellschaftlicher Felder gesehen werden.

Zu einem möglichen Einfluss des Brexits auf das Kunstfeld und internationale Kulturbeziehungen existieren bereits einige Untersuchungen.[24] Die kulturpolitischen Entwicklungen stellen für meine Arbeit dennoch insofern einen Nebenschauplatz dar, als dass die Künste in kulturpolitischen Debatten eher der Gegenstand sind, wodurch Künstler*innen eine passive Rolle eingeräumt wird. Mich interessiert aber gerade die *aktive* Rolle, die Künstler*innen als Reaktion auf die politische Debatte annehmen. In dieser Arbeit wird argumentiert, dass sich ein solches zunehmend aktives politisches Rollenverständnis von Künstler*innen in einem

---

[20] Weibel, *Global activism: art and conflict in the 21st century*, 23.

[21] Vgl. Sholette, *The Art of Activism and the Activism of Art*, 59.

[22] Vgl. Lippard, „Trojan Horses. Activist Art and Power"; Groys, „On art Activism".

[23] Unter Differenzierung – und somit auch deren gegenläufigen Prozess der Entdifferenzierung – verstehen unterschiedliche Theoretiker*innen unterschiedliche Dinge. Wie Christian Steuerwald aufzeigt, stammt ein zentraler Differenzierungsbegriff der Kunstsoziologie von dem Wirtschaftstheoretiker Adam Smith. Dieser geht von zwei Formen der Differenzierung aus: einer sozialen Arbeitsteilung und der Differenzierung sozialer Ungleichheiten. Vgl. Steuerwald, *Einleitung*, 4. Ansonsten ist der Differenzierungsbegriffs Niklas Luhmanns einschlägig, den dieser auch direkt auf die Kunst bezog und der differenzierungstheoretische Gedanke, der dem Feldbegriff Pierre Bourdieus zurunterliegt. Hierauf werde ich im Theoriekapitel genauer eingehen.

[24] Vgl. MacDonald, *The Impact of Brexit on International Cultural Relations in the European Union*; ICM Unlimited, „Impact of Brexit Research 2017".

(1) ausdifferenzierten Feld an aktivistischen Kunstpraktiken zeigt
(2) die der Anspruch eint, politische Mitsprache nicht auf das Feld der Kulturpolitik zu beschränken, sondern gerade auch in allgemeinen politischen Debatten um Kulturbegriffe mitzumischen
(3) und die daher – in Europa – ein sich intensivierendes Wechselverhältnis von Kunst und Politik anzeigen
(4) und somit mehr *Ausdruck* einer Verwobenheit der Kunst mit politischen Verhältnissen sind, als *Auslöser* eines zu fürchtenden Autonomieverlusts.

Gegenüber der im Forschungsfeld geteilten Annahme, Aktivismus sei eine Form künstlerischer Intervention, wird in dieser Arbeit also die Wechselseitigkeit des Kunst-Politik-Verhältnisses betont, und damit auch die in der Autonomiedebatte häufig vernachlässigte, der Politisierung der Kunst vorausgehende „Kulturalisierung"[25] der Politik. Da die Frage der Neuheit des Aktivismus die Literatur maßgeblich strukturiert, hat die Auseinandersetzung hiermit eher einen nachgeordneten Stellenwert. Allerdings wird, inspiriert durch den Begriff der „Zeitspezifik"[26] aktivistischer Kunst, den die Künstlerin Tania Bruguera benutzt, auch auf die Verortung dieser Praktiken in einer bestimmten Zeit geschaut, und somit auf eine bestimmte zeitgenössische *aktivistische Kultur*, die von diesen Praktiken auszugehen scheint.

## 1.3 Anmerkungen zur Forschungsperspektive

Um ein derart hybrides Phänomen wie Kunstaktivismus in den Blick zu bekommen, bedarf es einer transdisziplinären Perspektive. Die Kunstgeschichte befasst sich nur selten mit dem Wechselverhältnis zwischen den Künsten und einem konkreten politischen Ereignis, liegt es ihr doch näher, die kontextübergreifenden Linien nachzuzeichnen, die einen Wandel in der Zeit sichtbar machen. Die philosophische Ästhetik sowie die Kunstphilosophie sind bereits mit dem Thema befasst, und liefern hilfreiche theoretische Werkzeuge. Sie fragen dabei aber häufig nach dem *Idealverhältnis* von Kunst und Politik. Die Kunstsoziologe interessiert sich dafür, wie Kunst in gesellschaftlichen Ordnungen eingelassen ist; ihr Gegenstand ist die soziale Bedeutung von Kunst und wie sie durch soziale

---

[25] Reckwitz, „Kulturkonflikte als Kampf um die Kultur: Hyperkultur und Kulturessenzialismus", 30.
[26] Bruguera, „Notes on Political Timing Specificity".

Akteure konstituiert wird. Eine kunstsoziologische Perspektive, so sollte man meinen, eignet sich somit eigentlich ideal für eine Untersuchung von Kunst in politischen Konflikten. Dennoch bleibt auch hier das Thema Kunstaktivismus bisher eher ein Ausnahmethema[27] und bewegt sich an den Rändern der Disziplin.

Ein Konzept, das eine für den Gegenstand geeignete transdiziplinäre Perspektive zwischen Kunstwissenschaft und -soziologie informieren kann, stammt von der Philosophin Judith Siegmund. Diese spricht von einem „Funktionswandel der Künste"[28] im 21. Jahrhundert, der mit einem neuen Verständnis von Kunst als *Arbeit an Kultur* einhergehe. Kunst trete immer offener in Form scheinbar nicht-künstlerischer, sozialer Praktiken auf, etwas als künstlerische Arbeit oder künstlerische Forschung. Dies geht mit der Entwicklung einher, die der Soziologe Andreas Reckwitz als „gesellschaftliche(n) Prozess der Ästhetisierung"[29] beschrieben hat: die Normwerdung künstlerischer Prinzipien außerhalb der Kunst. Beide Positionen legen nahe: Aktivistische Kunstpraktiken sind selbst nicht nur auf politische Veränderung aus, sondern auch Produkt gesellschaftlichen Wandels.

Um die Vorteile der Kunstwissenschaft und Soziologie zu integrieren, sollten nicht nur die Theorien, Methoden und Fragestellungen beider Disziplinen genutzt, sondern auch Ansätze und Literatur aus der Bildwissenschaft und der sozialen Bewegungsforschung herangezogen werden. Denn der Aufstieg digitaler Bildpraktiken wirkt sich ganz wesentlich auf Protestkulturen aus.

Nicht nur der interdisziplinäre Zugriff dieser Arbeit, auch ihr geografischer Fokus ist vorab zu begründen. Das Phänomen Kunstaktivismus anhand europäischer Beispiele zu untersuchen, mag nämlich zunächst wie blinder Eurozentrismus aussehen, oder zumindest wenig innovativ erscheinen. Doch Kunstaktivismus zu diesem Thema nimmt das Forschungsfeld bisher nur in Ausnahmefällen in den Blick.[30] Ein Grund liegt vermutlich in der kritischen Anlage des Forschungsfelds: Aktivismusforschung ist häufig selbst ebenso wie ihr Gegenstand der politischen Veränderung zugeneigt[31] und daher darum bemüht, für Diversifizierung

---

[27] Kastner, *Die Linke und die Kunst: ein Überblick*; Kastner, „Über strukturelle Grenzen (hinweg). Was Kunstproduktion und soziale Bewegungen verbindet".

[28] Siegmund, *Zweck und Zweckfreiheit*, 1.

[29] Für den er nicht zuletzt die „Selbstentgrenzung der Kunstpraktiken" als Ursache sieht. Vgl. Reckwitz, *Die Erfindung der Kreativität*, 90 ff.

[30] Eine Ausnahme ist Gielen und Lijster, „Culture: The Substructure of a European Common".

[31] Vgl. beispielsweise Peter Ullrichs Überlegungen über unterschiedliche Typen von Protestforscher*innen: Ullrich, „Protestforschung zwischen allen Stühlen. Ein Versuch über die Sozialfigur des ‚Protestforschers'".

und kritische Hinterfragung eurozentristischer Forschung zur sorgen[32]. Gerade aber weil eine engagierte und selbstkritische Wissenschaft unterstützenswert ist, wäre es problematisch, wenn durch die Zurückhaltung, europäische Fallbeispiele zu analysieren, auch die der Kunst eigenen europakritischen Positionen aus dem Blick gerieten. Denn in der aktivistischen Kunst gibt es Ansätze, die von dem Versuch gezeichnet sind, den kulturellen Liberalismus Europas und den postnationalen Einigungsgedanken zu schützen, und dabei zeitgleich den Ausschlüssen und Ambivalenzen des europäischen Projekts Rechnung zu tragen.

Die Auseinandersetzung von Künstler*innen mit Europa ist kompliziert: Spätestens seit dem Jahr 2015, in dem Flucht und Vertreibung drastisch anstiegen, ist „Europa" kein eindeutiger, geschweige denn positiv besetzter Begriff mehr. Von pro-europäischem Engagement abzusehen kann in diesem Zusammenhang längst bedeuten, sich für die gewaltsamen Facetten der europäischen Geschichte sensibel zu zeigen. Gerade aber in dem Wissen um diese sensiblen Debatten behandelt diese Arbeit europäische künstlerisch-aktivistische Praktiken, und zwar solche, die Fragen des Europäischen offen thematisch werden lassen.[33] Das heißt: Die europäischen Beispiele werden nicht in einem Gestus des stillschweigenden Eurozentrismus zum Gegenstand, sondern aufgrund ihrer eigenen Auseinandersetzung mit Europa bewusst zentriert. Was diese Arbeit aufgrund ihres begrenzten Fokus' auf europabezogene Praktiken daher nicht sein kann: eine umfassende Soziologie des Kunstaktivismus, die das Phänomen in all seinen sozialen Dimensionen erklärt.

## 1.4 Aufbau der Arbeit

Die vorliegende Studie ist wie folgt aufgebaut: Im zweiten Kapitel werden drei zentrale Begriffe dieser Arbeit geklärt: *Praktiken, Kunst* und *Aktivismus*. Dabei wird vor allem dem *Aktivismus* besondere Aufmerksamkeit geschenkt, da die Geschichte dieses Begriffs und dessen Verwendung in und außerhalb der Kunst

---

[32] Castellano, „Decentring the Genealogies of Art Activism".
[33] Zur Klärung der Europa-Begriffe: Den Unterschied des Kontinents Europa zur Europäischen Union droht diese Arbeit ein wenig zu verwischen, weil das Fallbeispiel Brexit die Auswahl künstlerischer Positionen begünstigt, die ein Votum über die EU-Mitgliedschaft zum Anlass für eine breitere Aushandlung des Europäischen nehmen. Die Künstler*innen sind dabei unterschiedlich präzise in der Abgrenzung. In meiner Arbeit spreche ich von Europa als Kontinent und kultureller Identifikationsgröße, es sei denn, es ist tatsächlich das konkrete institutionelle oder rechtliche Gefüge der EU gemeint.

einiger Ausführungen bedürfen. Das darauffolgende Theoriekapitel zeichnet einschlägige theoretische Positionen zum Verhältnis von Kunst und Politik in ihren Grundzügen nach. Zentral ist dabei das Konzept der künstlerischen Autonomie und die Frage, wie dieses gegenwärtig in kunsttheoretischen und -kritischen Diskursen über aktivistische Kunst eingesetzt wird. Ich skizziere dazu zwei dominante Narrative: das Narrativ des Autonomieverlusts und der Autonomiekritik. Im nächsten Schritt stelle ich den theoretisch-methodologischen Zugang zu den künstlerischen Beispielen dar, der sich am Begriffswerkzeug soziologischer Praxistheorien orientiert. Im selben Kapitel werden zudem die Kriterien für die Fallauswahl, die Methoden für den Zugang und die Analyse des Materials ausführlich erläutert.

Das vierte Kapitel präsentiert eine kurze Genealogie aktivistischer Kunstformen, und konzentriert sich dabei auf einige ausgewählte Vorläufer, die für das Verständnis der Projekte rund um das Fallbeispiel Brexit besonders relevant erscheinen. Schlaglichtartig werden in dem Kapitel wiederkehrende Fragestellungen, Aspekte und Grenzen dieser sich entwickelnden Kunstpraktiken dargestellt. Das fünfte Kapitel beginnt mit einer Einführung in den politischen Fall des Brexits. Dabei wird nicht die gesamte Auseinandersetzung nacherzählt; im Fokus stehen vielmehr die kulturellen Dimensionen der Debatte, die besondere Anknüpfungspunkte für ein künstlerisches Engagement darstellten, darunter kulturpolitische Kontroversen und eine die Auseinandersetzung bestimmende politische Kultur. Es folgen die Ergebnisse der empirischen Analysen: zu der bildbasierten „pro-EU / anti-Brexit campaign" von Wolfgang Tillmans, mit der dieser im Vorfeld des Referendums eine Politisierung des Kunstfelds lostrat; zu den Aktionen der Netzwerke *Keep it Complex, Make it Clear* und *Brexit Creatives*, die sich im Nachgang des Referendums zur Verstetigung und Sichtbarmachung künstlerischen Engagements bildeten; sowie zur Installation „School of Integration" der kubanischen Künstlerin Tania Bruguera, die nach den kulturellen Wurzeln der Brexit-Auseinandersetzung fragt. Das abschließende Kapitel bezieht die Ergebnisse dieser Fallstudien auf die eingangs eingeführten Foki der Forschung – Autonomie, Intervention, Innovation – und macht Vorschläge, wie diese ausgehend vom Fall der Kunst zum Brexit erweitert werden können.

# Vokabular 2

## 2.1 Praktik – Praktiken – Praxis

Der Begriff der Praxis wird im künstlerischen Feld selbst verwendet. Künstlerische Praxis, *artistic practice*, und Künstler*innen als *practitioner* – diese Variationen des Praxisbegriffs erlaubten es angesichts einer „Dematerialisierung von Kunst"[1], den engen Begriff des materiellen Kunstwerks um künstlerische Verfahren und Prozesse zu erweitern. Um dieser Bedeutung nicht in die Quere zu kommen, wird in dieser Arbeit der soziologische Begriff der Praktik bzw. der Praktiken angewandt. Eine Praktik ist eine wiederholbare „Art von Verhalten, die körperliche und geistige Aktivitäten, Dinge und deren Verwendung, sowie Wissen verbindet und umfasst: in Form von Verständnis, Know-how, Gefühlszuständen und Motivationen"[2]. Als „routinemäßige Art und Weise, wie Körper bewegt, Objekte gehandhabt, Subjekte behandelt, Dinge beschrieben und die Welt verstanden"[3] werden, wohnt Praktiken ein Wissen inne, das sie in einer bestimmten Zeit situiert. Für diese Arbeit wird mit dem Begriff der Praktiken genauer die Art und Weise untersucht, wie Künstler*innen ihre künstlerischen Fähigkeiten, Artefakte und Beziehungen, sowie künstlerische Räume und Konzepte im Rahmen aktivistischer Praktiken einsetzen.[4]

---

[1] Chandler und Lippard, „Dematerialization of Art".
[2] Reckwitz, „Toward a Theory of Social Practices", 249.
[3] Reckwitz, 250.
[4] Der Aspekt der Körperlichkeit wird in dieser Arbeit aufgrund der retrospektiven Forschungsmethode etwas ausgeblendet, sollte in zukünftigen Arbeiten im Themenbereich aber genauer betrachtet werden. Ich selbst setze mich in einer anderen Arbeit mit einer körperbasierten Form von künstlerischem Protest auseinander. Vgl. Rosenkranz, „Zur ‚zentrifugalen Kraft' aktivistischer Kunst. Überlegungen am Beispiel einer künstlerischen Protestaktion".

© Der/die Autor(en), exklusiv lizenziert an Springer Fachmedien Wiesbaden GmbH, ein Teil von Springer Nature 2024
M. Rosenkranz, *Umkämpfte Kunst*, Kunst und Gesellschaft,
https://doi.org/10.1007/978-3-658-46373-1_2

Praktiken geschehen nicht einfach, sondern ihnen liegt eine Intentionalität zugrunde: „bestimmte Dinge zu wollen oder zu wünschen und andere zu vermeiden"[5]. Diese in Praktiken zwar bestehende, aber doch diffuse und dynamische Form der Intentionalität ist ein Grund, warum der Begriff der Praktiken in dieser Arbeit gegenüber dem starreren soziologischen Handlungsbegriff[6] bevorzugt wird: Künstlerischer Aktivismus ist zwar intentional, aber nicht *ausschließlich* zweckorientiert. Ihm kommt ein „symbolischer Überschuss"[7] zu.[8] Zudem geht ihm kein Subjekt voraus, sondern es wird davon ausgegangen, dass eine bestimmte Form aktivistischer Subjektivität temporär erzeugt und vollzogen wird.

Praktiken zeichnen sich durch Relationalität aus. Einerseits in der Zeit: Praktiken sind immer „Folgepraktiken", „sie ereignen sich im Anschluss an bereits geschehene Praktiken und erzeugen nun gerade dadurch eine Praxis als Vollzugswirklichkeit, die sich aus der Verkettung von Einzelpraktiken als Ereignisse bildet"[9]. Andererseits im Raum des Sozialen: Praktiken stützen sich auf „praktische Wissensformen"[10] und beziehen sich auf Körper und Artefakte.

Verstanden auf diese Weise hat der Begriff der Praktiken den Nutzen, scheinbar homogene soziale Phänomene in ihren vielgestaltigen Aufführungen analysierbar zu machen. Denn spricht man von „dem Kunstaktivismus", wirkt

---

[5] Reckwitz, „Toward a Theory of Social Practices", 254.

[6] Der Handlungsbegriff der Soziologie beschreibt im Anschluss an Parssons häufig einen „Moment des Verhaltens, das zielgerichtet ist, in Situationen der Orientierung stattfindet, normativer Regelung unterliegt und der Motivation des Akteurs folgt". Klimke u. a., *Lexikon zur Soziologie*, 300.

[7] Kleinmichel, „The Symbolic Excess of Art Activism".

[8] Praxistheorien begreifen Intentionalität als eine Dimension von Praktiken, die sich während ihres Vollzugs erst formt und artikuliert, während der Handlungsbegriff auf einer Intentionalität beruht, die der Handlung selbst zeitlich vorausgeht. Handlungs- und Praxisbegriff werden im Diskurs über aktivistische Kunst dennoch teilweise synonym verwendet und der Handlungsbegriff überdauert hier die Debatten über sein problematisches Intentionalitätsverständnis. Dies liegt daran, dass die Kunstwissenschaften mit dem Begriff der Handlung häufig die Kontingenz einer sich im Kunstfeld verbreitenden Zwecklogik betonen. Vgl. Siegmund, *Zweck und Zweckfreiheit*. In der Kunstphilosophie wird mit dem Handlungsbegriff eine künstlerische Praxis mit „Veränderungsqualität" betont und das Handeln so vom bloßen Verhalten oder dem Begriff des Geschehens unterschieden. Vgl. Schürmann, „Sagen, Zeigen, Handeln", 56.

[9] Hillebrandt, „Was ist der Gegenstand einer Soziologie der Praxis?", 17.

[10] Reckwitz, „Die Reproduktion und die Subversion sozialer Praktiken. Zugleich ein Kommentar zu Pierre Bourdieu und Judith Butler", 45.

dieser wie ein homogenes Phänomen. In dieser Arbeit soll jedoch der Blick darauf gelenkt werden, aus welchen vielgestaltigen einzelnen Elementen sich dieses Phänomen ergibt.

## 2.2 Kunst

Der Kunstbegriff wird in den meisten Beiträgen im Forschungsfeld nicht genau geklärt. Das ist jedoch keine Lücke, sondern bildet eine Logik des Forschungsgegenstands selbst ab: Insofern sich aktivistische Kunstpraktiken stark auf ihre politischen Kontexte beziehen, stellen sie die Frage, was mit der Bezeichnung „Kunst" überhaupt gewonnen ist. Auch die Einordnung in Kunstsparten, die in soziologischen Diskursen verlangt wird, entspricht nicht mehr der Logik des Gegenstands. Längst verwischen die Binnengrenzen des Kunstfelds.[11] Was aber für diese Arbeit von Interesse ist, ist eine Abgrenzung *künstlerischer* Praktiken gegenüber *ästhetischen Praktiken*. Ästhetische Praktiken ereignen sich nicht nur im Zusammenhang mit Kunst, können „ihre Herkunft aus den Künsten (aber) nicht verleugnen"[12]. Zwar sind alle Praktiken insofern ästhetisch, als dass sie in ihrem Vollzug immer mit Körpern und somit Sinnen verbunden sind[13]. Allerdings handelt es sich nur bei ästhetischen Praktiken um „selbstreferenzielle"[14] Ausübungen von Wahrnehmung und Vorstellungskraft.

Der Begriff der künstlerischen Praktiken hingegen akzentuiert, dass sich die damit beschriebenen Praktiken aber nicht auf die Produktion von Wahrnehmungsakten beschränken lassen[15]. Denn künstlerische Praktiken sind durch Künstler*innen aufgeführte Praktiken, die nicht sonderlich ästhetisch sein müssen: gemeint sind etwa auch die die unmittelbare Werkproduktion begleitenden Praktiken des Recherchierens, Organisierens und Präsentierens, aber auch diejenigen Kunstformen, für die es im Sinne von Siegmunds „Funktionswandel der Künste"[16] einen genauen Blick bedarf, um sie überhaupt als Kunst zu erkennen. In dieser Arbeit stehen die zugleich künstlerischen und aktivistischen Praktiken im Zentrum: durch Künstler*innen aufgeführte Praktiken mit einem politischen Veränderungsvorhaben.

---

[11] Vgl. Bertram, Deines, und Feige, „Die Kunst und die Künste. Einleitung in ein Forschungsfeld der Gegenwartsästhetik".
[12] Kauppert, „Selbstentgrenzung der Künste oder Entkunstung der Kunst?", 17.
[13] Hillebrandt, „Was ist der Gegenstand einer Soziologie der Praxis?", 17.
[14] Vgl. Reckwitz, „Ästhetik und Gesellschaft – ein analytischer Bezugsrahmen", 25 ff.
[15] Zembylas, *Artistic Practices*.
[16] Siegmund, *Zweck und Zweckfreiheit*, 1.

## 2.3 Aktivismus

### 2.3.1 Aktivismus abseits der Kunst – Alternative Begriffe in den Politikwissenschaften

Der Begriff des Aktivismus wird – wie der Begriff der Praktiken – im Feld verwendet, und ist insgesamt als analytischer Begriff in der Wissenschaft eher unüblich. Sogar in politikwissenschaftlichen Nachschlagewerken sucht man ihn teilweise vergeblich. Ich möchte also erklären, warum ich ihn dennoch als analytischen Begriff einsetze und mich ihm zunächst in Abgrenzung zu seinen vielfältigen Alternativen annähern. Etwa zu dem Begriff der *sozialen Bewegungen*, der eine kollektive „Interessenartikulation außerhalb der etablierten, dafür vorgesehenen gesellschaftlichen Formen, d. h. außerhalb der Institutionen"[17] beschreibt. Während sich hinter sozialen Bewegungen eine Gruppierungslogik verbirgt, die sich durch ein gemeinsames Ziel auszeichnet – etwa eine Reform oder eine Ideologie –, kann Aktivismus, ähnlich wie *Protest*, auch durch individuelle Handlungsträger*innen stattfinden.[18] Auch im Vergleich zum Begriff des Widerstands gewinnt der Aktivismusbegriff an Kontur. Denn Aktivismus bedeutet nicht gleich Aktivität, er kann auch die Form „passive(r) Resistenz"[19] annehmen, etwa als Streik. Widerstand bezeichnet jedoch eine „normativ begründete Gegenwehr"[20] gegen eine als illegitim empfundene Herrschaft. Aktivismus wird in dieser Arbeit demgegenüber als ein offenerer Begriff verwendet, der eine künstlerische Praxis beschreibt, die das politische Handeln an sich affirmiert und die Gestaltbarkeit politischer Verhältnisse betont. Und er umfasst sowohl Protest, als auch Widerstand und fragt zudem, welche weiteren Formen des künstlerisch-politischen Engagements es gibt.

---

[17] Nohlen, *Lexikon der Politik. 7. Politische Begriffe*, 589.

[18] Protest bedeutet im lateinischen Wortstamm zunächst „Zeugnis ablegen für" und ist – so betonte es Basil Rogger anlässlich einer Ausstellung der Zürcher Hochschule für Bildende Künste – insofern eine kunstaffine Zeigepraxis. Rogger, „Protest. Eine Zukunftspraxis", 33.

[19] Theimer, *Lexikon der Politik: politische Grundbegriffe und Grundgedanken*, 236.

[20] Nohlen, *Lexikon der Politik. 7. Politische Begriffe*, 725. Auch der Engagementbegriff ist ein häufiges Synonym des Aktivismus. Allerdings beschreibt er häufig eine zivile, manchmal ehrenamtliche Praxis, bei der Anstrengungen im Sinne eines gesellschaftlichen Gemeinwohls unternommen werden, die aber nicht zwangsläufig mit einer Veränderungsqualität einhergehen – so kann man sich etwa in der Kirche engagieren oder in bereits bestehenden sozialen Institutionen, oder auch in einem privatwirtschaftlichen Unternehmen.

## 2.3.2 Von den *relational aesthetics* zur sozial engagierten Kunst – Alternative Begriffe in den Kunstwissenschaften

Obwohl im Forschungsfeld von einer „aktivistischen Wende"[21] in der Kunst die Rede ist, steht eine genauere Auseinandersetzung mit dem Begriff des Aktivismus noch aus. Es gibt eine Vielzahl an alternativen Begriffen, mit denen eine Veränderung der künstlerischen Praxis hin zu einer stärkeren Einmischung in soziale und politische Verhältnisse beschrieben wird. "Relational aesthetics"[22], „participatory art"[23], „social practice art"[24], „collaborative art"[25], „new genre public art"[26], „socially engaged art"[27], dialogical art[28], community-based art[29] und „sociopolitical aesthetics"[30] – insgesamt Praxen, die die Kunstwissenschaftlerin Claire Bishop auch als „expanded field of post-studio practices"[31] zusammenfasst. Die Begriffe betonen dennoch unterschiedliche Aspekte. Nicolas Bourriaud hat mit dem Begriff der „relational aesthetics" beschrieben, dass Künstler*innen zunehmend anstatt gegenständlicher Kunstwerke „Momente der Geselligkeit" produzieren oder „Gegenstände, die Geselligkeit erzeugen"[32]. Gemeint ist der Trend in der Kunst, menschliche Beziehungen als Material künstlerischer Arbeit zu begreifen. Damit schloss Bourriaud an Theorien an, die beschrieben, wie sich Künstler*innen von Kunst*objekten* entfernten[33]. Wenig später griff Claire Bishop Bourriauds Beobachtung kritisch auf und sprach stattdessen von „participatory art", die sich durch einen „Anstieg künstlerischen Interesses an Partizipation und

---

[21] Sholette, *The Art of Activism and the Activism of Art*.
[22] Bourriaud, „Relational Aesthetics. Art of the 1990s".
[23] Bishop, *Artificial Hells: Participatory Art and the Politics of Spectatorship*.
[24] Sholette, „After OWS: Social Practice Art, Abstraction, and the Limits of the Social".
[25] Kester, *The One and the Many: Contemporary Collaborative Art in a Global Context*; Lind, „The Collaborative Turn".
[26] Lacy, *Mapping the Terrain. New Genre Public Art*.
[27] Thompson, *Living as form: socially engaged art from 1991–2011*.
[28] Geuss, „Das dialogische Kunstwerk. Gesprächsformate und Öffentlichkeit in der Kunst von der Art Workers Coalition bis Group Material und,new genre public art'".
[29] Kester, *Conversation pieces: community and communication in modern art*.
[30] Charnley, *Sociopolitical aesthetics: art, crisis and neoliberalism*.
[31] Bishop, *Artificial Hells: Participatory Art and the Politics of Spectatorship*, 1.
[32] Bourriaud, „Relational Aesthetics. Art of the 1990s", 51. Geselligkeit wurde im Original als „sociability" bezeichnet.
[33] Chandler und Lippard, „Dematerialization of Art"; Sanio, *Alternativen zur Werkästhetik: John Cage und Helmut Heißenbüttel*.

Kollaboration"[34] auszeichne und sich seit den frühen 1990er Jahren rund um den Globus manifestiert habe. Damit bemängelte sie, Bourriaud hätte übersehen, dass es bei den meisten Praktiken nicht nur darum ginge, einen „social bond"[35] ästhetisch zur Schau zu stellen, sondern diesen durch konkrete künstlerische Praktiken zu reparieren. Während Bourriauds Fokus auf Relationalität also eher an einer Ästhetik des Sozialen interessiert war, umfasst Bishops Begriff der „participatory art" auch die künstlerische Politisierung sozialer Beziehungen. Der amerikanische Kunstwissenschaftler Grant Kester setzt sich noch für einen weiteren Begriff ein: „socially engaged art". Dieser beschreibt diejenige Ausformung aktivistischer Kunst, bei der „processes of collaborative interaction"[36] zum Tragen kommen. Während diese kunstwissenschaftlichen Auseinandersetzungen[37] um die Unterschiede im Grunde eine Ausdifferenzierung von Ansätzen im Kunstfeld widerspiegeln, ist aus soziologischer Sicht eher interessant, was diese Praktiken vereint, und das ist ihr aktivistischer Gestus.

Eine der ersten, die ihre künstlerischen Arbeiten als aktivistisch bezeichnete, war Lucy Lippard in ihrem Essay „Trojan Horses: Activist Art and Power" von 1984.[38] Lippard, Mitgründerin des Political Art Documentation/Distribution (PAD/D), einer Kunstorganisation, die ein Archiv sozial engagierter Kunst aufbaute, argumentiert darin: Während sich politische Kunst „sozial betroffen" zeige, verstehe sich aktivistische Kunst als „sozial involviert"[39]. Damit stellte Lippard die Vorstellung in Frage, dass Künstler*innen Außenstehende seien, die der Gesellschaft politische Missstände bloß aufzeigen, sie aber nicht selbst verändern könnten. Wenige Jahre später griff die Kunsthistorikerin Nina Felshin den Begriff auf.[40] Auch der Kurator Nato Thompson trug dazu bei, den Aktivismusbegriff zu popularisieren.[41]

---

[34] Bishop, *Artificial Hells: Participatory Art and the Politics of Spectatorship*, 1.
[35] Bishop, *Participation*, 13.
[36] Kester, *The One and the Many: Contemporary Collaborative Art in a Global Context*, 33. Claire Bishop wandte ein, dass der Begriff des Engagements viel zu weitreichend sei – denn engagiert, so Bishop, könne alles sein: von „engagé painting" bis zum autonomen Kunstwerk, das sich engagiert jeder Nützlichkeit entziehe. Vgl. Bishop, *Artificial Hells: Participatory Art and the Politics of Spectatorship*, 1.
[37] Für eine ausführlichere Zusammenfassung vgl. Bell, „The Politics of Participatory Art".
[38] So zeigt es z. B. Serafini, *Performance Action*.
[39] Lippard, „Trojan Horses. Activist Art and Power".
[40] Felshin, *But is it art? The spirit of art as activism*, 9.
[41] Thompson, *Seeing Power: Art and Activism in the 21st Century*.

## 2.3 Aktivismus

Während der „activist turn"[42] im amerikanischen Diskurs mittlerweile kaum in Frage gestellt wird, wird der Begriff „Aktivismus" im deutschsprachigen Diskurs noch mit etwas Vorsicht behandelt. Denn hier gibt es ganz eigene Unschärfen: Die Assoziation des Aktionismus, ein abwertender Begriff für den übermäßigen Drang zu handeln, steht einer analytischen Verwendung des Begriffs zunächst etwas entgegen. Und in der Kunst wird mit Aktivismus auch die Aktionskunst assoziiert, eine Richtung in der bildenden Kunst, die ab den 1940er/1950er Jahren bis zur Mitte der 1970er Jahre mit „aktionsbetonten Kunstformen wie Happening, Event oder Fluxus" experimentierte; ephemere Kunstformen, deren Ziel allerdings damals nicht der politische Aktivismus war, sondern zunächst eine ästhetische „Abkehr von der Statik sowie (der) Erprobung von formalen Bewegungen und Kräften im Raum"[43], wie etwa bei Joseph Beuys und Marina Abramovic. Ich möchte die Bedeutung des Aktivismusbegriffs daher noch etwas genauer spezifizieren, und hierzu einen kurzen Exkurs in die deutschsprachige Begriffsgeschichte unternehmen.[44]

### 2.3.3 Eine kurze Begriffsgeschichte: Aktivismus als literarische Praxis

Unter Aktivismus werden nicht nur Protestpraktiken verstanden, sondern auch eine literarische Bewegung, die von 1914 bis in die 1920er Jahre in Deutschland aktiv war und die durch den Schriftsteller Kurt Hiller begründet wurde. Obwohl sie zunächst wenig mit den Akteuren dieser Arbeit zu tun zu haben scheint, gibt es nicht nur einige Parallelen zwischen dem damaligen Anspruch der Bewegung und heutigen aktivistischen Praktiken, sondern der Bewegung ist auch Einfluss auf die Entwicklung der heutigen *Konnotationen* des Begriffs zuzurechnen. Ziel der pazifistischen, sozialistischen Bewegung war damals die Aktivierung der Literatur zur Gestaltung der politischen Verhältnisse. Die Bewegung sprach sich in den sogenannten Ziel-Jahrbüchern für eine künstlerische, vor allem literarische Praxis aus, welche die Alternativen zu den kritisierten Verhältnissen selbst verwirklichen sollte, anstatt ihr Publikum zum politischen Handeln zu animieren.

---

[42] Sholette, *The Art of Activism and the Activism of Art*, 59.
[43] Trebeß, *Metzler Lexikon Ästhetik: Kunst, Medien, Design und Alltag*, 6.
[44] Nun mag es überraschen, dass der deutschsprachige Diskurs für den Fall des Brexits als relevant erachtet wird. Hierfür gibt es jedoch zwei Gründe: Einerseits möchte diese Arbeit auf begrifflicher Ebene trotz des britischen Beispiels auch einen Beitrag zur deutschsprachigen Forschungslandschaft leisten, andererseits spiegeln sich in der deutschsprachigen Begriffsgeschichte einige europäische Entwicklungen, die auch den Fall des Brexits erhellen.

Hiller schrieb, es gebe „zwei allgemeine Mittel, die Welt zu verbessern, (...) ein direktes und anständiges, ein indirektes und schäbiges. Das anständige besteht darin, die Dinge zu ändern; das schäbige: die Menschen"[45].[46]

Schon in den 1910er Jahren gab es also die den heutigen Praktiken ähnelnde Abwendung von der Vorstellung, politischer Wandel lasse sich vor allem über den Umweg des Kulturwandels und die Beeinflussung eines Publikums bewirken; stattdessen nahm sich Hiller vor, direkt in politische Verhältnisse einzugreifen. Der Bewegung schlossen sich damals jedoch relativ wenige an. Vielmehr wurde Hillers Aktivismus eher zur Kontrastfolie von Ansätzen, die argumentierten, das politische Potenzial der Kunst müsse ganz anders realisiert werden. Robert Musil etwa sprach sich gerade „aus geistigem Aktivismus"[47] gegen den Aktivismus aus. Zu den Kritikern des Aktivismus gehörte auch Walter Benjamin, der in seinem einflussreichen Essay „Der Autor als Produzent" argumentierte, dass es zu einer politischen Praxis gehören müsse, sich mit dem künstlerischen Produktionsapparat auseinanderzusetzen, anstatt diesen nur mit revolutionärer Kunst zu beliefern. Denn: „daß der bürgerliche Produktions- und Publikationsapparat erstaunliche Mengen von revolutionären Themen assimilieren, ja propagieren kann, ohne damit seinen eigenen Bestand und den Bestand der ihn besitzenden Klasse ernstlich in Frage zu stellen"[48], begriff Benjamin schon damals als ein wesentliches Problem aktivistischer Kunst. Entlang des Begriffs „Tendenz" diskutierte er, aus welcher kunstkritischen Perspektive zwischen politisch engagierten literarischen Positionen zu differenzieren sei, und schlug vor: „Also ehe ich frage: wie steht eine Dichtung zu den Produktionsverhältnissen der Epoche? Möchte ich fragen: wie steht sie in ihnen?"[49] Ein Hauptpunkt seiner Kritik in diesem Aufsatz war es, dass der Aktivismus es unternommen habe „die materialistische Dialektik

---

[45] Hiller, Der Aufbruch zumins Paradies, 34.

[46] Wie Roger Willemsen nachzeichnet, hatte zuvor allerdings auch schon der Literaturnobelpreisträger Rudolf Eucken 1908 eine ähnliche Forderung formuliert: In seinem Text „Die Träger des deutschen Idealismus" habe er argumentiert, es brauche einen „schöpferischen Aktivismus". Gemeint war ein „Idealismus der Tat", der innerhalb der Bewegung des Idealismus zur Handlung aufrief. Zudem gehe die Bezeichnung der Bewegung auf Rudolf Goldscheids „Kritik der Wissenschaft" zurück, in der dieser bereits 1905 von Aktivismus sprach. Vgl. Willemsen, „Die sentimentale Gesellschaft. Zur Begründung einer aktivistischen Literaturtheorie im Werk Robert Musils und Robert Müllers", 292.

[47] Willemsen zitiert Musil, *Prosa und Stücke*, 1426 (auf S. 290).

[48] Benjamin, *Der Autor Als Produzent: Aufsätze Zur Literatur*, 238.

[49] Benjamin, 236.

## 2.3 Aktivismus

durch die klassenmäßig undefinierbare Größe des gesunden Menschenverstandes zu ersetzen"[50] und insofern keineswegs revolutionär, sondern im Gegenteil reaktionär sei. Im Anschluss an Brecht, dessen episches Theater Benjamin als gelungenes Beispiel künstlerischer revolutionärer Praxis heranzog, plädierte Benjamin stattdessen für eine „Umfunktionierung"[51] des Produktionsapparats für den Klassenkampf. Mit dem Satz „Die Tendenz allein tut es nicht"[52] forderte Benjamin eine tiefergehende, selbst- und machtkritische künstlerische Politik. Auch damals wurde Aktivismus also zum Anlass einer kritischen Diskussion um die politische Rolle von Kunst, beschränkte sich aber zunächst auf die Literatur. Dabei war Aktivismus von Anfang an nicht nur eine politische Praxis, sondern auch als Begriff ein Politikum. Dies währt bis heute fort.

### 2.3.4 Aktivismus als soziales Phänomen – Zur Entfrachtung eines politischen Begriffs

Auch abseits künstlerischer Diskurse ist Aktivismus nicht nur ein analytischer, sondern ein politischer Begriff. Im Journalismus wird die Bezeichnung „Aktivist" nicht selten in Anschlag gebracht, um einem/r Autor*in Befangenheit oder Unprofessionalität zu unterstellen, etwa durch die Frage, „wo Journalismus aufhört" und „Aktivismus anfängt"[53]. Im öffentlichen Diskurs hat der Begriff also häufig eine delegitimierende Funktion.[54] So wies z. B. die Journalistin Alice Hasters, Autorin des Buches „Was weiße Menschen über Rassismus wissen sollten, aber nicht hören wollen", die Bezeichnung „Aktivistin" während einer Diskussion auf Twitter von sich.[55] Daraus ist abzuleiten, dass diese Bezeichnung die Schlagkraft ihrer Gesellschaftskritik schmälern würde und vor allem als Fremdzuschreibung problematisch erscheinen kann. Wenn ich in dieser Arbeit Kunstprojekte als „aktivistisch" bezeichne, ist dies nicht als solch delegitimierende Geste gemeint. Auch sollen die Projekte damit nicht von der Kunst

---

[50] Benjamin, 236.
[51] Benjamin, 249.
[52] Benjamin, 243.
[53] Blanding, „Where Does Journalism End and Activism Begin?"
[54] Vgl. Kreienbrink, „Der Objektivitäts-Schwindel".
[55] Der Post wurde aufgrund von Hasskommentaren gelöscht.

abgegrenzt werden. Im Gegenteil geht es mir darum, Aktivismus als Wirklichkeit der Kunst zu beschreiben.[56]

Denn Aktivismus ist über die Kunst hinaus eine prägende gesellschaftliche Realität, und Aktivist*innen, wie Greta Thunberg, Edward Snowden oder Pussy Riot, sind keine Außenseiter*innen, sondern zentrale Figuren gesellschaftlicher Diskurse. Ein Ziel dieser Arbeit ist es daher, den Begriff gewissermaßen normativ zu entfrachten und seine Beschreibungsmacht zu verbessern. Indem die performativen Bedeutungszuweisen der aktivistischen Praxis zum Untersuchungsgegenstand werden, wird analysiert, wie Künstler*innen dem Begriff durch ihre aktivistischen Praktiken jeweils eigene Bedeutungen verleihen. Indem dieser Prozess des *doing activism* beobachtet wird, soll ein analytischer Einsatz des Begriffs erprobt werden.

---

[56] Nicht zuletzt beschäftigt der Begriff des Aktivismus die Wissenschaft. Es gibt eine historische Debatte darüber, wie eingreifend Wissenschaft sein soll, und ganze Disziplinen begründeten sich als Antwort auf diese Frage, etwa die kritische Theorie oder die Genderstudies, die beide emanzipative Absichten in ihrem Forschungsprogramm verankert haben. Die Auseinandersetzung über Aktivismus in der Wissenschaft nimmt gegenwärtig immer wieder die Form öffentlicher Mediendebatten an. Z. B. gab es eine Diskussion um das Buch „Zynische Theorien" von Helen Pluckrose und James Lindsay, in dem die beiden den Genderstudies Aktivismus vorwerfen. Der Versuch, die Disziplin dadurch zu delegitimieren, wurde aber selbst als gewissermaßen Anti-aktivistischer Aktivismus wahrgenommen. Vgl. Balzer, 'Eine Polemik Mit Schaum Vor Dem Mund'. Derartige Debatten werden übrigens bereits ins künstlerische Feld zurückgeführt: Die Netflixserie „The Chair" und Mithu Sanyals Roman „Identitti" thematisieren das sich aktuell verändernde, komplexe Verhältnis von Aktivismus und Wissenschaft.

# 3 Theoretisch-methodologischer Zugang: Postautonome aktivistische Kunstpraktiken

Kunstwissenschaftliche und soziologische Theorien zum Verhältnis von Kunst und Politik sind häufig Teil einer Debatte: der Debatte um künstlerische Autonomie. Sie befasst sich mit der Eigenlogik, der Selbstgesetzgebung und den Grenzen der Kunst.[1] Obwohl es dabei unter anderem um die *Differenz* der Kunst zur Politik geht, ist es eine politische Frage, die diese Auseinandersetzung strukturiert: die Frage nach dem kritischen und emanzipatorischen Potenzial der Künste, und danach, wie sich dieses am besten realisieren ließe – in einem autonomen Distanzverhältnis, oder einer Praxis der Einmischung. Die Autonomiedebatte, die nicht auf eine einzige wissenschaftliche Disziplin zu beschränken ist, fußt auf einer soziologischen Annahme: dass die Kunst überhaupt einen eigenen gesellschaftlichen Bereich darstelle, für den ein *Idealverhältnis* zur Politik definiert werden könne. Viele Positionen der Autonomiedebatte *verorten* Kunst daher gleichsam räumlich in einer bestimmten Stellung zu politischen Verhältnissen, und geben dabei aber sehr unterschiedliche Antworten darauf, wie dieses Verhältnis sich gestalten sollte.

Für eine soziologische Betrachtung der Kunstautonomie sind zwei theoretische Ansätze besonders relevant: die Systemtheorie von Niklas Luhmann sowie die Feldtheorie von Pierre Bourdieu. Beide beruhen auf einer Auffassung von Gesellschaft, bei der sich diese in verschiedene „Systeme" (im Fall von Luhmann) beziehungsweise „Felder" (im Fall von Bourdieu) unterteilen lässt. Während der Systembegriff Niklas Luhmanns die operative Eigenlogik des gesellschaftlichen Teilbereichs Kunst betont, und dabei vor allem die kommunikative Rolle des Kunstwerks betrachtet[2], zielt Pierre Bourdieus Begriff des Kunstfelds eher auf

---

[1] Vgl. Karstein und Zahner, *Autonomie der Kunst? Zur Aktualität eines gesellschaftlichen Leitbildes*.

[2] Vgl. Luhmann, *Die Kunst der Gesellschaft*.

© Der/die Autor(en), exklusiv lizenziert an Springer Fachmedien Wiesbaden GmbH, ein Teil von Springer Nature 2024
M. Rosenkranz, *Umkämpfte Kunst*, Kunst und Gesellschaft,
https://doi.org/10.1007/978-3-658-46373-1_3

feldspezifische Machtzusammenhänge und im Kunstfeld vollzogene Praktiken ab[3].

Da diese Arbeit von der Frage eines Idealverhältnisses von Kunst und Politik ein Stück zurücktreten will, um stattdessen die durch Künstler*innen vollzogenen Praktiken in den Blick zu nehmen, stellen differenztheoretische bzw. autonomieästhetische Positionen eher den Hintergrund, nicht aber das analytische Werkzeug dieser Arbeit dar. Diese verfolgt nämlich nicht das Ziel, selbst zur Diskussion und somit der Vorstellung eines einheitlichen Verhältnisses der Kunst zur Politik beizutragen, sie nimmt vielmehr die vielgestaltigen kunstaktivistischen Praktiken als postautonome Kunstpraktiken in den Blick. Autonomietheorien werden insofern zwar nicht als analytischer Schlüssel, doch aber als wichtiger Diskurs begriffen, vor dessen Hintergrund sich aktivistische Kunstpraktiken verstehen lassen, und mit dem Künstler*innen in ihren aktivistischen Praktiken – meist kritisch – umgehen, und der ihre Praktiken daher ganz wesentlich bedingt. Das Kapitel stellt daher nicht nur drei wichtigsten Autonomiebegriffe dar, sondern auch die zwei zentralen Narrative gegenwärtiger Diskussionen um ebendiese – die des Autonomieverlusts und der Autonomiekritik.

Im zweiten Teil dieses Theoriekapitels wird der analytische Zugang zum Material vorgestellt. Um ein praxistheoretisches Begriffswerkzeug zu entwickeln, wurden für die Analysen übergreifende Elemente soziologischer und kunstwissenschaftlicher Praxistheorien miteinander kombiniert. Im Kapitel wird zunächst schlaglichtartig beleuchtet, wo es bereits praxeologische Ansätze in der Kunstwissenschaft gab. Dabei wird gezeigt, dass das Verhältnis von Kunst und Politik in diesen Ansätzen überwiegend über rezeptionsästhetische Theorien begriffen wurde und es so an produktionsästhetischen, d. h. auf die durch Künstler*innen ausgeführten Praktiken ausgelegten Praxeologien mangelt. Diese Leerstelle soll diese Arbeit exemplarisch schließen. Dazu erörtere ich – als letzter Schritt in diesem Kapitel – drei zentrale Begriffe der soziologischen Praxisforschung: Materialität, Relationalität und Performativität, die in den darauffolgenden empirischen Analysen zur Anwendung kommen.

---

[3] Vgl. Bourdieu, *Die Regeln der Kunst. Genese und Struktur des literarischen Feldes*.

## 3.1 Künstlerische Autonomie

### 3.1.1 Künstlerische Autonomie bei Immanuel Kant, Theodor Adorno und Pierre Bourdieu

Dass Autonomie lange als Ideal der Kunst galt, geht auf Immanuel Kants „Kritik der Urteilskraft" zurück. Sie ist der Ursprung einer Theorietradition, in der nicht nur der gesellschaftliche Nutzen der Kunst in ihrer Interesselosigkeit verortet wird, sondern sich Kunst sogar über diese Interesselosigkeit definiert. Denn Kant beschrieb das geschmackliche Urteil als eines, das vom Verstand losgelöst sei; es zeichne sich durch subjektive Empfindungen aus und sei vom rationalen, logischen Urteil zu unterscheiden.[4] Ebenso trennte er es vom moralisch-praktischen Urteil. Durch diese Setzung ebnete Kant den Weg für eine allgemeinere Absonderung der Ästhetik von der Moralphilosophie und schuf eine Denkfigur, in der Kunst und Politik getrennt bleiben.[5] Bei Kant wird Autonomie in der Rezeption von Kunst verortet: das ästhetische *Urteil* ist es, das bei Kant angewiesen ist auf Interesselosigkeit.

Einen Autonomiebegriff, der stattdessen auf das Kunstwerk abzielt, entwarfen einige Jahrhunderte später die Anhänger der Frankfurter Schule. Mit ihrer „Dialektik der Aufklärung" vertraten Theodor Adorno und Max Horkheimer im Jahr 1944 die künstlerische Autonomie als anti-ökonomisches Ideal, da sie die Kunst einer Bedrohung durch die Kulturindustrie ausgesetzt sahen. Ihre Kritik lautete, dass Kunst in der in den USA aufkommenden Kulturindustrie einen Tauschwert erhalte, an dem sie unweigerlich gemessen werde. Kunst werde konsumierbar und gleiche sich sogar „stolz"[6] den Kulturgütern an. In seiner ästhetischen Theorie arbeitete Theodor Adorno diesen Autonomiebegriff später

---

[4] Kant, „Kritik der Urteilskraft".
[5] Diese Trennungsidee von Kunst und Politik ist gegenwärtig selbst ein Politikum. Die Kunstwissenschaftlerin Ruth Sonderegger argumentiert etwa, die Autonomieästhetik Kants sei ein „Ausdruck von und Reaktion auf die drastischen gesellschaftlichen Veränderungen" des 18 Jh. gewesen. Als Versuch, auf den „kolonial gestützten Kapitalismus" zu reagieren sei sie insofern selbst Teil des europäischen Kolonialismus gewesen, als dass sie der Kunst – gewollt oder ungewollt – die Funktion einer Entlastung und Legitimation für die Ausbeutung des globalen Südens zugewiesen habe. Dass die Vorstellung autonomer Kunst durch die heute vielfach verbreiteten aktivistischen Praktiken im Kunstfeld daher herausgefordert wird, wäre insofern ganz entscheidend durch den Umstand zu kontextualisieren, dass die ästhetische Autonomie im 18. Jahrhundert selbst als ein philosophisches Konzept mit einer politischen Funktion aufgekommen ist. Vgl. Sonderegger, „Kants Ästhetik im Kontext des kolonial gestützten Kapitalismus", 114.
[6] Horkheimer und Adorno, *Dialektik der Aufklärung*, 191.

genauer aus. Die Funktion von Kunst sei ihre Funktionslosigkeit, ihr „Zauber die Entzauberung"[7]. Erst als „Absage an den Markt", im „Dasein des Nutzlosen"[8] gebe es Kunst, denn sie müsse eine marktkritische Rolle einnehmen. Das Postulat, das kritische Potenzial der Kunst sei in einer solchen Verweigerungsgeste am ehesten verwirklicht, stellte sich zwar vor allem gegen Marktlogiken.[9] Es verankerte damit aber ein weiteres Mal ein breiteres zweckkritisches Denken über Kunst im europäischen Diskurs, das auch das Verhältnis der Kunst zur Politik betrifft.

Ein dritter wichtiger Autonomiebegriff stammt von Pierre Bourdieu. Er beschrieb künstlerische Autonomie weniger über den Bezug der Kunst zur Rationalität (wie Kant) oder Ökonomie (wie Adorno/Horkheimer), sondern über ihr Verhältnis zur Macht. Obwohl sich Bourdieu auch viel mit dem emanzipatorischen Potenzial der Kunstrezeption beschäftigte[10], nahm er anders als Kant zur Entwicklung des Autonomiebegriffs vor allem die Seite der künstlerischen Produktion in den Blick. In „Die Regeln der Kunst. Genese und Struktur des literarischen Feldes" (1999) beschreibt Bourdieu, wie sich die Autonomie des literarischen Feldes in Abgrenzungsprozessen von herrschaftsstabilisierenden Institutionen und Akademien herausbildete. Zum Ende des 19. Jahrhunderts sei das literarische Feld „zur Autonomie (gekommen): Es befreit sich von Auftrag und Auftraggeber"[11]. Es sei, so Bourdieu, eine „verkehrte ökonomische Welt"[12], in der eine eigene Währung herrsche: die der Anerkennung als Kunst. Dabei geht Bourdieu besonders darauf ein, dass diese Autonomie sozial bedingt sei. Das literarisch-künstlerische Feld habe sich *im* und *gegen* das Bürgertum ausgebildet – es ist daher sowohl autonom als auch *fait social*. Obwohl Bourdieu das Kunstfeld also als eines beschreibt, das sich von anderen gesellschaftlichen Feldern unterscheidet – auch vom Feld der Macht[13] – behauptet er nicht, dass die

---

[7] Adorno, „Ästhetische Theorie (1970)", 270.

[8] Horkheimer und Adorno, *Dialektik der Aufklärung*, 192.

[9] Genauer die Einflüsse der damals aufkommenden amerikanischen *Creative Industries*, die Adorno und Horkheimer im US-amerikanischen Exil aus nächster Nähe erfuhren.

[10] Vgl. hierzu Kastner, *Der Streit um den ästhetischen Blick: Kunst und Politik zwischen Pierre Bourdieu und Jacques Rancière*.

[11] Bourdieu, „Die Logik der Felder", 141.

[12] Bourdieu, *Die Regeln der Kunst. Genese und Struktur des literarischen Feldes*, 135.

[13] Bourdieu unterscheidet zwischen dem künstlerischen, religiösen und ökonomischen Feld, sowie dem Feld der Macht. Er veranschaulicht den Feldbegriff mit einer Analogie: Ein Feld funktioniere ähnlich wie ein Spiel, in dem spezifische Spielregeln und bestimmte Fähigkeiten als Trumpf gelten. Diese Regeln und Bewertungslogiken seien nur implizit ausgemacht, es herrsche eine Art „heimliche(s) Einverständnis" über diese Regeln, und durch das Mitspielen

## 3.1 Künstlerische Autonomie

Kunst deshalb automatisch frei von Machtgefällen oder politischen Prozessen sei. Im Gegenteil habe erstens die Sozialisierung der Künstler*innen und der Rezipient*innen einen Einfluss darauf, was sie mit ihrer Kunst transportieren bzw. in ihr erfahren können. Zweitens sei das Kunstfeld selbst ein spezifischer, sozialer Kontext mit eigenen Machtgefällen.[14]

Bourdieu zufolge gehört zu den zentralen Regeln des Kunstfelds die Selbstgesetzgebung. Künstler*innen können als Feldakteure „darauf hinarbeiten, die immanenten Regeln des Spiels ganz oder teilweise zu verändern"[15]. Dennoch ist auch Bourdieus Autonomiebegriff an einen Gedanken politischer Wirkungslosigkeit gekoppelt, in dem Sinne, dass es der Kunst zumindest nicht möglich sei, die Wirkmacht der Sozialisierung zu überwinden – die der Künstler*innen und der Rezipient*innen.[16] Zudem sieht Bourdieu wenig Spielraum für die Kunst, *außerhalb* des Kunstfelds politisch wirksam zu werden.[17] Das Revolutionäre der Kunst sei nämlich die Genese und Fähigkeit zur Autonomie selbst: Die Auffassung, „darin (sei) alles möglich"[18] ist eine der konstitutiven Annahmen seiner Theorie des künstlerischen Felds. Allerdings wird dieser Möglichkeitssinn auf ebendieses Feld beschränkt.

Während Kants Theorie des interesselosen Geschmacksurteils wesentlich dazu beigetragen hat, dass das Ästhetische bis heute häufig in Opposition zur Rationalität und Moral gedacht wird und Horkheimer und Adorno weiter herangezogen werden, um für eine marktkritische Kunst zu werben, bleibt der Autonomiebegriff Bourdieus ein soziologisch-analytischer, der auch den sozialen Werdungsprozessen von Kunst eine wichtige Rolle einräumt.[19]

---

stimme man diesen Regeln sowie dem eigenen Eintritt in das Feld zu. Bourdieu, „Die Logik der Felder", 128.

[14] So beschreibt Bourdieu in „Die Regeln der Kunst" wie Flauberts Roman „Die Erziehung des Herzens" wesentliche Ideen des Kunstfelds in sich trage, und somit auch ein Produkt der künstlerischen Sozialisierung sei.

[15] Bourdieu, „Die Logik der Felder", 129.

[16] Vgl. hierzu Kastner, *Der Streit um den ästhetischen Blick: Kunst und Politik zwischen Pierre Bourdieu und Jacques Rancière*.

[17] Bourdieu geht an anderer Stelle allerdings explizit auf Veränderung *im* künstlerischen Feld ein: „Künstlerische Revolutionen sind das Ergebnis der Veränderung der für den Raum der künstlerischen Positionen konstitutiven Machtverhältnisse". Pierre Bourdieu und Loïc Wacquant, 142.

[18] Bourdieu, *Die Regeln der Kunst. Genese und Struktur des literarischen Feldes*, 101.

[19] Für weitere Positionen und Überlegungen zur Konjunktur des Autonomiekonzepts empfiehlt sich der 2016 erschienene Band von Uta Karstein und Nina Zahner, *Autonomie der Kunst? Zur Aktualität eines gesellschaftlichen Leitbildes*.

Dennoch gehen Kunstaktivist*innen heute noch von einer anderen Handlungsmacht der Kunst aus als Bourdieu es ihnen einräumte. Der gegenwärtige, häufig aktivistische Anspruch der Kunst steht auch mit einem soziologischen Autonomiebegriff in Konflikt, der die politische Handlungsmacht von Künstler*innen im Anschluss an Bourdieu als politische Mitbestimmung *im Kunstfeld* denkt. Aktivistische Kunstpraktiken aber sind nicht mehr bloß Ausdruck der Überzeugung, dass Kunst in der Lage sei, über das Kunstfeld hinaus politisch zu wirken – im Sinne einer „Kontextkunst"[20] – sondern, auch der Auffassung, dass das Kunstfeld längst selbst von politischen Entwicklungen perforiert, und von Ereignissen wie dem Brexit wesentlich betroffen ist.

### 3.1.2 Autonomie in der Gegenwart: Die Narrative des Autonomieverlusts und der Autonomiekritik

Im öffentlichen Diskurs wird Kunstaktivismus – meist in einem kulturkritischen Gestus – dennoch häufig als bedenkliche Absage an die Autonomie verstanden, die von Künstler*innen ausgeht. Hier dominiert das Narrativ des Autonomieverlusts. Ein Beispiel ist die *documenta fifteen*: im Sommer 2022 wurde diese zum Kristallisationspunkt einer öffentlich geführten Autonomiedebatte. Der Kunsthistoriker Wolfgang Ullrich bezeichnete die Großausstellung, zu der das mit der Kuration beauftragte Kollektiv *ruangrupa* hauptsächlich Kollektive aus dem globalen Süden nach Kassel einlud, als „Schlüsselereignis am Anfang einer tiefen Spaltung der Kunstwelt"[21]. Die Spaltung verlaufe zwischen den „Autonomisten" und denjenigen, die das Emanzipatorische und Kritische der Kunst nicht mehr darin sähen, „einer unbedingten Freiheit das Wort zu reden", sondern Allianzen mit „anderen Bereichen"[22] zu suchen.

Das Verlustnarrativ, das Ullrich anlässlich der *documenta* als Position der „Autonomisten" beschrieb, ist dem Autonomieverlust gegenüber nicht nur deshalb kritisch, weil Autonomie als Wert an sich begriffen wird; es werden auch Zwänge von außen befürchtet, welche die zunehmende Wirksamkeit von Kunst nicht als kunsteigene Strömung, sondern als Reaktion auf äußeren Druck auffassen – die Authentizität des künstlerischen Engagements wird infrage gestellt.[23] Autonomie

---

[20] Weibel, *Kontextkunst. Kunst der 90er Jahre*.
[21] Ullrich, „Die Kunst, keine zu sein".
[22] Ullrich.
[23] Eine wichtige Stimme in der Kunsttheorie ist hier die Position Juliane Rebentischs, die sich um eine „Normalisierung der Politikerwartung an die Kunst" sorgt. Sie beobachtet ein

## 3.1 Künstlerische Autonomie

gilt hier als Schutz der Kunst vor ökonomischem Druck und kulturpolitischen Wirksamkeitserwartungen.

Allerdings betrachtet nicht jede*r Autonomie als ein schützendes Konzept. Zum Verlustnarrativ gibt es eine Gegenerzählung: Sie betont die historischen politischen Grundlagen des Konzepts, und warnt vor dessen politischem Missbrauch. Die Positionen der Autonomiekritik lassen sich in zwei Ausprägungen einteilen: diejenige, die feststellt, Kunst sei nie autonom gewesen, und diejenige, die von Autonomie spricht, diese aber für problematisch hält. In beiden autonomiekritischen Debattensträngen geht es jedoch darum, für welche potenziell gewaltsamen Praktiken und Aussagen sich ebenso auf die Autonomie der Kunst berufen wird. So wird z. B. vor der zunehmenden Berufung auf die Kunstautonomie für das Fortbestehen von Diskriminierung innerhalb der Strukturen des Kunstfelds als Arbeitsfeld gewarnt.

Der Literaturwissenschaftler Johannes Franzen formulierte etwa die Beobachtung, dass

> (...) der Autonomiegedanke (in der historischen Rückschau zwar) ein effektives Instrument war, um die Kunst aus dem Gefängnis der politischen Nützlichkeit zu befreien (...) Heute allerdings hat man zuweilen den Eindruck, dass dieser Sonderstatus einen trostlosen Niedergang erlebt. Die Debatten und Skandale der letzten Jahre zeigen, dass Konzepte wie Autonomie, Fiktionalität und Genie zunehmend dazu herhalten müssen, Varianten eines gewalttätigen Verhaltens zu rechtfertigen.[24]

Gemeint ist unter anderem die Legitimation sexueller Übergriffe im Kunstfeld durch das Konzept der Kunstautonomie. Mit dem Argument, die Kunst funktioniere nun einmal als informeller Bereich, wies zum Beispiel zuletzt der Galerist Johann König Vorwürfe der sexuellen Belästigung von sich.[25]

Diese Arbeit begreift Kunstaktivist*innen zwar nicht als Akteure, deren Praxis sich *primär* um die Aushandlung von Autonomie bemüht, doch aber als solche, deren politisches Handeln zur Kräfteverschiebung innerhalb dieser Debatten beiträgt. Aktivistische Künstler*innen sind nämlich meist autonomiekritische Akteure, in deren Praktiken sich meist (a) die Einsicht spiegelt, es habe Autonomie nie gegeben, oder (b), das Konzept zeigte mittlerweile wenig

---

zunehmendes „Labelling" von Kunst als politisch, im Zuge einer „kuratorische(n) Gängelung", politisch zu sein, was aber nicht per se mit einer tatsächlichen Politik einhergehe. Vielmehr ordneten sich Künstler*innen damit in einen größeren gesellschaftlichen Zusammenhang der „Legitimationsdiskurse" ein. Vgl. Rebentisch, „Ausstellungen des Politischen in der Kunst".

[24] Franzen, „Kultur und Kontroverse: Kunst als Machtmissbrauch".
[25] Wald, „Galerist Johann König".

emanzipatorische Effekte. Wie also gehen Künstler*innen in ihren Praktiken mit diesem Diskurs um? Wie greifen sie die Narrative auf?[26] Welches Verständnis von Autonomie wird in den kunstaktivistischen Praktiken abgelehnt, welches artikuliert? Mit Blick auf aktivistische Kunstpraktiken wird im Folgenden gezeigt, dass Künstler*innen besonders die Idee der Eigenlogik der Kunst, um die sich die Autonomiedebatte dreht, versuchen positiv weiterzutragen, diese aber politisch einzusetzen versuchen und dabei die Paradigmen der Distanz und Neutralität, die in den bisherigen Autonomiebegriffen mitschwangen, offen verwerfen. Nicht die Suche nach einer negativen Freiheit der Kunst *von* Politik, Ökonomie oder Gesellschaft steht für aktivistische Künstler*innen im Vordergrund, sondern die Frage, wie sich Kunst eine spezifische Handlungsmacht innerhalb politischer und gesellschaftlicher Konflikte erarbeiten kann – also eine positive Freiheit der künstlerischen Praxis *zur* Politik.[27] Um mich dieser Logik anzunähern, die den Praktiken innewohnt, stelle ich im Folgenden ein praxeologisches Analysewerkzeug für aktivistische Kunstpraktiken vor.

## 3.2 Zur Praxeologie des Kunstaktivismus

Praxistheorien interessieren sich für das „Zusammenkommen und -wirken von sozialisierten Körpern mit materialen Artefakten und Dingen sowie mit diskursiven und symbolischen Formationen"[28]. Insofern in soziologischen Praxistheorien die „Versammlung sonst getrennt gesetzter Bereiche" im Vordergrund steht, die „Entstehung hybrider Versammlungen"[29] eignen sich Praxistheorien auch zur Analyse von aktivistischen Kunstpraktiken. Denn diese verwischen die Grenzen der Sphären, welche die Autonomiedebatte trennt.

Was also sind Praxistheorien? Und welche Rolle spielen sie in der Soziologie, welche in den Kunstwissenschaften? Soziologische Praxistheorien verstehen Praktiken als „Orte des Sozialen"[30] und daher als zentrale Analyseeinheiten,

---

[26] Auch der amerikanische Kunstwissenschaftler Grant Kester, der zu sozial engagierter Kunst und Kollektivierung forscht, schenkt dem Autonomiebegriff auf diese Weise Beachtung und zwar mit der plausiblen Begründung, dass jedes aktivistische Kunstwerk auch im Hinblick auf seine eigene Bezugnahme auf die Autonomiedebatte zu entschlüsseln sei. Vgl. Kester, *The One and the Many: Contemporary Collaborative Art in a Global Context*, 19 ff.
[27] Berlin, „Zwei Freiheitsbegriffe".
[28] Schäfer, Daniel, und Hillebrandt, „Einleitung", 17.
[29] Hillebrandt, „Was ist der Gegenstand einer Soziologie der Praxis?", 21.
[30] Reckwitz, „Toward a Theory of Social Practices", 252.

## 3.2 Zur Praxeologie des Kunstaktivismus

wenn es darum geht, soziale und kulturelle Ordnungen und deren Verfertigungsprozesse zu begreifen. In der Soziologie erfreuen sich Praxistheorien wachsender Beliebtheit: Im Jahr 2001 wurde sogar der „practice turn"[31] ausgerufen, der den praxiszentrierten Forschungsansätzen großen Einfluss zuschreibt. Er stellte nicht nur für den Gegenstand der Soziologie eine Wende dar, sondern brachte die Soziologie auch den Methoden der Kunst- und Kulturwissenschaften näher, wurde doch ein dynamisches, den Cultural Studies entlehntes Verständnis von Kultur als Praxis auch in der Soziologie populär. Unter der Formel „doing culture" begreifen die Cultural Studies Kultur bereits seit den 1960er Jahren als alltäglich *praktiziert*, als „a whole way of life"[32]. Auch in den Kunstwissenschaften und der Kunstphilosophie gibt es schon lange praxeologische Ansätze: Bis zurück in die Kunsttheorie des 18. Jahrhunderts, so zeigt es die Kunstwissenschaftlerin Anke Haarmann, lassen sich Elemente praxeologischen Denkens herausschälen. Der Philosoph Alexander Gottlieb Baumgarten beschrieb Kunst im Jahr 1750 als Tätigkeit des „schönen Denkens"[33]. Auch im Begriff der „Ausdrucksbewegung" von Konrad Fiedler macht Haarmann eine praxeologische Denkweise aus[34], ebenso in Hegels Verständnis von Kunst als „Wahrheitspraxis"[35] und, etwas ersichtlicher, in Aristoteles' Unterscheidung von Praxis und Poesis.[36]

Obwohl es das Verständnis von Kunst als Praxis also bereits lange gibt, ist die heutige *Präsenz* des Praxisbegriffs[37] in der Kunst und ihrer Wissenschaft eine Neuerung. Diese wurde selbst durch künstlerische Praktiken herbeigeführt: Künstler wie Marcel Duchamp verweigerten das bloße Herstellen von Kunstobjekten[38] und pflegten stattdessen einen „Umgang"[39] mit Material, der das

---

[31] Knorr-Cetina und Savigny, *The Practice Turn in Contemporary Theory*.
[32] Williams, „Culture is Ordinary", 3.
[33] Haarmann, „Praxisästhetik", 218. Mit Verweis auf Baumgarten, *Ästhetik*.
[34] Haarmann, „Praxisästhetik", 225. Hier verweist sie auf Fiedler, „Über den Ursprung der künstlerischen Tätigkeit", 115.
[35] Haarmann, „Praxisästhetik", 219.
[36] Aristoteles, *Nikomachische Ethik*.
[37] Z. B. in Siegmund, *Die Evidenz der Kunst*; Feige und Siegmund, *Kunst und Handlung*; Zembylas, *Artistic Practices*; von Hantelmann, *How to do things with art*; Kauppert, „Ästhetische Praxis. Selbstentgrenzung der Künste oder Entkunstung der Kunst?"; Haarmann, „Praxisästhetik"; Fischer-Lichte, *Ästhetik des Performativen*; Boon und Levine, *Practice*.
[38] Sanio, *Alternativen zur Werkästhetik: John Cage und Helmut Heißenbüttel*.
[39] Zu den Unterschieden von making art, doing art und being an artist vgl. Piper, „To Art (reg. intrans. v.)".

Künstlerische als Praxis, als „doing art", in den Vordergrund rückte. Es entstanden zwar Werke, aber solche, die einerseits die Fetischisierung von Kunstobjekten zurückwiesen und andererseits die Praxis der Rezeption ironisierten. Lucy Lippard beschrieb dies im Jahr 1997 als „Dematerialisierung des Kunstwerks"[40], ein Loslösen vom Werk zugunsten einer Ebene der Praxis.[41] An diese Entwicklung schließt die heutige kunstaktivistische Praxis an. Schon der „collaborative turn"[42] beschrieb ein verstärktes Interesse an kollaborativen Praktiken zwischen Künstler*innen und Publikum. Auch die bereits erwähnten „relational aesthetics"[43] in den 1990ern und die „participatory art"[44] in den 2010ern brachten einen Schub an ephemeren, am Prozess interessierten Kunst*praktiken*.

### 3.2.1 Die rezeptionsästhetische Tendenz praxeologischer Kunstwissenschaft

Nun scheint es ein Relikt der Zeit vor der „Dematerialisierung des Kunstwerks"[45] zu sein, dass sich die praxistheoretischen Ansätze in der Kunstwissenschaft dennoch immer noch vor allem mit Praktiken des Publikums beschäftigen und nicht unbedingt mit denen der Künstler*innen.[46]

Dies lässt sich wieder mit den Anfängen der Autonomieästhetik begründen: Kant schrieb über die Praxis des ästhetischen Urteilens, nicht über all die Praktiken, die dem Urteil vorausgehen. Diese Perspektive währt bis heute fort. Es geht in praxeologischen Kunsttheorien, die am politischen Potenzial der Kunst interessiert sind, meist um die Frage, inwieweit die Kunstrezeption bei den Betrachtenden einen politischen Befähigungsmoment kreiert – und nicht darum, was Künstler*innen tun. Ein Beispiel für eine solche einflussreiche Theorie ist der Ansatz des französischen Philosophen Jacques Rancière, der sich mit dem politischen Potenzial ästhetischen Wahrnehmens befasst. Obwohl sein Ansatz einer bestimmten apolitischen, an Kant angelehnten Version des Autonomiegedankens entgegensteht, setzt er dessen Fokus auf die Rezeption fort. Rancière zufolge

---

[40] Lippard, *Six years: the dematerialization of the art object from 1966 to 1972*.
[41] Die Abkehr vom Werk hin zur Praxis lässt sich nur für die bildenden Künste behaupten. Denn Theater, Performance und Musik waren schon immer offensichtlicher Praxen.
[42] Lind, „The Collaborative Turn".
[43] Bourriaud, *Relational Aesthetics*.
[44] Bishop, *Participation*.
[45] Lippard, *Six years: the dematerialization of the art object from 1966 to 1972*.
[46] Vgl. auch Siegmund, *Die Evidenz der Kunst* und Siegmund, *Zweck und Zweckfreiheit*.

## 3.2 Zur Praxeologie des Kunstaktivismus

sind es nämlich vor allem Momente ästhetischer Wahrnehmungen, durch die Hemmnisse der Sozialstruktur überwunden werden können. Die Betrachtenden von Kunst – oder anderen ästhetischen Phänomenen – erlebten im Wahrnehmen Momente politischer Gleichheit, da Sinnlichkeit im Grunde allein Menschlichkeit voraussetze, und unabhängig von Bildungsgraden oder sonstigen sozialstrukturellen Faktoren funktioniere.[47] Rancière wendet sich damit gegen Bourdieu, für den Wahrnehmung wesentlich durch klassifizierende Wissenshierarchien geprägt ist.[48]

Dabei sind für Rancière die dem Wahrnehmen vorausgehenden Momente künstlerischer Produktion von geringem Interesse. Ganz im Gegenteil: ästhetische Erfahrungen lassen sich Rancière zufolge überall machen, auch abseits des engeren Bereichs der Kunst. Obwohl ich diesem Gedanken uneingeschränkt zustimmen würde hat sich damit die Frage, wie aktivistische Künstler*innen dennoch versuchen, das politische Potenzial der Künste angesichts konkreter, politischer Ereignisse noch anderweitig zu definieren, keineswegs erübrigt.

Die praxeologische Kunstwissenschaft reproduziert diesen historisch gewachsenen und durch Theorien wie die Rancières in die Gegenwart übersetzten Fokus auf die Rezeptionsästhetik. Christian Zürner etwa fragte in seiner 2020 erschienenen Monografie „Ästhetisches Sorgen" nach dem alltäglichen, praktischen Umgang mit Kunst: „Kunst ist (…) keine Erscheinung, sondern eine spezifische Praxis" die sich durch eine besondere „kultische Feierlichkeit"[49] auszeichne und dazu diene, „sich in einer prinzipiell unheimlichen Welt (…) existenziell einzurichten".[50] Indem Zürner „Kunst als *kalkulierte, instrumentelle* Praxis der (…) ästhetischen Sicherung von Existenz"[51] begreift, setzt er Notwendigkeit und Intentionalität als zentrale Merkmale der Kunst: „Dieses prinzipiell *rationale* ‚Interesse' bleibt den ‚interesselosen' Artefakten (…) immanent"[52]. Obwohl sich Zürners praxeologische Kunsttheorie also der Frage nach einem äußeren, gesellschaftspolitischen Zweck der Kunst annähert, spiegelt seine Idee des „ästhetischen Sorgens" den Gedanken wider, dass sich dieser Zweck allein an der Aktivität der Rezipierenden festmachen ließe. Auch Georg Bertram fokussiert

---

[47] Vgl. Rancière, *The Emancipated Spectator*.
[48] Für eine ausführliche Gegenüberstellung der beiden Theorien vgl. Kastner, *Der Streit um den ästhetischen Blick: Kunst und Politik zwischen Pierre Bourdieu und Jacques Rancière*.
[49] Zürner, *Ästhetisches Sorgen*, 133.
[50] Zürner, 135.
[51] Zürner, 136.
[52] Zürner, 136.

in seiner Monografie „Kunst als menschliche Praxis" auf die „interpretativen Aktivitäten"[53] der Kunst.

Obwohl meine Arbeit an diese Denkweisen der Kunst als Praxis anschließt, möchte ich nicht nur offensiver nach der politischen Dimension dieser Praxis fragen, sondern auch untersuchen, mit welchen Praktiken künstlerischer Aktivismus über eine ästhetisch-politische Wahrnehmungspraxis[54] der Rezipient*innen hinausgeht. Denn Kunstaktivist*innen verstehen sich nicht als „supplier of an aesthetic experience"[55], sondern als politische Akteure, die auf politische Umstände reagieren. Die Fokussierung der Theorie auf die Politik der Rezeption wird dem aktivistischen Gestus vieler gegenwärtiger Projekte daher – ebenso wie die Theorien der Autonomie – nicht mehr gerecht. Künstler*innen sind von politischen Entwicklungen häufig ganz praktisch betroffen, sodass es sich bei ihrem Aktivismus häufig eher um reaktive Praktiken handelt. Da es also nicht um ästhetische Entscheidungen geht, sondern um ein Agieren in einem sich wandelnden sozialen Kontext, ist es hilfreich, eine soziologische Praxeologie zu entwickeln. Damit möchte ich dazu beitragen, die wahrnehmungstheoretische Denkfigur der Ästhetik um einen Fokus auf die durch Künstler*innen ausgeführten Praktiken zu erweitern.

### 3.2.2 Künstler*innen als Handlungsträger*innen aktivistischer Praktiken

Insofern der Begriff der aktivistischen Kunstpraktiken hervorheben soll, dass der politische Anspruch nicht erst in der Rezeption, sondern schon beim Ausführen der Praktiken durch die Künstler*innen verortet wird, muss geklärt werden, ob und wenn ja in welcher Hinsicht Künstler*innen überhaupt besondere Handlungsträger*innen aktivistischer Praktiken sind. Die Frage nach der Politik künstlerischer Praxis ist in der Künstler*innenforschung bisher überraschend marginal. Die politische Funktion der Künstler*innenfigur bzw. des Künstler*innenmythos hingegen wurde ausführlich erforscht. Die Kunsthistorikerin Beatrice von Bismarck beschreibt Künstler*innenschaft als gesellschaftlich produziert, als eine „fortwährend neu zu findende Übereinkunft zwischen den

---

[53] Bertram, *Kunst als menschliche Praxis: eine Ästhetik*, 121.
[54] Vgl. hierzu Schürkmann und Zahner, *Wahrnehmen als soziale Praxis*.
[55] Van den Berg, Kleinmichel, und Jordan, „Introduction: From an Expanded Notion of Art to an Expanded Notion of Society", vii.

## 3.2 Zur Praxeologie des Kunstaktivismus

Beteiligten, Individuen und Institutionen"[56] und spricht von einer „Hochkonjunktur" des „außerordentliche(n) Künstlersubjekt(s)"[57] in der Popkultur. Sie zeichnet nach, wie Künstler*innenschaft insbesondere seit den 1960er Jahren einerseits aktiv dekonstruiert wurde – von Künstler*innen selbst – und der Künstlermythos dabei andererseits zunehmend als ernstzunehmender Gegenstand eines gesellschaftlichen Diskurses begriffen wurde, „in seinen Verflechtungen und Gleichzeitigkeiten mit Rationalität und Bedeutung"[58]. So sei Künstler*innenschaft ein „Zeichen eines gesellschaftlichen Begehrens nach Außerordentlichem und Überzeitlichem"[59]. Anne Marie Freybourg argumentiert, der Künstlermythos lasse sich auf die Grundfiguren des genialen Außenseitertums zurückführen: Künstler*innen seien häufig gesellschaftliche „Projektionsfigur(en)", mit denen immer noch „extreme Freiheiten"[60] assoziiert würden.

Das Aufkommen aktivistischer Praktiken hat jedoch auch bereits für einige Forschungsbeiträge gesorgt, die Vorschläge dafür liefern, wie aktivistische Künstler*innenschaft konzeptuell zu fassen ist. Im Rahmen der differenztheoretischen Annahmen der Soziologie gelangt Henning Mohr zu dem Bild, Künstler*innen seien „Grenzgänger"[61] zwischen Kunst und Politik.

Figuren der *Verbindung* von Kunst und Politik finden sich eher in der Forschung zum Engagement von Künstler*innen in der Städteplanung. Hier ist etwa von „Artistic City-zenship"[62] die Rede – einer Mischung aus Künstler*innen- und Bürger*innenschaft. Die Literaturwissenschaftlerinnen Marika Keblusek und Vera Noldus sprechen zudem von „Double Agents"[63], also hybriden Agent*innen auf zweierlei gesellschaftlichen Feldern, und die Kulturpolitikforscherin Meike Lettau spricht im Zusammenhang mit Künstler*innen in der auswärtigen Kulturpolitik von „Agents of Change"[64]. In dieser Arbeit gehe ich im Anschluss an Lucy Lippard, die in ihrem Essay „Trojan Horses. Activist Art and Power" die

---

[56] Von Bismarck, *Auftritt als Künstler: Funktionen eines Mythos*, 7.
[57] Von Bismarck, 17.
[58] Von Bismarck, 9.
[59] Von Bismarck, 9.
[60] Freybourg, „Einleitung", 7.
[61] Mohr, *Die Kunst der Innovationsgesellschaft*, 259.
[62] Kaddar u. a., „Artistic City-Zenship".
[63] Keblusek und Noldus, *Double agents. Cultural and political brokerage in early modern Europe.*
[64] Lettau, *Künstler als Agents of Change Auswärtige Kulturpolitik und zivilgesellschaftliches Engagement in Transformationsprozessen.*

Formel „artists as people"[65] verwendete, allerdings davon aus, dass sich Kunstaktivist*innen in ihrer aktivistischen Rolle vor allem als von den politischen Verhältnissen Betroffene verstehen, die sich in ihrem aktivistischen Handeln sogar nur bedingt als Künstler*innen sehen. Dennoch wenden sie ihre künstlerischen Fähigkeiten aktivistisch an.

Die hybride Rolle von Kunstaktivist*innen beschreibt auch der Kunsttheoretiker Kuba Szreder in einem Beitrag über das polnische „Consortium for Post-artistic Practices" (CPP), ein loser Zusammenschluss von Künstler*innen, die ihre Kompetenzen jenseits der engen Grenzen des Kunstbetriebs einsetzen wollen. Das Logo von CPP ist ein „duck-rabbit", eine optische Täuschung, die in philosophischen Debatten über Sprache und Wahrnehmung häufig vorkommt. Szreder meint, die Gruppe postkünstlerischer Künstler*innen übe sich außerhalb des Kunstfelds in „hybriden Praktiken, die von künstlerischer Vorstellungskraft durchdrungen sind"[66]. Mit der Figur des „duck-rabbit" illustriert er, dass Subjekte nicht „in ihren engen Spezialisierungen eingesperrt" seien; „sie bewegen sich zwischen Feldern und Handlungsweisen"[67]. Durch die Fokussierung auf Künstler*innen als Handlungsträger*innen aktivistischer Kunstpraktiken begegne man der Gefahr, „auf das Geflecht hybrider Praktiken eine theoretische Abstraktion klar getrennter Felder zu projizieren"[68]. Dieses Beispiel ist deshalb interessant, weil es sich dabei um Selbstbeschreibungen der Künstler*innen handelt und nicht um eine Außenperspektive auf kunstaktivistische Praxis. Eine solche Auseinandersetzung mit der eigenen Praxis ist im Feld nicht ungewöhnlich. Mich interessiert genau diese in den Praktiken performte Eigenperspektive der Künstler*innen: wo sie sich selbst situieren, als was sie ihre Praxis präsentieren, und wie sie mit Zuschreibungen wie „Künstler*innen" und „Aktivist*innen" umgehen.

Zur praxeologischen Perspektive dieser Arbeit gehört es also, zu untersuchen, wie künstlerische Aktivist*innen ein bestimmtes autonomes Künstler*innenbild untergraben und ein alternatives artikulieren, aber auch, wie Künstler*innen diese Figur des Außenseitertums ggf. politisch einsetzen – etwa, indem sie besondere Freiheiten für sich beanspruchen. Wie werden in den künstlerisch-aktivistischen Praktiken bestimmte Subjektfiguren geschaffen und andere zurückgewiesen? Spielt Autor*innenschaft noch eine Rolle?

---

[65] Lippard, „Trojan Horses. Activist Art and Power".
[66] Szreder, „Duck-Rabbits Against Fascism".
[67] Szreder.
[68] Szreder.

## 3.2 Zur Praxeologie des Kunstaktivismus

Interessanterweise hat sich diese Vorstellung des von der Gesellschaft losgelösten, frei schöpfenden und sich selbst verwirklichenden Künstlers[69] mittlerweile zum gesellschaftlichen Vorbild gewandelt. Andreas Reckwitz zeichnet in seiner im Jahr 2013 erschienen Monografie „Die Erfindung der Kreativität" nach, wie aus der Sozialfigur des Künstlers die einflussreiche Figur des Kreativen hervorgegangen ist. Kreative bildeten eine „hegemoniale Subjektform spätmoderner Kultur"[70]. Im Anschluss daran ist also die Frage aufzuwerfen, ob die Figur des Aktivisten oder der Aktivistin, wenn sie nun im Kunstfeld an Relevanz gewinnt, außerhalb dieses Bereichs eine Aufwertung erfährt, hat die Bezeichnung als solche doch bisher eher einen delegitimierenden Effekt. Künstler*innen versteht diese Arbeit also insofern als besondere Handlungsträger*innen aktivistischer Praktiken, als dass sie immer noch häufig Projektionsfläche für gesellschaftliche Idealvorstellungen sind, und zudem einen besonderen Einfluss darauf haben, was in einer Gesellschaft für wünschenswert gehalten wird. Sie sind Akteure mit einem großen symbolischen Charakter.

Um der Art und Weise, wie in dieser Arbeit aktivistische Künstler*innenschaft untersucht wird, zu klären, bedarf es zuletzt einer kurzen Erläuterung des Subjektbegriffs. Denn aktivistische Praktiken werden als Subjektivierungspraktiken begriffen, d. h. Praktiken, in denen bestimmte Subjektfiguren zustande kommen, und andere aufgelöst werden. Das Subjekt Kunstaktivist*in wird als „gesellschaftliches Wesen"[71] verstanden, oder auch als „kulturelle Form"[72], also als eine Sozialfigur, welche sich in aktivistischen Kunstpraktiken ereignet. Ein Subjekt ist hier also ein dynamisches Selbstverständnis, welches der aktivistischen Praktik nicht vorausgeht, sondern sich durch diese vollzieht.

### 3.2.3 Zur retrospektiven Erforschung künstlerischen Tuns: Werkzeuge der Praxisforschung

#### 3.2.3.1 Materialität
Die Frage, auf welche Aspekte Praxistheorien nun in der Forschungspraxis abzielen, möchte ich in diesem Teilkapitel etwas genauer ausführen. Horizont

---

[69] Hier wähle ich bewusst die maskuline Form.
[70] Reckwitz, „Der Kreative als Sozialfigur der Spätmoderne", 186.
[71] Reckwitz, *Subjekt*, 9.
[72] Reckwitz, 8.

der soziologischen Praxisforschung ist es, die „einzelnen Bestandteile von Praxisformen und deren Versammlung zu Praxisformationen"[73] zu verstehen. Als Bestandteil der Praxis gilt dabei etwa ihre Materialität, die sich in den „körperlichen und dinglichen Aspekte der Praktiken"[74] zeigt. Auch die Relationalität von Praktiken ist eine zentrale Beobachtungsgröße der Praxisforschung.[75] Praxistheorien gehen davon aus, dass sich Praxis grundsätzlich materiell zeigt, nur deshalb wird sie beobachtbar. Insofern Materialität die körperlichen und dinglichen Aspekte von Praktiken umfasst, ihren „physischen Vollzug"[76], können bei der Untersuchung der Materialität unterschiedliche Schwerpunkte gesetzt werden. In der Praxisforschung gelten Körper sowohl „als Quellen der Praxis"[77] im Sinne physischer Handlungsträger, als auch – im Sinne Bourdieus – als „Speicher der Sozialität"[78], die einen bestimmten sozial gewordenen „Habitus"[79] entwickeln. Die Materialität der Praxis behandele ich aber vornehmlich anhand eines zweiten Aspekts materieller Dimensionen der Praxis, mittels der Artefakte. Denn Praxistheorien erachten neben Körpern auch Dinge als wichtige „Bedingungen für die Formation der Praxis"[80], und deren Rolle lässt sich retrospektiv deutlich besser erforschen als körperliche Vollzüge von Praktiken. So wird in dieser Arbeit eine Forschungsperspektive vorgeschlagen, die untersucht, wie etwa Bilder und Medien zu aktiven Bestandteilen der kunstaktivistischen Praxis werden können, die selbst „Einfluss auf die Formation der Praxis nehmen"[81]. Dabei wird die aktivistische Praxis keineswegs als durch künstlerische Artefakte determiniert erachtet, sondern als Produkt wechselseitiger Einflüsse, eines Zusammenspiels des Tuns der Künstler*innen und der von ihnen herangezogenen Dinge. Diese werden „als notwendige Bestandteile von Praktiken" gesehen, welche die Praktiken „affizieren und prägen" und „auf den Vollzug der Praxis wirken"[82], als „Tatsachen – als Sachen, die etwas tun"[83].

---

[73] Schäfer, Daniel, und Hillebrandt, „Einleitung", 7.
[74] Schäfer, Daniel, und Hillebrandt, 8.
[75] Schäfer, Daniel, und Hillebrandt, 9.
[76] Hillebrandt, „Was ist der Gegenstand einer Soziologie der Praxis?", 16.
[77] Hillebrandt, 31.
[78] Hillebrandt, 19.
[79] Bourdieu, *Die feinen Unterschiede. Kritik der gesellschaftlichen Urteilskraft*, 277.
[80] Hillebrandt, „Was ist der Gegenstand einer Soziologie der Praxis?", 24.
[81] Hillebrandt, 24.
[82] Hillebrandt, 24.
[83] Hillebrandt, 26.

## 3.2 Zur Praxeologie des Kunstaktivismus

Entgegen einer vielleicht naheliegenden Vermutung sind Diskurse in der Soziologie der Praxis sehr zentral. Dies liegt auch daran, dass sich die Praxisforschung nicht damit begnügen kann, Praktiken nur in teilnehmender Beobachtung zu erforschen – denn dann müsste sie diese antizipieren. Gerade für aktivistische Kunstpraktiken wäre das aber ein enorm einschränkender Faktor. Die Praxisforschung räumt Diskursen einen sehr aktiven Part ein: Sie sind nicht nur „Quellen zur Erforschung vergangener Praktiken"[84], sondern auch selbst als praxisprägend zu betrachten. So behandelt diese Arbeit Diskurse auf ähnliche Weise wie die Dinge, und fragt beispielsweise, wie in der Praxis mit dem Autonomiediskurs umgegangen wird. Diskurse spielen zudem im Sinne diskursiver Praktiken von Künstler*innen eine zentrale Rolle. Denn als „operative und situierte Praxis des Strukturierens und Ordnens von Sinn"[85] lassen sich Diskurse aus der Perspektive der Praxistheorie nicht nur als praxisprägende Artefakte, sondern auch selbst als Praktiken verstehen: sie zeigen sich in „Äußerungsakten"[86]. Für diese Arbeit ist von Interesse, wie über diskursive Praktiken bestimmte Kunstbegriffe und Künstler*innenbilder hervorgerufen und eingesetzt, und Differenzen aufgemacht werden. So lässt sich auch beobachten, wie sich Aktivismus im Feld der Kunst als vielgestaltige Praxisformation materialisiert, die auf die Diskurse zurückwirkt.

### 3.2.3.2 Relationalität

Während die Praxisforschung vor allem Körper und Dinge als „Quellen der Praxis"[87] ins Zentrum rückt, betrachte ich in dieser Arbeit auch andere, bereits vollzogene Praktiken als derartige Quellen. Im historischen Kapitel werden Vorläufer der heutigen kunstaktivistischen Ansätze eingeführt; und in den jeweiligen Fallstudien nehme ich eine Kontextualisierung der in der Kunst angewandten sozialen Praktiken vor, etwa aus dem Bildungswesen, der politischen Kampagnenarbeit und der Therapiekultur. So lässt sich verdeutlichen, welche sozialen Praktiken im Kunstaktivismus wie zitiert werden, und was gerade diese „Pfade"[88] und Anwendungsweisen sozialer Praktiken über Kunstaktivismus aussagen.

Insofern Praktiken „Praxisformationen" bilden, die „auf Dauer gestellt sind und sich immer wieder erneut ereignen"[89] haben sie nicht nur einen Bezug zu

---

[84] Hillebrandt, 34.
[85] Wrana, „Zur Methodik einer Analyse diskursiver Praktiken", 121.
[86] Wrana, 139.
[87] Hillebrandt, „Was ist der Gegenstand einer Soziologie der Praxis?", 31.
[88] Hillebrandt, 26.
[89] Hillebrandt, 32.

vergangenen Praktiken, sondern auch einen besonderen Bezug zur Zukunft.[90] Praktiken aktualisieren ständig das Praxisrepertoire zukünftiger Aktivist*innen. Es ergibt sich die Frage, wie genau dieses „Auf-Dauer-Stellen" eigentlich in den Praktiken angelegt ist. Meine These hierzu lautet: aktivistische Kunstpraktiken sind ganz wesentlich von dem Konflikt geprägt, sich einerseits spontan und kontextspezifisch ereignen zu müssen, und andererseits nachhaltige Effekte zeitigen und sich selbst reproduzieren zu wollen, etwa durch aktivistische Manuals, die Verfügbarmachung von Bildmaterial oder das Vertreten eines bestimmten Kunstbegriffs.

Der Begriff der Relationalität bestimmt auch meine Perspektive auf unterschiedliche Ausprägungen des Kunstaktivismus. Denn dieser lenkt den Blick auf die „spezifischen Praxisformen der Praxisformationen"[91], und erlaubt es, dabei einzelne, sich aufeinander beziehende, voneinander inspirierte oder sich voneinander abgrenzende Praxisformen in einer sich herausbildenden Praxisformation aktivistischer Kunst auszumachen. Aus diesem Verständnis heraus behandeln die empirischen Analysen einzelne Beispiele aktivistischer Kunstpraktiken, die für eine größere Praxisformation des Kunstaktivismus, und innerhalb dessen für drei zentrale Praxisformen stehen: für Kampagnen, Bündnisbildungen, und instituierende Praktiken. Alle drei werde ich in den jeweiligen Kapiteln genauer beschreiben.

### 3.2.3.3 Performativität

Den dritten praxistheoretischen Fokus bildet die Frage nach der Performativität von Praktiken, also ihrer Veränderungsqualität. Der Begriff der Performativität wurde 1955 vom britischen Philosophen John Langsaw Austin geprägt. Damals beschrieb dieser anhand einiger Beispiele von Sprechakten, dass Sprache nicht nur beschreibt und behauptet, sondern selbst machtvoll handelt; sie schafft Realitäten[92]. Der Begriff wurde später in der Queer Theory aufgegriffen: Judith Butler bezog diesen Gedanken nicht nur auf die soziale Zuschreibung von Geschlecht[93],

---

[90] Dies argumentiert auch Oliver Marchart in seinen Überlegungen zu „Pre-enactments", vgl. Marchart, *Conflictual Aesthetics: Artistic Activism and the Public Sphere*, 175 ff., sowie John Roberts in seiner Monografie *Revolutionary Time and the Avant-Garde*.
[91] Hillebrandt, „Was ist der Gegenstand einer Soziologie der Praxis?", 32.
[92] Vgl. Austin, *How to do things with Words*.
[93] Vgl. Butler, *Gender Trouble*.

## 3.2 Zur Praxeologie des Kunstaktivismus

sondern zuletzt auch auf Praktiken der politischen Gemeinschaftsbildung[94]. Körperliche Versammlungen, so Butler, funktionierten ähnlich wie der performative Sprechakt „Wir sind das Volk" – sie produzierten ein Wir. Kunst wird häufig eine ganz eigene Möglichkeit der performativen Wirklichkeitsproduktion zugesprochen.[95] Die Kunsthistorikerin Dorothea von Hantelmann betrachtet Performativität etwa als eine intrinsische Dimension in jedem Kunstwerk, die mehr oder weniger bewusst in den künstlerischen Schaffensprozess integriert werden kann. Dabei stellt sie auch die Frage, wie kulturelle Konventionen und Bedeutungen die Wahrnehmung eines Kunstwerks bedingen. Und diese Konventionen prägen auch, wie aktivistische Praktiken in der Kunst hervorgebracht werden. Denn hier wirken Autonomiediskurse als „spontane Ideologie des Kunstfelds"[96]. Eine performativitätstheoretische Perspektive auf Kunstpraktiken fragt also, welche Realität diese erzeugen, aber auch, wie diese Realitäten verändern. In dieser Arbeit ist der Begriff der Performativität daher in der Hinsicht bedeutsam, dass er den Blick auf die Effekte der Praktiken lenkt, aber auch diejenigen Punkte, an denen andersherum äußere Faktoren performativ auf die vollzogenen Praktiken wirken. So behandelt die Fallstudie zu Tillmans „pro-EU / anti-Brexit campaign" unter anderem die Weise, wie die Zuschreibung „Aktivist" von außen auf seine Praxis einwirkt, und ihn dazu bringt, Kunst und Aktivismus in seinen öffentlichen Reflexionen, nach einer Phase ihrer engagierten Verbindung, wieder stärker zu trennen.

Allgemeiner wird in dieser Arbeit auch davon ausgegangen, dass aktivistische Kunstpraktiken Aktivismus nicht nur im Kunstfeld normalisieren, also an einer anderen Realität des Kunstfelds mitwirken, sondern potenziell auch zur ihrer Attraktivitätssteigerung außerhalb des Kunstfelds beitragen können. Ebenso wirken sie an bestimmten Vorstellungen von Gemeinschaft mit: einer europäischen versus einer nationalen, britischen Gemeinschaft. Künstlerischer Aktivismus wird also im Hinblick auf eine doppelte Performativität in den Blick genommen: die Performativität im Kunstfeld – in Bezug auf den Kunstbegriff und die Künstler*innenfigur –, aber auch in der politischen Debatte. In den unterschiedlichen Fallstudien kommen die drei Begriffe Relationalität, Materialität und Performativität jeweils unterschiedlich stark zum Einsatz.

---

[94] Vgl. Butler, *Notes Toward a Performative Theory of Assembly*.
[95] Vgl. Gludovatz u. a., *Kunsthandeln*.
[96] Marchart, *Conflictual Aesthetics: Artistic Activism and the Public Sphere*, 13.

## 3.3 Methodisches Vorgehen

### 3.3.1 Fallauswahl

Zu meiner Forschung gehörte es zunächst, einen Überblick über die künstlerischen Reaktionen zum Brexit-Referendum zu gewinnen, diese zu kategorisieren und zu differenzieren. Es galt zu unterscheiden, wo es sich um Versuche aktivistischer Einflussnahmen, und wo um bloße Verhandlungen des politischen Themas handelte – im Sinne herkömmlicher politischer Kunst. In einem Beobachtungszeitraum von sechs Monaten vor dem Referendum am 23. Juni 2016 bis zum tatsächlich erfolgten Austritt Großbritanniens aus der EU am 31.01.2020[97] suchte ich dafür zunächst nach Beispielen künstlerischer Aktionen, mit denen sich Künstler*innen innerhalb der Debatte direkt politisch engagiert hatten. Dazu sichtete ich seit Beginn meines Projekts, Ende 2019, laufend die Programme von Museen, Galerien und Theatern im UK.

Zudem beobachtete ich bereits seit meiner Projektidee 2018 den rege geführten Diskurs um Kunstaktivismus im Hinblick auf Beispiele mit Europa- und Brexit-Bezug. Ich studierte die Programme von aktivistischen Symposien, Tagungen und Ausstellungen. Weitere Beispiele fanden sich in der (Fach-)Presse und Kunstmagazinen, etwa im *FIELD Magazine*, sowie *e-flux* und in *Texte zur Kunst*.

Als zweiten Schritt unternahm im März 2020 eine Forschungsreise nach London und Coventry, um explorative Expert*innengespräche zu führen. Nach dem Schneeballprinzip besuchte ich aktivistische Initiativen und traf Künstler*innen und Forscher*innen, darunter die Aktivismusforscherin Antje Scharenberg, die Tanzforscherin Susanne Foellmer und eine Vertreterin der Londoner Organisation *Dash Arts*. Genau während meiner Forschungsreise wurde in Berlin der erste Lockdown der Corona-Pandemie verhängt, kurz darauf im UK. Weitere Gespräche mussten daher als Telefon- und Online-Interviews stattfinden, etwa mit der Leitung des Londoner Goethe-Instituts und mit Unterstützern der Kampagne von Wolfgang Tillmans. Sei es vor Ort oder online, alle Gesprächspartner*innen wurden jeweils nach den ihnen bekannten Beispielen künstlerischen Engagements für oder gegen den Brexit gefragt, bis keine neuen Beispiele mehr auftauchten. Aus der so entstehenden Beispielsammlung wurden im nächsten Schritt einige Verfahren ausgemacht, die den Künstler*innen als besonders naheliegende aktivistische

---

[97] Knapp sechs Monate vor dem Referendum kristallisierten sich erste Kampagnenstrategien heraus, noch gut drei Jahre danach befanden sich die politischen Verhandlungen immer noch in der Hochphase. Im Rahmen des zweiten Jahrestags des Referendums gab es zahlreiche Reflexionsformate im Kulturbereich und für den Tag des Brexits wurden noch einmal zahlreiche Aktionen angesetzt.

## 3.3 Methodisches Vorgehen

Reaktionsweisen erschienen: (bildbasierte) Kampagnen, künstlerische Bündnisse und interaktive Ansätze in physischen Kunsträumen. Die bildbasierten Kampagnen wurden am schnellsten und vor allem dann durch Künstler*innen ins Leben gerufen, als es noch am meisten mitzubestimmen gab: Neben Tillmans' „pro-EU / anti-Brexit campaign" war dies auch die Initiative *EU-UK*, die für ein pro-europäisches Votum warb. Bündnisse bildeten sich eher später in der Debatte, um die Folgen des Ergebnisses – ein sich wandelndes politisches Klima, kulturpolitische Unsicherheiten – durch die Bündelung von Ressourcen nachhaltig zu adressieren. Die interaktiven Vermittlungsformate, die sich im Beobachtungszeitraum ebenfalls erst später häuften, zielten darauf ab, das Brexit-Referendum retrospektiv zu verarbeiten und in Kunsträumen für versöhnliche Erfahrungen zu sorgen – wie etwa Grayson Perrys „Most Popular Art Exhibition Ever" in den Londoner Serpentine Galleries, an der Gegner*innen und Befürworter*innen des Brexits mitwirkten.[98]

Aus den drei Clustern habe ich jeweils ein Beispiel für tiefergehende Fallstudien ausgewählt. Bei den Bündnissen sind es jedoch zwei, da es dort möglich war, auch ein Pro-Brexit-Beispiel auszumachen. Denn die Arbeit hatte ursprünglich den Anspruch, auch eine Bandbreite an politischen Meinungen im Kunstfeld abzubilden. Im Kunstfeld gab es jedoch wenige Initiativen *für* den Brexit, sodass die Vereinzelung des Fallbeispiels *Brexit Creatives* in meiner Arbeit durchaus repräsentativ ist. Diesen Umstand werde ich noch genauer erläutern. Für mein Vorgehen bedeutete dies jedoch zunächst, dass das ansonsten alleinstehende Pro-Brexit-Beispiel einer besonderen Kontextualisierung bedurfte. Daher wurde ein ergänzendes Experten-Interview mit dem Gründer der Initiative *Artists for Brexit*[99] geführt. Im Rahmen dieses Forschungsprojekts setzte ich mich zudem mit weiteren Beispielen auseinander, die ihren Weg aufgrund des Gesamtumfangs nicht mehr in diese Arbeit gefunden haben.

Die Auswahl der Fälle deckt nicht nur drei verschiedene Praxisformen ab, sondern auch unterschiedliche Phasen des Beobachtungszeitraums. Die erste Fallstudie behandelt eine bereits 2016 organisierte bildbasierte Kampagne, die zur Teilnahme am Referendum aufrief. Die Fallstudien zwei und drei befassen sich mit Bündnissen, die 2017 auf das Ergebnis reagierten, die letzte mit einer partizipativen Arbeit in den Manchester Art Gallery, die wenige Monate vor dem tatsächlichen Brexit stattfand.

---

[98] Vgl. Cox und Taylor, „Brexit, Ugly Feelings and the Power of Participatory Art in Grayson Perry: Divided Britain".

[99] Diese Initiative wurde schnell wieder inaktiv und konnte aufgrund des daher spärlichen Materials nicht als eigene Fallstudie integriert werden.

Neben den unterschiedlichen Praxisformen, den politischen Positionen und der Situierung im Beobachtungszeitraum war das vierte Kriterium bei der Fallauswahl, eine Bandbreite an künstlerischen Renommees abzubilden. Während der ersten Gespräche mit Expert*innen entstand nämlich zunehmend der Eindruck, dass die Reputation der Agierenden die Praktiken deutlich prägt und zu Ausdifferenzierung führt. Bekanntheit im Kunstfeld kann politisch eingesetzt werden. Zu den Künstler*innen gehört mit Wolfgang Tillmans ein bekannter Fotograf und Turner-Preis-Träger ebenso wie weniger bekannte und kollektiv agierende Netzwerke. Das Phänomen Kunstaktivismus soll so in seinen ausdifferenzierten praktischen Erscheinungsformen untersucht werden.

### 3.3.2 Zugang zum Material

Obwohl sich Forschungs- und Beobachtungszeitraum überschneiden, handelt es sich bei dieser Arbeit im Wesentlichen um eine retrospektive Rekonstruktion der künstlerischen Beteiligung an der Brexit-Debatte. Diese Methode bedarf der grundsätzlichen Erprobung, da Praxis im Allgemeinen und kunstaktivistische Praxis im Besonderen keineswegs als erwartbare Phänomene gelten können. Denn Kunstaktivist*innen spielen nicht selten mit Überraschungseffekten. Ihre Praxis muss daher rekonstruktiv erforscht werden. Daraus ergeben sich forschungspraktische Herausforderungen, die reflektiert werden müssen: etwa der Umstand, dass das Material Praktiken nicht in seiner gesamten Vollzugsweise, sondern eben nur in seiner dinglichen Materialität dokumentiert. Die Analyse kann also nur eine Annäherung an die Praktiken selbst leisten.

Die Herausforderung, Kunstaktivismus retrospektiv zu erforschen, hat auch schon Claire Bishop im Zuge ihrer Arbeit zur partizipativen Kunst beschäftigt: Sie versammelt eine Reihe von Vorschlägen, anhand welcher Materialien diese oft ephemeren Praktiken zu erforschen seien: Projektbeschreibungen, Reflexionen der Beteiligten, Korrespondenzen[100]. Für die Analyse meiner Beispiele wurde zunächst ein Materialkorpus aus Dokumentationen, Bildern, Videos und Artikel der Fachpresse zu den ausgewählten Beispielen zusammengestellt, in denen sich die Praktiken materialisieren. Viele der Materialien sind online verfügbar, manche wurden mir durch die Künstler*innen ergänzend zur Verfügung gestellt. Zur Analyse der „pro-EU / anti-Brexit campaign" wurden die online hochauflösend verfügbare Plakat-Serie, publizierte Interviews und Medienberichte herangezogen; ergänzend führte ich ein Gespräch mit dem Assistenten von Wolfgang

---

[100] Bishop, *Artificial Hells: Participatory Art and the Politics of Spectatorship*, 15.

## 3.3 Methodisches Vorgehen

Tillmans, Paul Hutchinson, der die Texte für die Plakate mitverfasste. Das Kollektiv *Keep it Complex, Make it Clear* veröffentlichte ebenso einiges an Material, etwa Programme und visuelle Materialien zu Veranstaltungen. Da die Künstler*innen aber keine öffentlichen Interviews zu ihren Kampagnen geben führte ich hier ein ergänzendes Zoom-Interview mit einer der Protagonistinnen der Gruppe, Kathrin Böhm.[101] Zur Analyse des Netzwerks *Brexit Creatives* wurden einige publizistische Beiträge des Gründers Manick Govinda analysiert; sowie die Online-Inszenierung der Gruppe auf Twitter, Facebook und Meet-up. Für das Fallbeispiel gibt es aber vergleichsweise wenig öffentliches Material, sodass auch hier ein ergänzendes Interview mit einem Protagonisten geführt wurde.[102] Für die Studie von Tania Bruguera Projekt „School of Integration" konnte über soziale Medien und die Webseiten der beteiligten Institutionen vielfältiges öffentliches Material gesammelt werden: Bilder, Programme, Medienberichte, Videos und eine Audioaufzeichnung eines Workshops.[103]

Ein wichtiger Aspekt bei der Durchführung der ergänzenden Interviews war es, möglichst offene Fragen zu stellen, um den Künstler*innen die Möglichkeit zu geben, ihre Ansätze detailliert zu schildern. Deshalb habe ich mich für die Interviews an den Maßgaben für explorative Expert*innen-Interviews[104] bzw. teilnarrative Interviews orientiert. Sie zeichnen sich gegenüber narrativen Interviews dadurch aus, dass sie nicht nur mit einer offenen Anfangsfrage arbeiten, sondern darüber hinaus gezielt weiter nach bestimmten Aspekten oder Details gefragt werden kann, um das Gespräch in die Richtung zu lenken, die für die Forschungsarbeit von Bedeutung ist.[105]

Zur Methodenreflexion gehört an dieser Stelle ein Hinweis auf die unterschiedlichen Gesprächssituationen: Während das Interview mit *Brexit Creatives* noch in Persona im Members' Café der Tate Modern in London geführt werden konnte, wurde das Interview mit Kathrin Böhm online über Zoom geführt, da der Lockdown dies erforderte. Zudem wurde das Gespräch mit Manick Govinda zunächst geführt, um es zu explorativen Zwecken zu nutzen, nicht als eigenes Material. Als jedoch klar wurde, dass die geplante teilnehmende Beobachtung an den Netzwerktreffen aufgrund der Pandemie für längere Zeit nicht möglich sein würde,

---

[101] Die zugehörigen Daten sind in Anhang 1 im elektronischen Zusatzmaterial einsehbar.
[102] Die zugehörigen Daten sind in Anhang 1 im elektronischen Zusatzmaterial einsehbar.
[103] Insgesamt wurden so für jede Fallstudie ungefähr ähnlich umfängliche Materialkorpusse erstellt, die aber eine gewisse Heterogenität der Materialformen aufwiesen. Dies wurde, wie ich im nächsten Teilkapitel erläutere, in den Analysemethoden berücksichtigt.
[104] Vgl. Bogner, Littig, und Menz, *Interviews mit Experten.*
[105] Kruse, *Reader „Einführung in die Qualitative Interviewforschung"*, 59.

habe ich im Nachgang des Interviews mit dem Gesprächspartner abgestimmt, die Aufzeichnung selbst mit zum Analysematerial zu machen. Leider konnte ich die meisten in dieser Arbeit thematisierten Künstler*innen aufgrund der COVID-19 Pandemie zum Zeitpunkt der Datenerhebung nicht persönlich besuchen. Umso dankbarer bin ich ihnen für ihre Geduld angesichts meiner Nachfragen zum Material und für ihre Unterstützung meiner Forschung.

### 3.3.3 Analyse des Materials

Zur Analyse des Materials kamen insbesondere zwei Methoden zur Anwendung: die Bild- und Inhaltsanalyse. Allerdings habe ich diesen Methoden eine praxeologische Wendung zugefügt, die ich kurz erläutern möchte.

#### 3.3.3.1 Bildanalyse

Bilder werden in dieser Arbeit weniger – etwa im Sinne Erwin Panofskys – als Träger*innen von Bedeutung betrachtet, sondern eher als wandelbare Artefakte, die Künstler*innen im aktivistischen Kontext auf eine bestimmte Weise handhaben und deren Bedeutung sich ganz wesentlich über ihren Einsatz bestimmt. Die Analyse des *Inhalts* der Bilder stellt daher eher einen Exkurs dar, im Zentrum meiner Betrachtungen steht vielmehr der Umgang, den die Künstler*innen mit Bildern pflegen, und die Rolle, die diese Bilder dadurch in den aktivistischen Ansätzen annehmen.[106] Die von mir angewandte Bildanalyse ist daher in zweierlei Hinsicht praxeologisch: Ich verstehe Bilder in dieser Arbeit einerseits als materielle Zeugnisse von durch Künstler*innen ausgeführte Praktiken, und frage andererseits, wie diese Bilder auch durchaus eigenständig *agieren*. Im Rahmen von digitalen Bildnetzwerken besteht dieses Agieren der Bilder nicht nur in der Erzeugung von Bedeutung im Sinne Bredekamps[107], sondern auch in der *Zirkulation* der Bilder, also wie sie aus dem Aktionsradius der Künstler*innen heraustreten und ein Eigenleben im Netz entwickeln.

Unterschiedliche Arten von Bildern sind für diese Arbeit relevant: Während bei der Kampagne von Wolfgang Tillmans Bilder als Kernstück der Kampagne selbst gelten können, waren Bilder bei den Netzwerken *Brexit Creatives* und *Keep*

---

[106] Ganz über Bildinhalte hinwegzusehen würde den praxeologischen Zugang aber überreizen. Denn selbst aus praxeologischer Perspektive agieren Bilder über ihre Bedeutung. Im Rahmen ihrer Zirkulation in sozialen Medien entwickeln sie ein „Eigenleben", das als Fortsetzung der durch die Künstler*innen ausgeführten Praktiken untersucht werden muss. Schankweiler, *Bildproteste. Widerstand im Netz*, 14.

[107] Vgl. hierzu Bredekamp, *Der Bildakt: Frankfurter Adorno-Vorlesungen 2007*.

*it Complex*, sowie bei der „School of Integration" von Tania Bruguera eher dokumentarische Zeugnisse ephemerer Praktiken. Den Bildern wird in der Fallstudie zu Wolfgang Tillmans entsprechend deutlich mehr Beachtung geschenkt.

### 3.3.3.2 Inhaltsanalyse

Das Material erfordert nicht nur bildanalytische Verfahren, sondern auch Methoden zur systematischen Auswertung von Texten, mit dem z. B. die Interviews, Beschreibungstexte, Missionen und publizistischen Texte der Künstler*innen analysiert werden konnten. Hierzu wendete ich das Verfahren der qualitativen Inhaltsanalyse nach Philipp Mayring[108] an. Ich entwickelte einige Codes, die ich deduktiv aus den theoretischen Debatten sowie induktiv aus dem Material erstellte. Eine Übersicht zeigt Tabelle 3.1.

**Tabelle 3.1** Kategoriensystem der qualitativen Inhaltsanalyse

| Kategoriensystem | Ankerbeispiele |
| --- | --- |
| Praktiken | „readings", „networking" |
| Europa/ EUBegriff | „The EU protects your rights against (…) enemies of freedom", „there is a European relationship but the EU should not be at the heart of this relationship" |
| Verständnis des Brexits | „turning point for Europe as we know it", „wer darf hier sein in Großbritannien" |
| Rolle der Kunst | „assert a sense of identity", „die Brexit-Debatte aufzulösen" |
| Anlässe für Engagement | „xenofobia", „dull official in campaign" |
| Künstler*innenrolle/Identifikation | „myself as a product of the European post-war history", „an overtly political person" |

Das Material wurde den in der Tabelle dargestellten Codes zugeordnet. In dieser Arbeit erfolgte die Auswertung qualitativ, das heißt, es ging nicht um die Quantifizierung der Ergebnisse – etwa wie häufig sich ein(e) Künstler*in als Aktivist*in beschrieb –, sondern um qualitative Aussagen, sprich wie dies formuliert wurde. So wurde durch die Kategorien der Inhaltsanalyse eine Vergleichbarkeit des vielgestaltigen Materials gewährleistet. Wie bei den Bildern nahm ich nicht nur den Inhalt, sondern auch den Einsatz dieser Texte besonders in den Blick.

---

[108] Mayring, *Qualitative Inhaltsanalyse. Grundlagen und Techniken.*

### 3.3.4 Situiertes Schreiben

Bei der Darstellung der Ergebnisse habe ich mich durch den an Donna Haraway angelehnten Ansatz des „situierten Schreibens"[109] inspirieren lassen. Dazu gehörte es, meinen Blick auf das Thema selbst immer wieder auf sein soziales Geworden-sein zu hinterfragen. Als Forscherin an einer Berliner Universität bin ich nicht zuletzt EU-Bürgerin, die in ihrer Ausbildung stark von der Freizügigkeit in der EU profitieren durfte. In dem gewählten politischen Zusammenhang bedeutet Situierung auch, meine Sozialisierung als weiße Europäerin zu reflektieren. Ich wurde in ein nicht zuletzt durch den Kolonialismus wohlhabend gewordenes Europa geboren. Dadurch standen mir bestimmte, relativ angenehme Berufswege offen; auch in einem Wissenschaftssystem, dessen Entstehung unmittelbar mit dem Kolonialismus verwoben war. Selbstverständlich erscheint es mir daher, meine Forschung durch eine laufende Auseinandersetzung mit postkolonialen Theorien zu begleiten. Auch sollte Kunstaktivismus, der sich mit dem Projekt Europa auseinandersetzt, nicht stillschweigend als Norm eingeführt, sondern als europäisch und somit kontingent benannt werden. Die Anerkennung dieses selektiven Blickwinkels ist nicht als leere Demutsbezeugung gemeint, sie dient vielmehr direkt dem Erkenntnisgewinn. Denn bei dem Forschungsgegenstand des europabezogenen Kunstaktivismus handelt sich nicht nur um eine spezifische geografische Auswahl innerhalb eines globalen Praxisfelds, sondern auch um Praktiken, die unter spezifisch europäischen Bedingungen operieren, und diese sogar selbst zu ihrem Thema machen: Demokratie und Kunstfreiheit.

Zudem möchte ich vorab mein eigenes Verhältnis zum Aktivismus klären.[110] Das Forschungsfeld ist stark geprägt durch Stimmen, die sich selbst als aktivistisch verstehen, die von denjenigen, die sich als neutrale Außenstehende betrachten, kritisiert werden. Ich selbst bewege mich dazwischen. Ich verstehe mich als Soziologin, die dem Impuls der Künstler*innen, sich aktivistisch zu engagieren, nicht neutral, sondern intuitiv empathisch gegenübersteht, zumal sich die Soziologie ebenfalls damit befassen muss, welchen Beitrag sie angesichts der vielen gegenwärtigen politischen Herausforderungen leisten kann. Allerdings möchte ich diejenigen Spielregeln, die im Feld aktivistischer Kunst gegenwärtig entstehen, nicht einfach für die Wissenschaft übernehmen. Diese Arbeit ist auch daran interessiert, gerade diese aufkommenden Spielregeln herauszuarbeiten.

---

[109] Gramlich und Haas, „Situiertes Schreiben mit Haraway, Cixous und grauen Quellen".
[110] Von 2017–2018 engagierte ich mich beim Grassroots-Thinktank *Polis180 e.V.*, danach beim *European Democracy Lab e.V.*. Im Jahr 2019 begleitete ich zudem das Projekt „transeuropa caravans" der paneuropäischen Initiative *European Alternatives*.

# Historische Vorläufer: Das „Phantom-Archiv" aktivistischer Kunst

# 4

Im Hinblick auf die eingangs eingeführten Schwerpunkte des Forschungsfelds wurde im Theoriekapitel erläutert, wie differenztheoretische Annahmen die Forschung zum Thema leiten und wie daraus der Gedanke hervorgeht, Künstler*innen seien Außenstehende, die, nun zu Aktivist*innen geworden, von außen in die Politik eingreifen. Ein dritter wichtiger Aspekt des Forschungsfelds ist ein weit verbreiteter Innovationsgedanke: Kunstaktivismus gilt meist auf die ein oder andere Weise als ein *neues* Phänomen, das sich entweder qualitativ in seinen Ansätzen, oder aber quantitativ, sprich in seiner Prominenz und Verbreitung von der seit jeher existierenden politischen Kunst unterscheidet. Da es bereits einige kunsthistorische Abhandlungen zum Thema gibt, soll das nachfolgende Kapitel bloß selektiv einige historische Aspekte behandeln, die für den Zuschnitt dieser Arbeit wichtig erscheinen. Das Kapitel diskutiert zunächst genauer, in welcher Hinsicht künstlerischer Aktivismus meist als neu begriffen wird, betrachtet dann aber – um diesen im Forschungsfeld verbreiteten Innovationsgedanken kritisch zu beleuchten – Aktivismus eher als historische Kontinuität der Kunst, indem wiederkehrende Praktiken und Problemstellungen politisch engagierter Künstler*innen erläutert werden. Es wird aber argumentiert, dass den aktivistischen Praktiken unterschiedlicher historischer Momente in der Regel eine eigene zeitspezifische Kultur innewohnt, die über das Kunstfeld hinaus von soziologischem Interesse ist.

## 4.1 Aktivismus als Innovation?

Obwohl politische Kunst schon immer existiert hat, gaben die heutigen Formen des Kunstaktivismus Anfang der 2010er Jahre Anlass zu der Beobachtung, Aktivismus sei „die erste neue Kunstform des einundzwanzigsten Jahrhunderts"[1]. Die Frage, was an ihm neu ist, beschäftigt den wissenschaftlichen Diskurs über Kunstaktivismus seitdem wesentlich. Eine überzeugende Antwort darauf kommt von dem Künstler, Autor und Aktivisten Gregory Sholette. In seiner 2022 erschienenen Monografie „The Art of Activism and the Activism of Art" rekonstruiert er, wie sich Aktivismus in der zweiten Hälfte des 20. Jahrhunderts von einer marginalen Position im Kunstfeld zu einer einflussreichen Praxis entwickelte, die heute von „einer institutionellen Säule der zeitgenössischen globalen Hochkultur unterstützt wird"[2]. Sholette sieht also den *Statuswandel* aktivistischer Praktiken im Kunstfeld als wegweisende Neuerung. Der „Wandel (…) hin zu offen politischen und sozialisierten Praktiken" im Kunstfeld in den 1970er Jahren sei vor allem durch das politische Engagement von Künstler*innen im Rahmen politischer Krisen und revolutionärer Bewegungen zustande gekommen, also zu zeitlich begrenzten Anlässen, die schrittweise zur Anerkennung dieser Praktiken im Kunstfeld beigetragen hätten. Der mittlerweile einflussreiche „activism of art" – also aktivistische Praktiken mit einem engen Bezug zum Kunstfeld – gehe demnach aus dem Engagement von Künstler*innen in sozialen Bewegungen hervor.[3]

Da aktivistische Ansätze im Kunstfeld lange nicht als Kunst galten und somit nicht systematisch wie andere Kunstgenres gesammelt, archiviert und gezeigt wurden, schlägt Sholette vor, diese mit dem Begriff des „Phantom-Archivs"[4] zu fassen: ein diffuses Repertoire an Praktiken, auf das Kunstaktivist*innen zugreifen und zu dem diese laufend beitragen. Sholette beschreibt dieses Archiv auch als „Werkzeugkasten", „eine unsichtbare, aber gewichtige Masse von Ideen, Bildern und Praktiken, die (im Kunstfeld) typischerweise unsichtbar bleiben"[5].

---

[1] Weibel, *Global activism: art and conflict in the 21st century*, 1.
[2] Sholette, *The Art of Activism and the Activism of Art*, 11.
[3] Ähnlich wird argumentiert in Raunig, *Art and Revolution*.
[4] Sholette, *The Art of Activism and the Activism of Art*, 18.
[5] Sholette, 55.

## 4.1 Aktivismus als Innovation?

Das folgende Teilkapitel orientiert sich an diesem Begriff. Es präsentiert eine unvollständige, kursorische Auswahl[6] künstlerischer Ansätze von den 1960er Jahren bis heute, die entweder aufgrund ihres inhaltlichen Bezugs, ihrer formalen Auseinandersetzung mit demokratischen Verfahren oder wegen ihrer ästhetischen und medialen Neuerungen für das Verständnis des Kunstaktivismus zum Brexit wichtig erscheinen.[7] Es ist chronologisch aufgebaut und bewegt sich von der Theorie zur Praxis: Das Teilkapitel beginnt mit einer Einführung in zwei grundlegende Texte zur historischen und zur Neo-Avantgarde. Dabei handelt es sich neben Peter Bürgers „Theorie der Avantgarde" um Guy Debords „Gesellschaft des Spektakels", einen Text, in dem das situationistische Denken als ein Beispiel für die gesellschaftlichen Problemdiagnosen und die aktivistische Haltung von Kunstaktivist*innen der Avantgarde zutage tritt. Als nächstes folgt eine kurze Einführung in das Werk von Joseph Beuys. Nicht nur wird dieser häufig als Aktivist begriffen, er hat sich auch – wie es der Kunsthistoriker Philip Ursprung nachzeichnet[8] – im Zuge seiner Arbeiten mit dem Thema Europa auseinandergesetzt.

Im Anschluss werden einige Beispiele der Institutionskritik der 1970er Jahre diskutiert, an denen sichtbar wird, wie sich aktivistische Kunstpraktiken zwar auf äußere politische Ziele auszurichten begannen, dabei aber häufig die Politik des Kunstfelds selbst zum Startpunkt nahmen. Zuletzt stellt das Kapitel zwei nicht-europäische Beispiele vor, bei denen die wachsende Rolle digitaler Bilder in Protestbewegungen sichtbar wird – eine Entwicklung, die auch die Handlungsmöglichkeiten von Künstler*innen im Rahmen der Proteste um den Brexit bedingte.

---

[6] Nun wäre es selbst ein aktivistischer Akt, auch weniger bekannte Beispiele zu nennen, allerdings scheint es für eine praxeologisches Vorgehen gerade wichtig, auf die besonders praxisprägenden Beispiele einzugehen – denn sie sind es, die zitiert und abgewandelt, oder verworfen werden. Zweifellos markiert dieses Fortschreiben des Kanons eine Schwäche der praxistheoretischen Methoden. Dennoch macht die Praxeologie auch Verschiebungen deutlich, z. B. indem sie sichtbar machen kann, wenn sich heutige Praktiken als Abgrenzungsgesten zu ihren historischen Vorläufern entwickeln.

[7] Dabei beschränke ich mich nicht allein auf europäische Beispiele: denn zu behaupten, nur diese prägten heutige Praktiken in Europa, wäre eine kaum haltbare These.

[8] Ursprung, *Joseph Beuys. Kunst, Kapital, Revolution*.

## 4.2 Kunst und Leben: Impulse der Avantgarden

Peter Bürgers „Theorie der Avantgarde" (1974) ist nicht nur ein Schlüsselwerk zur künstlerischen Avantgarde, sondern auch eines, das heutige aktivistische Kunstpraktiken gewinnbringend in Perspektive setzt. Wenn von der künstlerischen Avantgarde die Rede ist, sind meist mehrere künstlerische Strömungen im ersten Drittel des 20. Jahrhunderts gemeint, die über ästhetische Strategien mit der Tradition künstlerischer Autonomie brechen wollten (z. B. Kubismus, Futurismus und Konstruktivismus)[9]. Häufig im Modus der „Destruktion", die sich als „Formzertrümmerung bis hin zur Absage an die Kunst als selbständigem Bereich"[10] zeigte, gehörte es zum Gestus der künstlerischen Avantgarde, Kunst zu entmystifizieren und stattdessen neue Alltagsbezüge herzustellen. In seiner Theorie verfolgt Bürger nun die These, dass die Bewegung der künstlerischen Avantgarde entgegen ihrer eigenen Erzählung vor allem einen neuen Modus künstlerischer *Selbstkritik* möglich gemacht habe[11]. So hätten die Avantgarden zwar mit den Semantiken der Wirksamkeit und Nicht-Kunst gespielt, dadurch sei aber keine tatsächliche Zerschlagung des Teilsystems Kunst bezweckt worden, durch welche die Kunst einfach in der Lebenspraxis aufgegangen wäre, sondern die Avantgarde habe sich mit ihrer Kritik vielmehr an das Kunstsystem selbst gerichtet und dessen Autonomie kritisch hinterfragt.

Ein Beispiel für eine solche Form avantgardistischer Praxis waren die Strategien der Situationisten.[12] Diese prägten beispielsweise die Praxis des Flanierens und das *détournement*, eine Strategie der Umkehr oder Aneignung, bei der durch die taktische Wiederverwendung bereits existierender ästhetischer Elemente, Medienformen und Bilder den Quellen entgegengesetzte Botschaften vermittelt werden.[13] Diese Praktiken galten damals nicht nur als wenig künstlerisch, sie waren sogar darauf aus, als „dépassement de l'art"[14] (dt. Überwindung

---

[9] Trebeß, *Metzler Lexikon Ästhetik: Kunst, Medien, Design und Alltag*, 57.
[10] Trebeß, 57.
[11] Bürger, *Theorie der Avantgarde*.
[12] Die Situationistische Internationale (SI) wurde 1957 gegründet. Die Gruppe verschrieb sich der Idee, in Abgrenzung zur *l'art pour l'art* mit unterschiedlichen Mitteln – Malerei, Stadtplanung und Theorie – soziale Situationen zu schaffen. Von 1957 bis zu ihrer Auflösung im Jahr 1972 waren insgesamt rund 70 Personen teil der fluktuierenden Gruppe. Obwohl die SI sich im Zuge der 1968er Proteste auflöste, wird ihr eine wichtige Rolle in den französischen und britischen 1968er-Bewegungen eingeräumt.
[13] Eine Abwandlung hiervon war später die Bewegung der *tactical media*, mit künstlerischen Beispielen wie den *Adbusters* oder den *Yes Men*. Vgl. Ray und Sholette, „Introduction".
[14] Lütticken, „Guy Debord and the Cultural Revolution", 112.

## 4.2 Kunst und Leben: Impulse der Avantgarden

der Kunst) verstanden zu werden. Dabei ging es, wie Bürger es beschreibt, weniger darum, Kunst als System abzuschaffen, sondern Künstler*innen dazu aufzurufen, das politische Potenzial der Kunst in der Gesellschaft zu realisieren, indem die „Opposition Kunst versus Lebenspraxis"[15] überwunden würde.

Dieser Ansatz entstand in einer Zeit, in der der Aufstieg des kulturellen Kapitalismus die gesellschaftliche Funktion der Kunst deutlich infrage stellte. Der intellektuelle Protagonist der künstlerischen Bewegung Guy Debord breitete daher in seinem 1967 erschienenen, manifest-artigen Text „Die Gesellschaft des Spektakels" eine umfassende Kulturkritik aus: „Das ganze Leben der Gesellschaften, in welchen die modernen Produktionsbedingungen herrschen, erscheint als eine ungeheure Sammlung von Spektakeln. Alles, was unmittelbar erlebt wurde, ist in eine Vorstellung entwichen"[16]. Debord warb damals dafür, dem Spektakel, einer „tatsächlich gewordene(n), ins Materielle übertragene(n) Weltanschauung"[17], durch kollektive künstlerische Praxis Widerstand zu leisten. Denn so grenze sich die Kunst von der Starkultur ab: Der typische „Agent des Spektakels"[18], so Debord, sei nämlich der einzelne Star.

Diese kursorischen historischen Beispiele verdeutlichen zunächst eines: Von den heutigen Formen des Kunstaktivismus geht nicht ansatzweise eine ähnliche, die Spielregeln der Kunst betreffende revolutionäre Geste aus. Vielmehr handelt es sich bei den gegenwärtigen Formen des Kunstaktivismus meist um eine pragmatische Reaktion von Künstler*innen auf politische Verhältnisse, die diese direkt und existenziell betreffen.

Zwar agierten auch die Situationisten in einer Zeit, in der die Betroffenheit der Künstler*innen von Politik immer sichtbarer wurde, also die Tatsache, dass sie trotz der Autonomie des Kunstfelds nicht außerhalb der Gesellschaft standen. Der Kunstkritiker Sven Lütticken bringt dies wie folgt auf den Punkt: „Kultur konnte nicht mehr als bloße überbauliche/ideologische Widerspiegelung der Basis gesehen werden. Die Produktivkräfte waren nicht mehr ausschließlich industriell, und die Kulturindustrie und die Medien selbst waren sowohl Basis als auch Überbau." Daraus folgte: „Künstler und Studenten waren möglicherweise ebenso eine revolutionäre Klasse wie das Proletariat"[19]. Auch stehen die Situationisten für eine Umbruchszeit, in der „cultural activism"[20] zu einer treibenden politischen

---

[15] Bürger, *Theorie der Avantgarde*, 17.
[16] Debord, *Die Gesellschaft des Spektakels*, 7.
[17] Debord, 4.
[18] Debord, 4.
[19] Lütticken, „Guy Debord and the Cultural Revolution", 113.
[20] Lütticken, 113.

Kraft wurde. Dabei war wichtig, dass die Kunst nicht als *ultima ratio* galt, sondern eher hinzukam zu den gängigen Modi revolutionärer Kämpfe: „*Auch* in der Kultur muss man kämpfen und nicht weiter darauf warten, dass die bewegliche Ordnung der Zukunft konkret in Erscheinung tritt"[21]. Allerdings hat sich der doppelte revolutionäre Gestus, der sich damals sowohl auf die Politik als auch auf die Regeln der Kunst bezog, in den gegenwärtigen Praktiken deutlich relativiert.

## 4.3 Joseph Beuys und der erweiterte Kunstbegriff

Ein weiteres Beispiel, an dem sich ein anderer Gestus des heutigen Aktivismus illustrieren lässt, sind die Arbeiten von Joseph Beuys. Im Jubiläumsjahr 2021, in dem Beuys 100 Jahre alt geworden wäre, gab es in Deutschland eine Vielzahl von Ausstellungen und Veranstaltungen zu unterschiedlichen Aspekten seines Werks und dieses wurde auch mit zeitgenössischen politischen Fragen in Beziehung gesetzt. Dabei schien es eine Schwierigkeit zu sein, Beuys zu thematisieren, ohne den Mythos um seine Person kritiklos fortzuschreiben.[22] In der medialen Diskussion wurde daher auch sein Bezug zum Nationalsozialismus thematisiert.[23] Schon 2018 war eine Beuys-Biografie[24] erschienen, die Beuys' Germanenkult kritisch kommentierte und an die Tatsache erinnerte, dass sich Beuys nicht nur der Hitlerjugend anschloss und freiwillig zum Einsatz bei der Luftwaffe meldete, sondern sich offenbar auch – bis zu seinem Flugzeugabsturz auf der Krim 1944 – mit Nationalsozialisten umgab.

Dass sich Beuys jedoch gerade vor dem Hintergrund seiner NS-Zeit dem Thema Europa zuwandte, betont der Schweizer Kunsthistoriker Philip Ursprung, der sich für seine 2020 erschienene Beuys-Biografie auf Reisen an Orte in Europa begab, die der Künstler selbst besucht oder für Aktionen genutzt hatte. Ursprung fragt dabei nach der Beziehung, die Beuys zum Europäischen hatte, und bemerkt

---

[21] Debord, „Theses on Cultural Revolution", 91–92.

[22] Einen Personenkult versuchen viele der Beiträge zu seinem Werk zu vermeiden. Philip Ursprungs Auseinandersetzung mit Beuys ist durch die Form der Ich-Erzählung durchaus subjektiv angelegt. Und Karen van den Berg geht dem künstlerischen Kontext abseits des engeren Kreises um Joseph Beuys nach und situiert Beuys' Ideen so in einem Geschehen, das den erweiterten Kunstbegriff begünstigte und nicht nur als exklusives Produkt des Künstlers in Perspektive setzt. Vgl. van den Berg, „'Joseph Beuys und das Erbe der Sozialen Plastik'".

[23] Vgl. Rauterberg, „Joseph Beuys: Ein deutscher Heiland".

[24] Riegel, *Beuys: die Biographie*.

## 4.3 Joseph Beuys und der erweiterte Kunstbegriff

eine „Latenz des Holocaust"[25] in Beuys' Werk, vor deren Hintergrund sein eingreifender Kunstbegriff zu verstehen sei. Diese Latenz habe sich gerade auch in der Suche nach alternativen Gesellschaftsmodellen wie einem geeinten Europa niedergeschlagen. Ursprung geht dabei auf einzelne Aktionen Beuys' ein, z. B. auf die spontane „Aktion im Moor", die 1971 im niederländischen Hochmoor De Groote Peel stattfand und bei der Beuys im Moor badete, sich mit Morast bestrich und sich mit ausgestreckten Armen an einen Bunker aus dem Zweiten Weltkrieg lehnte. Diese spontane Form der Land Art, so Ursprung, verknüpfe Beuys' Aussage, dass Moore der „lebendigste Teil der europäischen Landschaft" seien, „Vorratskammern von Leben", „vergangene Geschichte konservierend"[26], mit Fragen nach europäischer Identität: „Wenn man bedenkt, dass Moore auch Brennstofflager sind, also Energielieferanten, dann berühren sie die Thematik der Bodenschätze und der Energiereserven, deren gemeinsame Nutzung den Beginn des europäischen Einigungsprozesses anstieß"[27].

Nun ist es eine Ironie der Geschichte, dass sich Beuys nicht nur mit Europa beschäftigte, sondern auch für eine direkte Demokratie engagierte, die im Fall des Brexits zur Desintegration der EU mitbeitrug. Denn mit seiner 1971 gegründeten Organisation für direkte Demokratie durch Volksabstimmung setzte sich Beuys für eine Form der Demokratie ein, die im Zusammenhang mit dem Brexit eher von den euroskeptischen Initiator*innen vertreten wurde. Die Aktion „Boxkampf für direkte Demokratie" (1972) war der Abschluss eines hunderttägigen Projekts, in dem Beuys seine Vision von Demokratie[28] zur Diskussion stellte. Als Beispiel des „tätigen Denkens"[29], das Beuys vertrat, wurde in dem Boxkampf ein Kampf der Demokratieformen inszeniert: Beuys vertrat die direkte Demokratie, sein Gegner – ein Student – die repräsentative. Beuys gewann.

Während der Grundsatz, soziale Verhältnisse als gestaltbar zu betrachten, über Beuys' Lebzeiten hinaus in der Regel positiv gedeutet wird, dient die *Figur* Beuys nicht nur aufgrund einiger politischer Positionen, sondern auch wegen seiner künstlerischen Ansätze heute dennoch immer wieder als Kontrastpunkt bei der Herausbildung neuer Praktiken. So betonte Wolfgang Tillmans im Zuge eines

---

[25] Ursprung, *Joseph Beuys. Kunst, Kapital, Revolution*, 48.
[26] Ursprung, 136.
[27] Ursprung, 137. Dieser Fokus auf Energie als identitätsstiftendes Moment Europas gewann im Jahr 2022 mit dem Krieg gegen die Ukraine an tragischer Plausibilität.
[28] Vgl. hierzu ausführlicher Mesch, „Institutionalizing Social Sculpture. Beuys' Office for Direct Democracy through Referendum Installation 1972 (1997)".
[29] Gaensheimer u. a., *Jeder Mensch ist ein Künstler. Kosmopolitische Übungen mit Joseph Beuys.*, 49.

Gesprächs zum Beuys-Jubiläum 2021, seine Kampagne zum Brexit sei „spontan" entstanden, „sozusagen aus Notwehr"[30]. Obwohl er sich in dem Kontext damit augenscheinlich eher demütig vor dem Werk von Beuys zeigen will, wird in dem Gespräch auch erkennbar, dass seine aktivistische Praxis etwas ist, das er im Unterschied zu Beuys von seiner Kunst trennen will.[31] Noch weiter rücken Initiativen wie *Keep it Complex* von dem Aktivismus eines Beuys ab. Sie arbeiten im Kollektiv, und sind darauf bedacht, nicht als einzelne Künstler\*innen für ihr politisches Engagement wahrgenommen zu werden (vgl. Abschnitt 5.3).

Derartige Brüche ließen sich als Indiz dafür werten, dass Aktivismus heute zunehmend als Praxis begriffen wird, deren Voraussetzung es ist, die eigene Sprecher\*innenposition politisch zu reflektieren. Denn an der Figur Beuys arbeiteten sich im Zuge des Jubiläums gerade diejenigen ab, die sein Sendungsbewusstsein („Ich bin ein Sender, ich strahle aus"[32]) kritisch sehen, und damit auch eine sehr künstlerzentrierte Spielweise aktivistischer Kunst. Die Distanzierungen von Beuys, die im Diskurs um heutige aktivistische Praktiken stattfinden, sind aufschlussreiche Indikatoren für das, was Kunstaktivismus gegenwärtig auszeichnet. Nicht nur ein durch Feminismus und Postkolonialismus informiertes Sensorium für die Herkunft, Verfügbarkeit und Aufführungsweise aktivistischer Kunstpraktiken scheint für Künstler\*innen, die sich als politisch inszenieren, immer wichtiger zu werden. Auch das Interesse an *nachhaltiger* Veränderung spielt heute eine bedeutende Rolle: Beuys steht heute auch dafür in der Kritik, eher symbolisch gehandelt zu haben, da er die Dimension der Institutionskritik gänzlich ausgeblendet habe[33].

---

[30] Kunstsammlung NRW, *Digital Talk: Matthias Lilienthal & Wolfgang Tillmans*.

[31] Kritischer noch setzte sich das Kollektiv Frankfurter Hauptschule in seiner Arbeit „Bad Beuys" mit dem Künstler auseinander. Die Gruppe re-interpretierte und parodierte 2020 Beuys' Arbeit durch ein Youtube-Video, in dem sie seine „Capri-Batterie" aus einer Ausstellung in Bochum stahl und in ein Museum in Tanzania brachte. Dass es sich hierbei um ein Imitat handelte, stellte sich allerdings erst später heraus, sodass die Aktion als möglicher Kunstdiebstahl einige Medienaufmerksamkeit bekam. Mit der Aktion machten die Künstler\*innen darauf aufmerksam, dass die europäische Debatte um die Restitution afrikanischer Kulturgüter bisher folgenlos bleibe – und die Feier von europäischen aktivistischen Künstlern wie Joseph Beuys deshalb wohlfeil erscheinen muss, wenn sich zeitgleich an den kolonialen Grundsätzen der Museen wenig ändere. Vgl. hierzu ausführlicher Rosenkranz, „Stealing (as) Art. Performances of Restitution from Mwazulu Diyabanza to Frankfurter Hauptschule".

[32] Weiß, „,Sendungsbewusstsein' des Fernsehkünstlers Joseph Beuys".

[33] Germer, „Haacke, Broodthaers, Beuys", 66.

## 4.4 Selbstkritiken des Kunstfelds: Von der *Institutional Critique* zur instituierenden Praxis

In seinem einflussreichen Essay „Der Autor als Produzent" schlug Walter Benjamin bereits 1934 eine Auseinandersetzung der Kunst mit der eigenen Einbettung in die Produktionsverhältnisse vor[34]. Eine künstlerische Bewegung, die die Produktionsverhältnisse in Angriff nahm, ist die *Institutional Critique*, die ab den 1960er Jahren in den USA Kritik an den Institutionen des Kunstsystems übte und gegenwärtig ebenso wie die Situationisten und Beuys noch einmal Aufmerksamkeit erfährt.[35] In den späten 1960er Jahren begann zum Beispiel der in New York lebende Künstler Hans Haacke, in dokumentarischen Arbeiten die Finanzierungsquellen von Kunstinstitutionen kritisch zu befragen. So legte Haacke etwa mit seiner Arbeit „Shapolsky et al..." (1971) offen, dass eine New Yorker Immobilienfirma mit Gebäuden, die im Zusammenhang mit zahlreichen Kunstinstitutionen standen, spekulierte.[36] Die dadurch ausgelöste Kontroverse führte zur Absage einer geplanten Einzelausstellung des Künstlers im New Yorker Guggenheim Museum.[37]

Für das Verständnis aktivistischer Kunstpraktiken zum Brexit ist Haacke auch deshalb interessant, weil er neben seinen investigativ-dokumentarischen, soziologischen Verfahren ebenso mit demokratischen Abstimmungen arbeitete.[38] Ein Beispiel ist die „MoMA Poll", mit welcher der Künstler im Jahr 1970 die Besucher*innen bat, über folgende Frage abzustimmen: „Wäre die Tatsache, dass Gouverneur Rockefeller die Indochina-Politik von Präsident Nixon nicht angeprangert hat, ein Grund dafür, dass Sie ihn im November nicht gewählt haben?". Haackes Frage bezog sich direkt auf das Engagement eines großen Geldgebers und Vorstandsmitglieds des MOMA, Nelson Rockefeller. Die Besucher wurden gebeten, ihre Antworten in Wahlurnen einzuwerfen. Ein Großteil antwortete mit Ja[39].

---

[34] Benjamin, *Der Autor Als Produzent: Aufsätze Zur Literatur*.
[35] Vgl. Brüggmann, *Institutionskritik im Feld der Kunst*.
[36] Ausführlicher wird Haackes Arbeit zur Gentrifizierung untersucht in Deutsche, *Evictions Art and Spatial Politics*, 159 ff.
[37] Vgl. van den Berg und Rosenkranz, „Von der Institutionskritik zur Moral Economy. Hans Haacke, Dana Schutz und eine queer-feministische Buchhandlung".
[38] Haacke arbeitete mit sogenannten *realtime social systems*, und stand in engem Austausch mit Pierre Bourdieu. Vgl. Haacke und Bourdieu, *Freier Austausch: für die Unabhängigkeit der Phantasie und des Denkens*.
[39] Griffin, „Historical survey".

Haacke transferierte also die Praxis der demokratischen Abstimmung in den Museumsraum, um damit die kontingenten Finanzierungsstrukturen und die politische Konstitution des MOMA, aber auch die potenzielle Handlungsmacht der Besucher*innen sichtbar zu machen.

Die Institutionen nahmen Haackes Kunstwerke damals in der Regel als Provokationen wahr. Künstlerischen Erfolg mit ganz ähnlichen Initiativen hatte er erst einige Jahre später; sie wurden im Zuge der Kanonisierung der Institutionskritik und des von Gregory Sholette beschriebenen Statuswandels aktivistischer Kunst neu bewertet. In Deutschland wurde er mit seiner Arbeit „Der Bevölkerung" im deutschen Bundestag zu einer „Art Staatskünstler"[40].

Dass institutionskritische Kunst im Kunstfeld zunehmend Anerkennung fand, bewerteten die Protagonist*innen der Institutionskritik dennoch nicht nur positiv, denn sie sahen die Problematik der institutionellen Aneignung. Auf den Punkt brachte dies Andrea Fraser in ihrem Vortrag und Essay „From the Critique of Institutions to an Institution of Critique": „'Institutional critique' (has) for many come to seem, well, institutionalized."[41] Die Künstlerin stellte die Frage, ob und wenn ja wie Künstler*innen, die notwendigerweise selbst Teil der Machtstrukturen des Felds sind, überhaupt Institutionskritik üben könnten. Denn die Inbetrachtnahme der eigenen Verwobenheit in diese Machtverhältnisse sei eine notwendige Bedingung künstlerischer Kritik: „We are its direct material beneficiaries."[42] Was Fraser damals als Problem beschrieb, scheint heute gerade das Aufkommen zahlreicher institutionskritischer Initiativen zu begünstigen. Denn da sich Künstler*innen als Teil der problematischen Machtverhältnisse sehen, fühlen sie sich verantwortlich, diese zu kritisieren. In neueren Initiativen wie GULF Labor, Liberate Tate[43] oder bei jüngeren Klimaprotesten in Museen[44] zeigen sich ähnliche Ansätze wie die der historischen Institutionskritik.

Hinzu kommt neuerdings jedoch auch eine Welle an Beispielen, welche diese Verwobenheit von Künstler*innen in Institutionen an sich als problematisch erachten und stattdessen Alternativen entwerfen.[45] Etwa bei Jonas Staals „New World Summit" oder, im Kontext des Brexits, Tania Bruguera „School

---

[40] van den Berg und Rosenkranz, „Von der Institutionskritik zur Moral Economy. Hans Haacke, Dana Schutz und eine queer-feministische Buchhandlung", 143.

[41] Fraser, „From the Critique of Institutions to an Institution of Critique".

[42] Hier erinnert die vorgeschlagene Selbstreflexion der Künstlerin an die Debatte um Situiertheit in der Wissenschaft, die insbesondere von Donna Haraways Schriften inspiriert ist.

[43] Vgl. Liberate Tate.

[44] Vgl. Bessette und Bessette, „On Environmental Activism in Museums".

[45] Tello, „What Is Contemporary about Institutional Critique?", 636.

of Integration" wird eine „Selbst-Institutionalisierung"⁴⁶ inszeniert. Die Institutionen der Kunst sind bei diesen „instituierenden Praktiken"⁴⁷ nicht mehr direkte Adressat*innen der Kritik, sondern bloß ihr Kontrasthintergrund. Bruguera, deren Arbeit ich mich in der letzten Fallstudie widme, bringt den dringlichen Gestus dieser Praktiken wie folgt auf den Punkt: „We do not wait for the (art) institution (to change) (...) we become institution builders."⁴⁸ In instituierenden Praktiken schwingt also eine Absage an langwierige Transformationsvorhaben mit; Kritik *in* Institutionen wird nicht mehr als ausreichend empfunden.⁴⁹

## 4.5 Der öffentliche Raum als Bühne: ACT UP

Zu dem Repertoire an Praktiken, auf das sich Kunstaktivist*innen heute beziehen, gehören auch solche, bei denen die Grenzen von Kunst und politischen Protestbewegungen noch weiter verschwimmen. Als Meilenstein im Aufkommen zunehmend performativer⁵⁰ Protestaktionen gilt in der Literatur zum Kunstaktivismus häufig ein biopolitisches Thema: die AIDS-Krise in den 1980er Jahren in New York⁵¹. Da die Kunstszene davon stark betroffen war, entstanden zu der Zeit zahlreiche Kollektive, etwa die „AIDS Coalition to Unleash Power (ACT UP). ACT UP war eine Gruppe, in der Künstler*innen nicht nur Plakate, sondern auch Performances für den öffentlichen Raum entwarfen. Zu den Aktionen von ACT UP gehörten sogenannte „Die-ins", bei denen sich Demonstrationsteilnehmende kollektiv auf den Boden warfen, um auf die tödliche Krankheit aufmerksam zu machen und gegen die homophobe Politik der unterlassenen Hilfeleistung der Reagan-Administration zu protestieren. Dabei ging es auch um die stellvertretende Sichtbarmachung der Betroffenen und darum, deren Erfahrung

---

⁴⁶ Galliera, „Self-Institutionalizing as Political Agency: Contemporary Art Practice in Bucharest and Budapest".
⁴⁷ Raunig, „Instituent Practices: Fleeing, Instituting, Transforming".
⁴⁸ Tello, „What Is Contemporary about Institutional Critique?", 636.
⁴⁹ Damit betreiben instituierende Praktiken das, was die Politikwissenschaftlerin Chantal Mouffe als „Exodus" aus den Institutionen beschreibt, und vor dem sie eindringlich warnt. Vgl. Mouffe, *Exodus und Stellungskrieg. Die Zukunft radikaler Politik.*
⁵⁰ Hier im Sinne von Performance.
⁵¹ Speretta, *Rebels Rebel: AIDS, Art and Activism in New York, 1979–1989*; Burk, „Radical Distribution".

auf der Straße zu visualisieren[52]. ACT UP meldete sich einerseits mit konkreten politischen Forderungen zu Wort, andererseits wandte sich die Gruppe gegen die kulturelle Stigmatisierung der AIDS-Erkrankten und arbeitete durch ihre Aktionen an einem „kollektiven Empowerment"[53] der Betroffenen.

Die visuelle Dimension der künstlerischen Anti-AIDS Bewegung wurde vor allem von der Gruppe *Gran Fury* geprägt. Ikonisch wurde z. B. das Poster mit der Aufschrift: „With 42,000 Dead, Art Is Not Enough. Take Collective Direct Action to End the AIDS Crisis".[54] Was damit abgelehnt wurde, war Kunst *über* die Krise, die durch direkte performative Handlungen *gegen* die Krise ausgetauscht werden sollte. Diese Beispiele zeigen somit nicht nur weitere historische Artikulationen des kunstaktivistischen Gestus, durch Kunst *direkt zu handeln*, sondern auch, wie wichtig dabei der öffentliche Raum ist. Und sie machen deutlich: Politische Bewegungen sind nicht zuletzt Bewegungen von Körpern[55] und werden „designt" bzw. „choreographiert"[56]. Nicht nur Performances, auch deren Abbilder wurden seit diesen Protesten immer zentraler für öffentliche Proteststrategien.

## 4.6 Bildpraktiken im Arabischen Frühling

Die Serie von Protesten und Revolutionen in den Arabischen Staaten der 2010er Jahre, die bisweilen als „Arabischer Frühling" bezeichnet wird, war die erste Reihe an Revolutionen, bei denen die neue Verfügbarkeit von Mobiltelefonen mit Kamera und Social Media Profilen flächendenkend genutzt wurde. Als Beginn der Revolution gilt der 17. Dezember 2010, an dem der tunesische Gemüsehändler Mohamed Bouazizi vor laufender Kamera Selbstmord beging, indem er sich selbst anzündete. Die Bilder dieses Akts wurden über soziale Medien im ganzen Land, aber auch international geteilt und lösten in Tunesien eine Welle an Protesten aus, die in der revolutionären Bewegung mündete. Bouazizi fand zudem Nachahmer in Marokko, Algerien und Ägypten.

Dass digitale Bilder Proteste nicht mehr nur abbilden, sondern diese freisetzen und ihren Verlauf bedingen können, zeichnet die Kunstwissenschaftlerin

---

[52] McKee, *Strike Art: Contemporary Art and the Post-Occupy Condition*, 100.
[53] McKee, 100.
[54] Das später auch immer wieder ausgestellt und so in eine Zeigepraxis abseits der Straße zurückgeführt wurde.
[55] Butler, *Notes Toward a Performative Theory of Assembly*; Wulff und Martin, „Critical Moves".
[56] Vgl. Ḥatuka, *The Design of Protest: Choreographing Political Demonstrations in Public Space*; Foster, „Choreographies of Protest".

Kerstin Schankweiler nach. Sie untersucht unter dem Begriff der „Bildproteste"[57], wie Protestformen, die durch Bilder initiiert werden oder sogar nur aus Bildern bestehen, sich in den letzten zwei Dekaden massiv vervielfältigen. Dabei schreibt sie diesen Protesten eine besondere Affektivität zu, sowie Strategien der besonders unmittelbaren „Zeugenschaft"[58] und performativen Realisierung des Protestereignisses selbst: „Wo es keine Bilder gibt, gibt es auch keinen Protest."[59] Es erscheint mir wichtig zu betonen, dass dennoch nicht die Bilder für diese Bewegungen verantwortlich sind, sondern die politischen Unrechtsverhältnisse, in denen sie entstehen. Die Bilder haben den Effekt von Katalysatoren, sie erzeugen international Aufmerksamkeit und begünstigen Nachahmer. Ein Beispiel hierfür ist auch die Welle der Monumentenstürze während der *Black-Lives-Matter*-Proteste.[60]

Der Aufstieg des Aktivismus hängt auch mit diesem medialen Wandel zusammen, denn es wird für Künstler*innen aufgrund der neuen Zentralität von Bildern leichter, zu politischen Bewegungen etwas beizutragen.[61] Für die Fallstudien dieser Arbeit ist in Bezug auf die medialen Bedingungen aktivistischer Praktiken zentral, wie Künstler*innen die gesteigerten technischen Möglichkeiten der Reproduktion von Bildern aktivistisch nutzen und wie sie in ihrer Praxis bereits Alternativen zum Bild – und somit alternative politische Funktionen künstlerischer Praxis – suchten. Denn zu Bedenken gibt etwa der Kunsthistoriker T.J. Demos, dass nicht nur Gehalt und Ziel der Bilder politisch sein können, sondern auch der Rahmen, in dem sie zirkulieren[62]. Auch Kerstin Schankweiler betont: „Bildproteste sind (...) Bildpolitik, mit ihnen verbinden sich Strukturen, Prozesse und Strategien des Zu-sehen-Gebens auf dem Feld des Politischen."[63]

---

[57] McGarry u. a., „Introduction: The Aesthetics of Global Protest: Visual Culture and Communication", 6.
[58] Schankweiler, *Bildproteste. Widerstand im Netz*, 12.
[59] Schankweiler, 14.
[60] Vgl. Moulton, „Black monument matters: Place-based commemoration and abolitionist memory work".
[61] Ein Beispiel hierfür ist der österreichische Filmkünstler Oliver Ressler, der immer wieder politische Bewegungen begleitet.
[62] Demos, „Between Rebel Creativity and Reification".
[63] Schankweiler, *Bildproteste. Widerstand im Netz*, 16.

## 4.7 Vom Innovationsgedanken zur Perspektive der Zeitspezifik

Was Sholette bei der Erläuterung seines Archivgedankens offenließ, ist, ob die Kunstaktivist*innen selbst auf dieses Repertoire Bezug nehmen[64] oder ob das Archiv nicht eigentlich Praktiken umfasst, durch deren Kenntnis sich die heutigen Beispiele besser *verstehen* und mit ihren spezifischen Bezügen *herausarbeiten lassen*. Ist es also ein für die Praxis relevantes Archiv oder doch eher eines von analytischem Nutzen für Beobachter*innen? Für das Fallbeispiel Brexit ist es eher Letzteres. Denn ein Blick ins Archiv zeigt: künstlerischer Aktivismus ist kein neues Phänomen, sondern die derzeitigen Erscheinungsformen aktivistischer Kunstpraktiken sind Ausdruck eines historisch gewordenen, präreflexiven und sich stetig aktualisierenden Wissens, wie mit den Mitteln der Kunst politisch gehandelt werden kann. Kunstaktivismus erlangt dabei gegenwärtig den Status eines eigenen Praxisfelds innerhalb der Kunst, das einerseits an Einfluss gewinnt und sich andererseits an kritischen Punkten ausdifferenziert. In diesem historischen Kapitel habe ich daher anhand einiger Beispiele schlaglichtartig illustriert, wo es in der Geschichte aktivistischer Kunstpraktiken wiederkehrende Fragestellungen und einige Abzweigungen gab, an denen sich diese aufgrund gesellschaftlicher Entwicklungen veränderten.[65] Sholettes These, dass sich vor allem der Status aktivistischer Formen im Kunstfeld gewandelt habe, weniger die Praktiken selbst, möchte ich somit zustimmen; allerdings soll im Rekurs auf Tania Brugueras Konzept der „political timing specificity"[66] mit dem Zuschnitt dieser Arbeit auf den Brexit verdeutlicht werden, wie sehr sich diese Praktiken an ihren politischen Kontext anpassen und somit zeitspezifische Elemente aufweisen. Im Folgenden möchte ich daher für das Beispiel des Brexits darstellen, wie sich aktivistische Kunstpraktiken in diesem politischen Zusammenhang entfalteten

---

[64] So reflektiert etwa das österreichische Kollektiv WochenKlausur seine Praxis vor dem Hintergrund zahlreicher historischer Beispiele, darunter dem Bauhaus, Beuys, aber auch Hans Haacke und den Situationisten. Vgl. WochenKlausur, „From the Object to the Concrete Intervention".

[65] Eine weiterführende historische Auseinandersetzungen mit Kunstaktivismus findet sich zudem in Mesch, *Art and Politics: A Small History of Art for Social Change since 1945*.

[66] Bruguera, „Notes on Political Timing Specificity".

# Aktivistische Kunstpraktiken im Kontext des Brexits

## 5.1 Die Brexit-Debatte als Anlass aktivistischer Kunstpraktiken

Als Walter Benjamin 1935 seinen Aufsatz „Das Kunstwerk im Zeitalter seiner technischen Reproduzierbarkeit" mit der Beobachtung beendete, dass auf „die Ästhetisierung der Politik, welche der Faschismus betreibt" die „Politisierung der Kunst"[1] folgen müsse, meinte er mit *Ästhetisierung* eine hier negativ konnotierte, da unpolitische Mobilisierung der Massen, die im Krieg enden müsse: „Der Faschismus versucht, die (...) Massen zu organisieren, ohne die Eigentumsverhältnisse, auf deren Beseitigung sie hindrängen, anzutasten. Er sieht sein Heil darin, die Massen zu ihrem Ausdruck (beileibe nicht zu ihrem Recht) kommen zu lassen."[2] Den Ausdruck sah Benjamin also als Hindernis realer politischer Veränderungen. Insofern Politik heute ein mediatisierter Raum ist, in dem Inszenierungen eine wichtige Rolle spielen, lässt sich das Ästhetische nicht mehr als Gegenteil der Politik denken. Benjamins These aber, dass sich die Kunst in der Regel erst als *Reaktion* auf sich verändernde Spielregeln des politischen Raums politisiert, eröffnet auch auf die heutige Situation, und gerade auf das Fallbeispiel des Brexits, sinnvolle Perspektiven. Denn gegenwärtig – so argumentiert dieses

---

[1] Benjamin, „Das Kunstwerk im Zeitalter seiner technischen Reproduzierbarkeit (zweite Fassung 1936)", 384.
[2] Benjamin, 382.

---

**Ergänzende Information** Die elektronische Version dieses Kapitels enthält Zusatzmaterial, auf das über folgenden Link zugegriffen werden kann
https://doi.org/10.1007/978-3-658-46373-1_5.

---

© Der/die Autor(en), exklusiv lizenziert an Springer Fachmedien Wiesbaden GmbH, ein Teil von Springer Nature 2024
M. Rosenkranz, *Umkämpfte Kunst*, Kunst und Gesellschaft,
https://doi.org/10.1007/978-3-658-46373-1_5

Kapitel – ist es nicht die Ästhetisierung der Politik – diese ist längst fortgeschritten – sondern ihre „Kulturalisierung"[3], die zum Anlass wird für künstlerisches Engagement.

Als Kulturalisierung beschreibt Andreas Reckwitz in Abgrenzung zu Samuel Huntingtons Idee des „Kampf(es) der Kulturen (...) einen Konflikt *um* die Kultur, das heißt eine Auseinandersetzung darüber, was unter Kultur verstanden wird und wie man mit ihr umgeht"[4]. In der Tat entfalten sich politische Debatten in Europa immer mehr als Deutungsstreitigkeiten um den Kulturbegriff, in denen Hyperkultur und Kulturessenzialismus konkurrieren. Und die sogenannte Neue Rechte, die meist letzteren vertritt, operiert dabei häufig direkt auf dem Feld der Künste, das diese – in Anwendung des Konzepts der kulturellen „Hegemonie"[5] – als Terrain begreift, auf dem sich politische Strategien besonders wirksam realisieren lassen[6].

Ein Vorschlag dieser Dissertation ist es daher, Aktivismus nicht als Ausdruck einer *einseitigen* Einmischung der Kunst in die Politik zu verstehen, sondern einer komplexen Verwobenheit der Kunst in sich kulturalisierende politische Verhältnisse, in denen Kunst zunehmend als Spielfeld einer solchen Metapolitik begriffen wird. Aktivistische Kunstpraktiken sind somit Anzeiger eines sich *wechselseitig* intensivierenden Kunst-Politik Verhältnisses.

Für den Impuls der Kunst, im Zuge dieser Entwicklung aktivistisch zu reagieren, sind mindestens drei Aspekte wesentlich: erstens, dass Künstler*innen auch Bürger*innen sind, die in ihrer Arbeitsweise, aber auch in ihrem privaten Sein von den politischen Folgen des Brexits stark betroffen sind. Zweitens, dass sie die Produktion von Affekten, Identifikationsangeboten und Gemeinschaften als Teil ihrer Profession begreifen[7] und die Diskussionen um den Brexit sie somit gewissermaßen in einen Kompetenzkonflikt mit Politiker*innen brachten. Und drittens, dass Politiker*innen den Künsten bestimmte gesellschaftliche Funktionen zuwiesen, denen viele Künstler*innen nicht zustimmen wollten – etwa, beim

---

[3] Reckwitz, *Die Gesellschaft der Singularitäten: zum Strukturwandel der Moderne*, 75 ff.

[4] Reckwitz, „Kulturkonflikte als Kampf um die Kultur: Hyperkultur und Kulturessenzialismus", 30.

[5] Laclau und Mouffe, *Hegemony and Socialist Strategy*.

[6] Vgl. Fielitz und Laloire, *Trouble on the far right contemporary right-wing strategies and practices in Europe*; Virchow, Langebach, und Häusler, „Bedeutung und Wandel von ›Kultur‹ für die extreme Rechte"; Hornuff, *Die Neue Rechte und ihr Design*.

[7] Vgl. van den Berg und Rosenkranz, „Von der Institutionskritik zur Moral Economy. Hans Haacke, Dana Schutz und eine queer-feministische Buchhandlung".

Beispiel des Brexits die Funktion, den Austritt aus der EU durch ein nationales Kunstfestival[8] zu feiern und zu legitimeren. Das folgende Kapitel wird diese und weitere Aspekte der politischen Debatte, an die künstlerische Aktionen besonders anknüpfen konnten, genauer herausstellen. Zunächst werden jedoch einige essentielle Hintergrundinformationen zu dem politischen Fall des Brexits gegeben.

Vorab sei angemerkt: Wenn der Brexit hier als Beispiel für eine Kulturalisierung politischer Debatten vorgestellt wird, soll keineswegs argumentiert werden, dass er damit keine realen materiellen Gründe oder Folgen gehabt habe. Im Gegenteil: Der Brexit ist nicht nur Folge, sondern auch Ursache massiver Wohlstandsverluste, die auch auf die Finanzkrise von 2008 zurückzuführen sind. Diese führte nicht nur zu einem Einbruch im Immobilienmarkt, zu Bankenrettungen und zu einer hohen Staatsverschuldung, sondern in der Folge setzte die britische Regierung auch auf eine Strategie der Austeritätspolitik[9], die zu massiven Kürzungen im öffentlichen Sektor führte. Die sich dadurch verstärkenden sozialen Spaltungen sind jedoch eng mit wachsenden kulturellen Differenzen in der Gesellschaft verbunden.[10]

### 5.1.1 Das Brexit-Referendum

Die Mitgliedschaft des UK in der Europäischen Gemeinschaft wies von Beginn an einige Besonderheiten auf. Das Vereinigte Königreich war zwar erst 1973 im Zuge der ersten „Norderweiterung", bei der auch Irland und Dänemark beitraten, Mitglied der damaligen Europäischen Wirtschaftsgemeinschaft (EWG) geworden, spielte aber von Anfang an eine wichtige Rolle. Zur EWG gehörten bis dahin die sechs Gründungsstaaten Belgien, Deutschland, Frankreich, Italien, Luxemburg und die Niederlande. Die Gründung der EWG hatte neben Jean Monnet nämlich auch der britische Regierungschef Winston Churchill in seiner Züricher „Europa-Rede" 1946 mit inspiriert. Dort hatte er zur Einigung des Kontinents nach dem Zweiten Weltkrieg die „Vereinigten Staaten von Europa" vorgeschlagen, ohne

---

[8] Vgl. Buchan, „Britain to Hold Post-Brexit Festival Celebrating Culture, Sport and Innovation, Theresa May Announces".
[9] Vgl. Guderjan, Mackay, und Stedman, *Contested Britain: Brexit, austerity and agency*.
[10] Zu dem Umstand, dass Klassenkampf und Identitätspolitik miteinander verschränkt sind vgl. Kastner und Susemichel, *Identitätspolitiken: Konzepte und Kritiken in Geschichte und Gegenwart der Linken*.

allerdings Großbritannien dazuzählen[11]. Als sich das UK in den Sechzigerjahren dennoch um den Beitritt in die EWG bemühte, wurde der Vorschlag zwei Mal vom französischen Präsidenten Charles de Gaulle blockiert.[12] Erst nach dessen Amtsniederlegung trat es 1973 der EWG bei. Bereits zwei Jahre nach dem Beitritt, 1975, gab es jedoch ein erstes Referendum über die weitere Mitgliedschaft des UK in der EWG. Damals veranlasste dies Premierminister Harold Wilson von der Labour Party, doch es war die Conservative Party unter Margaret Thatcher, die sich für den Verbleib in der EWG einsetzte, während die Labour Partei – auch unter dem Druck vieler Gewerkschaften – abgesehen von deren Regierungsmitgliedern mehrheitlich auf einen Austritt drängte[13]. Die Partei übte bis in die 1980er Jahre rege Kritik an der Mitgliedschaft in der EWG[14]. In den Siebziger- und Achtzigerjahren gehörten also vor allem Linke zu den Europaskeptiker*innen, da sie die damals hauptsächlich wirtschaftspolitische Union eher als Problem für die Selbstbestimmung der Arbeiter*innen sahen. Heute hat sich das Verhältnis der Parteien zur EU umgekehrt, und es waren im Jahr 2016 – mit wenigen Ausnahmen unter der Bezeichnung der „Lexiteers" (ein doppeltes Portmonteau aus „left" und „Brexiteers") – vor allem politische Eliten rechts der Mitte, die den Brexit vorantrieben.

Allerdings ist der Brexit auch ein häufig genanntes Beispiel für die Verschiebung politischer Konfliktlinien *weg* vom Links-Rechts-Spektrum insgesamt. Denn nicht nur stimmte sowohl die Mehrheit der Labour Party als auch der Abgeordneten der Conservative Party für einen Austritt, es gab auch zahlreiche neue Parteien. Der Brexit ist Teil einer Verschiebung des Parteiensystems in europäischen Demokratien.

Im Jahr 1975 ging das Referendum zugunsten der EWG-Mitgliedschaft aus: Es entschieden sich 67 % der Wähler*innen für einen Verbleib in der EWG, bei einer Wahlbeteiligung von 65 %[15]. Die Mitgliedschaft war im UK dennoch von Beginn an stärker umstritten als in anderen Staaten. Rund um den Vertrag von Maastricht 1992, bei der die Europäische Union gegründet wurde, waren es vor allem die Währungsunion und die politische Union, die für Diskussionen und die Bildung neuer europakritischer Lager im UK sorgten. So entstand bereits

---

[11] Vgl. Manig, „Züricher ‚Europa-Rede' 1946 – Als Winston Churchill zur Ikone der Europabewegung wurde".

[12] Vgl. Wall, *The official history of Britain and the European Community. From rejection to referendum: 1963 – 1975*.

[13] Vgl. Saunders, „A tale of two referendums: 1975 and 2016".

[14] Vgl. von Ondarza, „Labours Linksruck verändert auch die britische EU-Debatte".

[15] Vgl. Butler und Kitzinger, *The 1975 Referendum*.

## 5.1 Die Brexit-Debatte als Anlass aktivistischer Kunstpraktiken 65

1991 der Vorläufer der heutigen United Kingdom Independence Party (UKIP), die sich für ein erneutes Referendum über den Verbleib des UK in der EU einsetzte und beim Referendum 2016 eine zentrale Rolle spielen sollte. In den 2010er Jahren gewann die Partei an Rückhalt, konnte sich mit der Forderung nach einem weiteren Referendum jedoch zunächst nicht durchsetzen.

Die Ankündigung des Brexit-Referendums 2016 kam von Premierminister David Cameron. Auf dem Gipfel der Regierungschefs der EU am 8. Dezember 2011 wurde eine Änderung des Vertrags von Lissabon gefordert, um den Euro zu stabilisieren. David Cameron nutzte bei diesem Vorschlag das Veto-Recht des UK und verhinderte damit eine Änderung des Vertrags. Dennoch handelte die Mehrheit der Mitgliedstaaten einen Untervertrag zur Stabilisierung des Euros aus, was Cameron im Nachgang des Gipfels zum Anlass nahm, die Idee des Referendums öffentlich zur Diskussion zu stellen. Am 23. Januar 2013 kündigte er für spätestens 2017 ein solches Referendum an. Dass dies zunächst dazu diente, Druck auf die EU auszuüben, wurde 2014 deutlich: Er schlug der EU Änderungen am Verhältnis des UK zur EU vor. So forderte er etwa zusätzliche Einwanderungskontrollen und erteilte dem Prinzip einer immer engeren Union eine Absage. Im Frühjahr 2016 wurden dem UK diese Änderungen zu großen Teilen zugestanden, darunter ein „Opt-out-Recht" bei zukünftigen vertraglichen Vertiefungen der Europäischen Union, Kürzungen der Sozialleistungen für im UK lebende EU-Bürger*innen und mehr nationale Souveränität bei der Abwehr des Terrorismus. Da es Cameron jedoch nicht gelang, als Nicht-Mitglied der Währungsunion mehr Mitspracherechte zur Geldpolitik zu auszuhandeln, wurden die Ergebnisse dieser Verhandlungen dennoch, unter anderem vom späteren Premierminister Boris Johnson, als Niederlage angesehen[16]. Zu jener Zeit wurde das Thema Einwanderung in der öffentlichen Kampagne immer zentraler. Im Jahr 2015 waren in der EU zahlreiche Geflüchtete angekommen, und in vielen EU-Mitgliedsstaaten gewannen populistische Parteien an Zulauf. Cameron geriet unter Druck und kündigte an, am 23. Juni 2016 ein Referendum über die weitere Mitgliedschaft in der EU abzuhalten[17].

Mit dem Referendum in konkreter Aussicht bildeten sich zahlreiche Interessensgruppen, die sich für oder gegen den EU-Austritt einsetzten, darunter die parteiübergreifenden Initiativen *Grassroots Out*, *Vote Leave* und *Leave.EU* sowie

---

[16] Vgl. von Ondarza, „Die verlorene Wette".
[17] Vgl. Walker, „Brexit Timeline: Events Leading to the UK's Exit from the European Union".

auf Seiten der EU-Befürworter*innen *Britain Stronger in Europe*[18]. Auch innerhalb der Parteien formierten sich Lager für und gegen den Brexit, etwa im Rahmen von *Labourleave* und *Conservatives for Reform in Europe*. Die Initiativen *Vote Leave* und *Britain Stronger in Europe* wurden als Trägerinnen der offiziellen Kampagnen anerkannt[19]. In der offiziellen Remain-Kampagne, *Britain Stronger in Europe*, waren auch prominente Künstler*innen als „Artists for IN" engagiert, darunter Damien Hirst, Rankin, Antony Gormley, Michael Craig-Martin, Tacita Dean und Eva Rothschild.[20]

Das Brexit-Referendum fand am 23. Juni 2016 statt. Wahlberechtigt waren rund 46,5 Millionen Bürger*innen des Vereinigten Königreichs, Irlands und des Commonwealth, sofern diese in Großbritannien, Nordirland oder Gibraltar lebten. 72,2 Prozent machten von ihrer Stimme Gebrauch. 51,9 Prozent stimmten für, 48,1 Prozent gegen den Brexit.[21] Aufgrund dieses Ergebnisses wurde eine zunächst auf zwei Jahre angesetzte Verhandlung mit der EU über den Austritt eingeleitet, die allerdings mehrfach verlängert wurde. Der Brexit trat schließlich am 31.01.2020 in Kraft[22]. Es wurde eine zweijährige Übergangsphase vereinbart, in der Richtlinien gültig blieben und die zum 31.12.2021 auslief[23]. Mehrheiten für einen Verbleib in der EU gab es in Schottland (62 % Remain)

---

[18] Walker.

[19] Walker.

[20] Von den Künstler*innen wurde jeweils ein zum freien Download verfügbares Poster aufgeführt, das andere ermutigen sollte, abzustimmen. Auf der Website wurde dazu aufgerufen, diese Poster in Fenstern aufzuhängen oder in den sozialen Medien mit dem Hashtag #ArtistsforIN zu teilen. T-Shirts und gedruckte Poster in limitierter Auflage konnten in einem Online-Shop erworben werden. In der offiziellen Kampagne für den Brexit „Vote Leave" gab es hierzu kein Äquivalent.

[21] Electoral Commission, „Results and turnout at the EU referendum". Es gab kurzzeitig Unsicherheiten über die Rechtskräftigkeit des Wahlergebnisses, nachdem die Rolle der Big Data Agentur Cambridge Analytica, die zuvor in den USA bei der Kandidatur von Ted Cruz und später bei der Wahl Donald Trumps involviert gewesen war, bekannt wurde. Cambridge Analytica, die 2018 nach Vorwürfen des Datenmissbrauchs Insolvenz anmeldete, ermöglichte der Leave-Campaign im Rahmen des Brexits die Erarbeitung einer Mikro-Targeting-Strategie: Auf Basis von Facebook-Daten konnten gezielt Wahlkampfbotschaften bei den Wähler*innen platziert werden. Der Einfluss der Agentur erwies sich aber als marginal. Vgl. McGaughey, „If ‚Vote Leave' Broke the Law, Could Brexit be Void?" und Scott, „Cambridge Analytica Did Work for Brexit Groups, Says Ex-Staffer".

[22] Vgl. Europäischer Rat, „Zeitleiste – Das Austrittsabkommen zwischen der EU und dem Vereinigten Königreich".

[23] Europäischer Rat.

und Nordirland (55,8 % Remain), sowie in großen Städten, u. a. in London, Manchester und Guildford. In Wales wurde mehrheitlich für den Brexit gestimmt, mit einem Anteil von 52,5 % allerdings etwas weniger als in England (53,4 % Leave).

### 5.1.2 Das Empire als kulturelles Imaginäres

Es erscheint zu kurz gegriffen – wie in den öffentlichen Reaktionen häufig geschehen –, den Brexit als bloßen „Protestschrei"[24] gegen eine neoliberale Regierungstechnik zu begreifen. Vielmehr stimmt diese Arbeit mit denjenigen Analysen überein, die das Ereignis in ein komplexes Weltgeschehen aus Deglobalisierung und Populismus einzuordnen versuchen: in einen nationalistischen „Cultural Backlash"[25] der westlichen Demokratien. Den Brexit versteht diese Arbeit dabei sowohl als Symptom als auch als Katalysator dieser Entwicklung. Einerseits gewann mit ihm das Narrativ, Europäische Integration führe zu einem Verlust nationaler Identität, zunächst weiter an Momentum[26]. Andererseits kann der Austritt als bisheriger Höhepunkt einer Desintegrations-Entwicklung gelten, in dem die Neue Rechte Europas eine zentrale Rolle spielt.[27]

Die französisch-griechische Politologin Kalypso Nicolaidis arbeitet in ihrem Buch „Exodus, Reckoning, Sacrifice. Three meanings of Brexit" (2019) drei Stränge heraus, in die sich gängige Lesarten des Brexits einordnen lassen: den Britischen Exzeptionalismus (das UK war schon immer anders), die Darstellung des Brexits als Vorbote eines breiteren EU-Skeptizismus (der Brexit als Anfang) sowie ein Narrativ des Opfers, also dass der Brexit im Grunde eine andere, vereintere EU ermögliche[28]. Diese Narrative gibt es in journalistischen Reaktionen, in wissenschaftlichen Einordnungen, aber auch in der Kunst. Im ersten Strang, dem Exzeptionalismus, wurde der Brexit als ein Ereignis interpretiert, für das es spezifische nationale Gründe gab. So warb die irische Politikwissenschaftlerin Gráinne De Búrca dafür, die seit jeher besondere Rolle Großbritanniens in der

---

[24] Vgl. Roß, „So schön, wie es nie war".
[25] Vgl. Norris und Inglehart, *Cultural backlash, Trump, Brexit, and authoritarian populism*; Oliver, *Understanding Brexit. A Concise Introduction*; Barnett, *The Lure of Greatness England's Brexit and America' Trump*; McMahon und Hartigan, *Brexit, the Trump effect, and de-globalization*; Roth, „Introduction".
[26] Vgl. van Kessel, „No One-Trick Ponies. The Multifaceted Appeal of the Populist Radical Right".
[27] Denn ähnliche Debatten gab es bereits bei den Referenden in den Niederlanden und Frankreich 2005.
[28] Vgl. Nicolaïdis, *Exodus, reckoning, sacrifice: three meanings of Brexit*.

EU als wesentlichen Faktor mit zu betrachten[29]. Auch in den *European Studies* gilt der Brexit zwar als eine von zahlreichen Krisen der EU, jedoch als eine, die sich unter kontingenten Bedingungen besonders zugespitzt hat[30]. Diese Arbeit bewegt sich zwischen diesen Narrativen: Sie denkt den Brexit als eine Art eingebetteten Sonderfall. Er ist weder gänzlich gleichzusetzen mit anderen Kontexten[31] noch zu isolieren. Spezifisch ist er insofern, als dass im Brexit-Streit das „kulturelle Imaginäre"[32] des britischen Empires eine besondere Rolle spielte. Das vergangene Empire „formt immer noch das politische Leben"[33], bekräftigt der Soziologie Paul Gilroy. Was dies genau bedeutet, erläutert die Soziologin Gurminder K. Bhambra: Der Brexit sei zu einer Stellvertreterdebatte für das Thema Migration und Zugehörigkeit geworden, es gehe um „weiße Identitätspolitik"[34]. Bhambra weist kritisch daraufhin, dass das Konzept britischer Bürgerschaft, das die Brexit-Parteien unter dem Slogan „Take back control" zurückgewinnen wollten, im Rahmen des Empires entstanden und seit jeher mit rassistischen Hierarchien verwoben gewesen sei.[35] Die bisweilen nostalgische Argumentation[36] einer „Rückkehr" zur „Kontrolle" oder „Unabhängigkeit" sei daher nicht nur problematisch, sondern fiktiv: „There has been no independent Britain, no ‚island nation'."[37] Obwohl die Kolonialgeschichte im britischen Fall besonders wichtig erscheint, überwiegen Aspekte der Debatte, die den Fall mit den regressiven Tendenzen in anderen europäischen Staaten vergleichbar machen. Denn nicht nur war der Kolonialismus ein europäisches Phänomen, auch eine Aushandlung unterschiedlicher Kulturbegriffe kann als Subtext der gegenwärtig in ganz Europa geführten Diskussionen über nationale Souveränität, Demokratie und nationalen ökonomischen Wohlstand gelten. Diese kulturellen Dimensionen der politischen Debatte und die Frage, wieso diese eine Einmischung der Kunst nahelegen, möchte ich daher im Folgenden noch genauer entschlüsseln.

---

[29] Vgl. de Búrca, „How British was the Brexit vote?".
[30] Vgl. Dinan, Nugent, und Paterson, *The European Union in crisis*.
[31] Etwa in den osteuropäischen Mitgliedsstaaten, in denen eine ganz andere Geschichte die gegenwärtigen Renationalisierungen prägt. Vgl. Krastev und Holmes, *The Light That Failed Why the West Is Losing the Fight for Democracy*.
[32] Fluck, *Das kulturelle Imaginäre: eine Funktionsgeschichte des amerikanischen Romans 1790 – 1900*.
[33] Gilroy, *After Empire. Melancholia or Convivial Culture*, 2.
[34] Bhambra, „Locating Brexit in the Pragmatics of Race, Citizenship and Empire", 97.
[35] Bhambra, 101.
[36] Vgl. Franklin, „Nostalgic Nationalism".
[37] Bhambra, „Locating Brexit in the Pragmatics of Race, Citizenship and Empire", 101.

## 5.1.3 Deutungsstreits und ästhetische Strategien

Der Brexit stellte die Bedeutung einiger einflussreicher politischer Konzepte auf die Probe. Auf einer Parteikonferenz im Oktober 2016 sagte die damalige Premierministerin Theresa May: „If you believe you are a citizen of the world, you are a citizen of nowhere, you don't understand what the very word 'citizenship' means."[38] In dem Satz, mit dem May kosmopolitische Pro-Europäer*innen beschrieb, kontrastierte sie die Vorstellung globaler Bürgerschaft mit der nationaler Bürgerschaft. Dabei präsentierte sie die Idee, Nationen zu überwinden, nicht nur als wenig wünschenswert – ein wurzelloses Dasein –, sondern auch als illusorisch und als unrealistische Weltsicht. Interessant ist, dass hierauf direkt mit einem Versuch der positiven Wieder-Aneignung der postnationalen Idee reagiert wurde. Die Aktivisten Lorenzo Marsili und Niccolo Milanese beschrieben „citizens of nowhere" in ihrem gleichnamigen Buch[39] – für das die Künstlerin Tania Bruguera das Vorwort schrieb – als Träger*innen einer emanzipatorischen Idee. Dieses hier durch Sprache vollzogene Ringen um Bedeutung geschah jedoch auch durch künstlerische Mittel.

Denn auf ganz ähnliche Weise wurde nicht nur um politische Konzepte gefochten, sondern auch um Symbole, Bilder, Metaphern und Artefakte. Ein Beispiel hierfür stellt die Auseinandersetzung um das „Breaking Point"-Poster dar, welches im Rahmen der offiziellen *Leave.EU* durch den UKIP-Politiker Nigel Farage veröffentlicht wurde (Abb. 5.1). Auf dem Poster steht in roten Großbuchstaben „Breaking Point" und „The EU has failed us all. We must break free of the EU and take back control of our borders. Leave the European Union on 23rd June." Das Bild im Hintergrund zeigt eine lange Schlange von Menschen, die eng beieinanderstehen; die meisten von ihnen sind männlich und of color. Das Ende der Schlange ist nicht in Sicht, sodass sie endlos erscheint. In Kombination mit dem aufgedruckten Slogan kommt man als Betrachter*in rasch zu der politischen Annahme, dass es sich bei den Menschen um Einwanderer handeln müsse, die eine europäische Grenze zu überschreiten versuchen. Die schnelle, unreflektierte Lektüre, zu der das Bild auffordert, zeigt beispielhaft, wie über ästhetische Strategien bestimmte politische Metaphern und Empörung erzeugt werden. Das Plakat spielt mit der Angst vor einem Migrationsstrom, gegen den die britische Nation Maßnahmen finden müsse.

---

[38] Marsili und Milanese, *Citizens of nowhere: how Europe can be saved from itself*.
[39] Marsili und Milanese.

**Abbildung 5.1** Links: Led by Donkeys' Parodie des offiziellen Posters rechts, mit freundlicher Genehmigung von © Led by Donkeys, Foto: Jack Taylor/Getty Images, https://www.indy100.com/news/brexit-nigel-farage-breaking-point-poster-led-by-donkeys-redesign-8811991 (Zugegriffen 8.8.2024)

Die hier „imaginierte Gemeinschaft"[40] und die Vorstellung, dass diese Gemeinschaft durch Einwanderung bedroht sei, werden nicht vollständig in Worte gefasst, sondern ins Bild gesetzt.[41] Das „Breaking Point"-Plakat zeigt insofern exemplarisch, dass sich ästhetische Strategien von Politiker*innen besonders gut eignen, um einen Kulturkampf zu eröffnen: Es werden emotionalisierende Taktiken eingesetzt, die umstritten sind und deshalb viral gehen. Bilder werden verwendet, um ein rassistisches Vokabular („menschliche Flut") zu formen, das metaphorisch und leicht zu reproduzieren ist und bestimmte politische Positionen legitimiert. Eine politische Fantasie wird entfacht, die auf Bedrohung basiert, während Werte der (nationalen) Freiheit und Kontrolle verwendet werden, um gegen die geweckte Angst sofort eine einfache Lösung anzubieten. Zentral an dieser populistischen Bildstrategie ist die taktische Vermeidung von gesprochenem oder geschriebenem Rassismus. Das Bild erlaubt es, die Aussage anders

---

[40] Anderson, *Imagined Communities. Reflections on the Origin and Spread of Nationalism*.

[41] Dabei kam heraus, dass dieses Bild aus dem Kontext von 2015 stammt, als sich die Schlange an der slowenischen Grenze bildete. Unter den gezeigten Personen sind wahrscheinlich, aufgrund des Syrienkrieges, auch viele Geflüchtete. Diese sind möglicherweise weder in das Vereinigte Königreich gekommen, noch waren sie Einwanderer, die die EU-Freizügigkeit genutzt haben. Vgl. Stewart und Mason, „Nigel Farage's anti-migrant poster reported to police".

zu artikulieren, es kann nicht zitiert oder zensiert werden, und es ist dadurch schwieriger angreifbar als verbaler Rassismus.

Es liegt auch an derartigen ästhetischen Spielweisen des Rechtspopulismus, dass mit aktivistischen Kunstpraktiken reagiert wird. Im Falle dieses Plakats fand das statt, was der Gründer des aktivistischen Kollektivs *Forensic Architecture* Eyal Weizmann einen Prozess der „open verification"[42] nennt. Journalisten fragten bei der Bildagentur *Getty Images* nach, ob das Bild ordnungsgemäß lizenziert sei und aus welchem Kontext es stamme. Auch wurde dem Plakat sofort durch andere visuelle Interventionen entgegengewirkt. Das Kollektiv *Led by Donkeys* schuf eine Parodie auf das Plakat und ersetzte die abgebildete Menschenmenge durch die Gesichter von Brexit-Politiker*innen (Abb. 5.1). Beschriftet wurde es mit: „Breaking Point, die Brexit-Eliten haben uns alle im Stich gelassen (…) Das Vereinigte Königreich wird von einer Flut von Inkompetenten überschwemmt." Das Poster zeigt unter anderem *Leave.EU*-Mitbegründer Arron Banks, Nigel Farage und Theresa May. Die ursprüngliche Aussage des Plakats wurde durch diese Taktik des situationistischen *détournements* umgekehrt und die Verantwortung für die gegenwärtige Lage den Politiker*innen zugeschrieben.

Der Streit um das „Breaking Point"-Plakat ist nur ein Beispiel dafür, wie sich aus der Ursprungsfrage des Brexits ein Streit um Zugehörigkeiten entwickelte, der nicht zuletzt über ästhetische Strategien ausgetragen wurde. Das Poster – und dessen Gegenentwurf – sind dabei nicht bloße Abbilder einer politischen Debatte, sondern fügen dieser Debatte selbst performative Verschiebungen zu.

Mit ästhetischen Strategien wird hier um Sagbarkeiten und Zugehörigkeiten gerungen; zudem greifen unterschiedliche politische Lager die Metaphern, Artefakte und Praktiken selbst auf, sprechen sie sich gegenseitig ab und eignen sie sich wieder an. Ein weiteres Beispiel hierfür ist der Einsatz des roten Brexit-Busses, mit dem Boris Johnson für den Austritt geworben hatte. Der Bus, der als Symbol der weltoffenen Hauptstadt gelten kann, wurde vom Brexit-Lager für seine Kampagne genutzt. Und er tauchte etwa in der Kampagne der Aktivistin Madeleina Kay wieder auf, die als „EU-Supergirl" mit performativen Protestaktionen für eine erneute Abstimmung warb.[43]

---

[42] Weizman, „Open Verification".
[43] Vgl. Rosenkranz, Marie. „Zur ‚zentrifugalen Kraft' aktivistischer Kunst. Überlegungen am Bei spiel einer künstlerischen Protestaktion".

### 5.1.4 Kulturpolitik

Nicht nur die politische Debatte war also von ästhetischen und kulturellen Aspekten bestimmt, auch der Kultursektor war von den Implikationen der Brexit-Entscheidung ganz praktisch betroffen. Die tatsächlichen kulturpolitischen Folgen des Brexits sind aufgrund einer Vermischung mit den Auswirkungen der Corona-Pandemie 2020 aber immer noch schwer zu bemessen. Im Kunstbetrieb herrschten wegen der langwierigen Verhandlungen, in denen die Kulturpolitik trotz der Tatsache, dass zwei Millionen Menschen in den Kreativindustrien des UK arbeiten[44] nur ein marginales Thema war, viele Unsicherheiten, die zum Anlass für künstlerische Stellungnahmen wurden.[45]

Die rechtlichen Konsequenzen des Brexits für den Kultursektor sind umfassend[46]. Vor dem Austritt aus der EU galten für den Kultursektor u. a. die EU-Dienstleistungsrichtlinie sowie die Richtlinie zur gegenseitigen Anerkennung beruflicher Qualifikationen, die es Kulturorganisationen erleichterten, grenzüberschreitend zu agieren. Nach der Übergangsphase, zum Jahresende 2020, lief die Gültigkeit dieser Richtlinien, der sich das nationale Recht anpassen muss, einschließlich der Pflicht zur nationalen Angleichung an die EU-Richtlinien zum Urheberecht im UK[47], aus. Unmittelbar betroffen sind die Künste vor allem von der Einschränkung der Personenfreizügigkeit. Das zeigt sich schon in der Ausbildung: Die Zahl der Kunst- und Design-Studierenden aus der EU brach 2021 infolge des Inkrafttretens des Brexits am 1.1. um fast 50 Prozent ein[48]. Aus einem durch den Arts Council England nach dem Referendum und vor dem Austritt beauftragten Bericht geht zudem hervor, dass 64 Prozent der Kulturorganisationen auf die Personenfreizügigkeit und 40 Prozent auf den freien Waren- und Dienstleistungsverkehr angewiesen sind[49]. Die Hälfte der befragten Institutionen gab an, dass es zur Realisierung ihrer Projekte kurzfristig möglich sein muss, unkompliziert in der EU oder im UK zu arbeiten; und ein Drittel der befragten Institutionen beschäftigt Personal aus der EU, im Bereich Tanz sogar etwas mehr

---

[44] Vgl. MacDonald, „Brexit, Kunst und Kultur".

[45] Insbesondere der Ausblick auf einen möglichen No-Deal Brexit im Oktober 2019 war daher der Auslöser für Stellungnahmen von Kulturarbeiter*innen. Vgl. Museums Association, „How a No-Deal Brexit Could Affect Arts, Culture and Heritage Organisations".

[46] Vgl. MacDonald, „Brexit, Kunst und Kultur".

[47] Vgl. Kraetzig, „Urheberrecht". Dies bedeutet nicht, dass das nationale Recht auch geändert wird, eröffnet aber die Möglichkeit dazu, sodass die Unsicherheit der Verhandlungen im Kultursektor auch über diese hinaus im besonderen Maße andauert.

[48] Vgl. „EU student applications for UK design courses plummet as Brexit bites".

[49] Vgl. ICM Unlimited, „Impact of Brexit Research 2017".

als die Hälfte[50]. Zu den Sorgen der Museen gehören erhöhte Transportkosten und -verzögerungen, zu beantragende Exportlizenzen sowie neue Visa-Regelungen[51]. Die britische Beteiligung am Kunstmarkt, für den London in Europa das zentrale Spielfeld ausmacht, brach infolge des Brexits – verstärkt durch die Pandemie – deutlich ein[52]. Viele Sammler*innen aus der EU verließen das UK aufgrund neuer Einfuhrumsatzsteuern, und der globale Anteil Großbritanniens am Kunstmarkt fiel 2021 auf 17 Prozent – den niedrigsten Anteil seit zehn Jahren[53]. Nach den USA hatte Großbritannien über Jahre den zweitgrößten Anteil am globalen Kunstmarkt inne und wurde nach dem Brexit von China abgelöst[54].

Auch weitere kreative Industrien sind betroffen. Für die Filmbranche erschwert der Austritt Produktionen, für die Musikbranche vor allem Tourneen und die Organisation der vielen internationalen Festivals in der UK[55]. Dies führte zu dem Vorschlag der Musicians' Union, Musiker*innen besondere Pässe auszustellen[56].

Auch der Ausstieg des UK aus den EU-Förderprogrammen hat schwer zu bemessende ökonomische Folgen. Zu den für den Kultursektor relevanten EU-Förderstrukturen gehören neben dem Creative Europe Programme auch die europäischen Struktur- und Investitionsfonds. Aus dem regionalen Subprogramm Interreg sowie Erasmus+, Europe for Citizens und Horizon2020 fließen Gelder in das UK.[57] Die Fördermittel von Creative Europe im Zeitraum 2014 bis 2020 beliefen sich beispielsweise auf 10,8 Milliarden Euro[58]. Mit dem Wegfall dieser Förderungen werden die Bedingungen für europäische Koproduktionen eingeschränkt und so nicht nur Kulturbeziehungen infrage gestellt, sondern auch eine bereits bestehende ökonomische Unsicherheit im Kultursektor des UK verschärft. Denn die britische Kulturpolitik kann als „Mischform" des amerikanischen und des Kulturfinanzierungsmodells anderer europäischer Staaten gelten: Viele Kulturorganisationen erhalten nur eine staatliche Grundsicherung, der Rest muss

---

[50] ICM Unlimited.
[51] Vgl. Museums Association, „Anxiety Deepens over Risk of No-Deal Brexit".
[52] Vgl. Shaw, „UK art market".
[53] Shaw.
[54] Shaw.
[55] Vgl. UK Music, „Brexit: UK Music's Key Concerns".
[56] Vgl. Musicians Union, „Let Touring Musicians Travel: Support Musicians Working in the EU Post-Brexit".
[57] Wobei nur für Creative Europe klar beziffert werden kann, welche Summen genau in die Kultur fließen.
[58] Vgl. MacDonald, „Brexit, Kunst und Kultur".

durch Investoren, Mäzene oder Ticketverkäufe privat erwirtschaftet werden[59]. Die EU-Förderungen waren deshalb im UK in den vergangenen Jahren eine wichtige Ergänzung zu einer Kulturpolitik, die ungefähr seit der Jahrtausendwende neoliberalen Wirtschaftsmodellen folgt.[60]

### 5.1.5 Indienstnahme der Kunst: Das „Festival of Brexit Britain"

Die kulturpolitischen Unsicherheiten im Kultursektor begründen die Einmischung von Künstler*innen bereits teilweise und womöglich hinreichend. Dennoch möchte ich noch auf eine Reihe von symbolischen Streits im Kultursektor eingehen – denn hier scheinen noch einmal interessante Vorstellungen über die Funktion der Kunst im Rahmen der politischen Debatte auf. So wurde etwa die Berufung der pro-europäischen Historikerin Mary Beard als Beirätin des British Museum kontrovers diskutiert. Der Posten wurde ihr nach der Ernennung zunächst durch ein Veto des Premierministers wieder abgesprochen mit der Begründung, sie habe sich zu deutlich für einen Verbleib in der EU positioniert. Allerdings wurde das Veto nach einer erhitzten Debatte zurückgezogen und Beard doch in den Beirat berufen[61]. Dabei wurde dieses in der Debatte um Beard aufscheinende Gebot, die Kultur habe neutral zu sein, von Regierungsvertreter*innen selbst nicht befolgt. Theresa May nutzte zum Beispiel die Kunst dazu, für Entlastung in einer besonders krisenhaften Phase der Brexit-Verhandlungen zu sorgen. Im Mai 2018 kündigte die Premierministerin ein „Festival of Brexit Britain" an, mit dem Ziel, angesichts der zunehmenden Spaltung der Gesellschaft eine positive Stimmung zu verbreiten. Mays Idee war von der Nationalausstellung „Festival of Britain" von 1951 inspiriert, welche britische Beiträge zur Wissenschaft, Kunst, Technologie und Design der Öffentlichkeit präsentieren sollte[62].

---

[59] Vgl. Spengler, „Kulturförderung in UK – Britanniens Kultur floriert trotz Kürzungen".

[60] Die – so zeichnet es Claire Bishop nach – auch aus der Kunst selbst stammen. In der als „New Labour" bezeichneten Phase der Labour Partei von 1997–2010, in der massiv in die kreativen Industrien investiert wurde, wurde auch das Paradigma der „Partizipation", dem viele soziale engagierte Kunstprojekte unterliegen, wegweisend für die britische Kulturpolitik. Vgl. Bishop, *Artificial Hells: Participatory Art and the Politics of Spectatorship*, 15.

[61] Vgl. Brooks, „Mary Beard Blocked by No 10 as British Museum Trustee ‚for pro-Europe Views'".

[62] Vgl. Buchan, „Britain to Hold Post-Brexit Festival Celebrating Culture, Sport and Innovation, Theresa May Announces".

## 5.1 Die Brexit-Debatte als Anlass aktivistischer Kunstpraktiken

Einen ähnlichen Gedanken vermittelt die Initiative „Museum of Brexit"[63], die im Jahr 2017 ankündigte, ein Museum über den Brexit aufbauen zu wollen. Im Kunstmagazin *Frieze* wurde der Vorschlag, ein „Festival of Brexit Britain" abzuhalten, als „Volleyschuss in den Kulturkampf"[64] gewertet, dessen kritische Resonanz in einer progressiven, internationalistischen Kunstwelt die Veranstalter aushalten müssten. Der Künstler Richard Littler produzierte ein satirisches Plakat, das vielfach in den sozialen Medien geteilt wurde.[65] Einige Künstler*innen kündigten Boykotte des Festivals an, andere setzten sich für dessen Absage ein[66]. Boris Johnson verfolgte das Projekt des Brexit-Festivals in seiner Amtszeit dennoch weiter. 120 Millionen Pfund wurden für das Festival zur Verfügung gestellt, das 2022 unter dem Titel „Unboxed. Creativity in the UK"[67] – von der internationalen Kunstwelt wenig beachtet – an verschiedenen Orten des Königreichs stattfand. Die Ursprungsidee eines „Festivals of Brexit Britain", dass die Nationalkultur zelebrieren sollte, ging schlussendlich in einer Feier der Kreativität auf, begriffen als nationale Ressource.

### 5.1.6 Kulturalisierung als Neuerung: Ein Exkurs zum ersten EU-Referendum 1975

Die Künste waren nicht immer ein solch zentraler Austragungsort des politischen Konflikts um die EU-Mitgliedschaft des UK. Die starken kulturellen Dimensionen der Brexit-Debatte unterscheiden das Referendum wesentlich von der Abstimmung über die EU-Mitgliedschaft der 1970er Jahre. Damals warb die konservative Regierung mit einem Pamphlet für einen Verbleib des UK im

---

[63] Deklariertes Ziel der Initiative ist es „Erinnerungen, Geschichten und Gegenstände zusammenzubringen, die dazu beitragen können, die jüngste Geschichte unserer Nation zu bewahren und für zukünftige Generationen an den Hintergrund des Kampfes für die Unabhängigkeit des Vereinigten Königreichs zu erinnern." Über Twitter wurden „Drop off Points" kommuniziert, an denen Artefakte aus den Leave-Kampagnen und der Zeit der Brexit-Debatte abgegeben werden konnten. Das Museum soll die Brexit-Bewegung erfassen und als Bildungsort dienen. Vgl. The Museum of Brexit.

[64] Morton, „The Spectacular Emptiness of Boris Johnson's 'Festival of Brexit'".

[65] Vgl. Yalcinkaya, „Richard Littler creates satirical poster for UK's proposed ‚Festival of Brexit Britain'".

[66] Vgl. Music Venue Trust, „Cancel the Festival of Britain – Save Britain's Grassroots Culture".

[67] Unboxed Festival, „UNBOXED: Creativity in the UK".

„Common Market", und die Befürworter galten als „pro-marketeers"[68]. In der Brexit-Debatte hingegen wurde die EU gerade in den Medien nicht mit dem Binnenmarkt, sondern wörtlich häufig mit „Europe" gleichgesetzt[69]. Auch der Historiker Robert Saunders stellt in seiner vergleichenden Studie der Referenden von 1975 und 2016 fest, dass bei dem jüngsten Referendum im Vergleich zur Abstimmung 1975 nicht nur die nationale Souveränität und ein verschärfter Euroskeptizismus gegenüber ökonomischen Argumenten eine wichtigere Rolle spielten, sondern sich die Abgrenzung stärker in *kulturellen* Differenzierungsnarrativen niedergeschlagen habe[70]. Dies liege auch daran, dass sich die EU seit 1975 überhaupt erst als solche gebildet habe: Sie sei nicht mehr bloß ein Binnenmarkt, sondern eine Union; und es bedürfe einer anderen Identitätsarbeit, um sich aus einer Union zu lösen.

### 5.1.7 Politische Kultur und kulturelles Klima

Dass Künstler*innen auf die angeführten kulturpolitischen Szenarien, Gesten und Projekte mit kritischen Aktionen reagierten, erklärt sich nicht zuletzt durch eine bestimmte *Kultur* der Brexit-Debatte, in der einerseits Kritik und Zweifel abmoderiert und andererseits anti-migrantischen Ressentiments Legitimation verliehen wurde. Den politischen Ton der Debatte zeigt vermutlich kein Satz so passend wie Theresa Mays Formulierung „Brexit means Brexit"[71], der ähnlich wie später Boris Johnsons Slogan „Get Brexit done" zum Inbegriff eines bestimmten Politikstils wurde[72].

Aus der Debatte folgte zudem eine Verschärfung eines anti-migrantischen kulturellen Klimas. In der Forschungsliteratur besteht Uneinigkeit darüber, inwieweit der Brexit Ausdruck von bereits bestehenden anti-migrantischen Ressentiments war oder diesen Vorschub geleistet hat[73]. Denn in den Gemeinden, in denen die meisten Menschen für den Austritt gestimmt haben, hatten die Ressentiments laut

---

[68] Butler und Kitzinger, „Pro-Marketeers".

[69] Koller, Kopf, und Miglbauer, „Introduction. Context, history and previous research", 2.

[70] Vgl. Saunders, „A tale of two referendums: 1975 and 2016".

[71] Der übrigens dem There-is-No-Alternative-Prinzip von Margaret Thatcher ähnelt. Zur Rolle des Thatcherism im Kontext Brexit vgl. auch Roe-Crines, „Margaret Thatcher and the Rhetorical Road to Brexit".

[72] Vgl. Perrigo, „'Get Brexit Done.' The 3 Words That Helped Boris Johnson Win Britain's 2019 Election".

[73] Vgl. Goodwin und Milazzo, *UKIP: inside the campaign to redraw the map of British politics*.

einiger Studien[74] bereits seit 2004 zugenommen. Die Migrationsforscherin Magdalena Nowicka argumentiert aber plausibel, dass die „Atmosphäre in Großbritannien sich im Nachgang des Referendums verändert hat (...) Brit*innen fühlen sich nun ermuntert, negative Meinungen über Migrant*innen zu äußern"[75]. Auf die Spitze getrieben wurde dies wohl durch den Mord an der Labour-Politikerin Jo Cox, die am 16. Juni 2016, kurz vor dem Referendum, angeschossen und mit einem Messer tödlich verletzt wurde. Der Täter hatte bei der Tat laut Augenzeugen „Britain First"[76] gerufen. Auf einer Veranstaltung des Kollektivs *Keep it Complex* war angesichts dieser Eruptionen von Gewalt von einem „feindseligen Klima"[77] die Rede, in dem gerade sozial engagierte Kunstproduktion unter ganz neuen Bedingungen stattfindet – und sich zum Fürsprecher machen will für diejenigen, die von diesem kulturellen Klima besonders bedroht sind.

Zusammenfassend lässt sich festhalten: Der Brexit produzierte nicht nur ein politisches Klima, durch das sich Künstler*innen aufgerufen fühlten zu reagieren, es gab auch eklatante Unterschiede in den Funktionszuweisungen an die Kunst durch Politiker*innen und Künstler*innen, also im Verständnis, worin die Rolle der Künste in einer solchen Situation bestehen sollte. Nicht zuletzt betraf der Brexit die Künste ganz praktisch: durch Indienstnahmen des Kunstfelds und durch kulturpolitische Unsicherheiten.

### 5.1.8 Politisierung der Künste

All diese Faktoren führten zu politischen Reaktionen in unterschiedlichen Feldern der Kulturproduktion. Das nachfolgende Teilkapitel, welches keinen Anspruch auf Vollständigkeit erhebt, soll einen groben Überblick über die verschiedenen Reaktionen in unterschiedlichen Künsten –Theater, Tanz, Performance, Film, Literatur, Design, Architektur, Mode und Musik – liefern.

Eine beispielhafte Auseinandersetzung mit dem Brexit im Theater war „My Country, A Work in Progress" (2016), ein Projekt des National Theatre of Great Britain. Die Choreografin Farah Saleh produzierte die Performance „Brexit means Brexit" (2018), eine „Untersuchung der kollektiven psychischen Gesundheit der

---

[74] Goodwin und Heath, „The 2016 Referendum, Brexit and the Left Behind: An Aggregate-level Analysis of the Result"; Becker, Fetzer, und Novy, „Who voted for Brexit? A comprehensive district-level analysis".
[75] Nowicka, „Cultural Precarity", 537.
[76] Cobain, Parveen, und Taylor, „The slow-burning hatred that led Thomas Mair to murder Jo Cox".
[77] *Migrants Make Culture 2020*.

Einwohner Großbritanniens". Das Projekt „Brexit Stage Left" (2017) war ein Festival mit Theaterstücken aus der ganzen EU, wobei die Zuschauer*innen eingeladen waren, das einzige britische Stück zu erkennen. Das National Theatre of Scotland organisierte für den Stichtag des Brexits das Festival „Dear Europe". Insbesondere das Stück „Cadaver Police In Quest Of Aquatraz Exit" der Gruppe *Cadaver Police*, welches dort – und zwei Jahre später bei einem Theaterfestival in Nürnberg – aufgeführt wurde und ästhetisch an die Auftritte der russischen Aktivist*innengruppe *Pussy Riot* erinnerte, vermittelt dabei eine Wut auf den Brexit, der vermutlich nicht ganz zufällig als schottische Position eine ganz eigene Schlagkraft hat (Abb. 5.2).

**Abbildung 5.2** Screenshot der YouTube-Dokumentation der Performance ‚Cadaver Police In Quest Of Aquatraz Exit', Staatstheater Nürnberg 2019, https://www.youtube.com/watch?v=OSuPAqqeiyM (Zugegriffen 8.8.2024), mit freundlicher Genehmigung von © Alan McKendrick

Im Bereich des Films wurde die Dokumentation „Brexitannia" (2017) als soziologisches Porträt des UK diskutiert, es entstand der Spielfilm „Brexit – The Uncivil War" (2019), der die Vorbereitungen für das Referendum 2016 und die Strategien hinter der Wahlkampagne darstellt, sowie der Dokumentarfilm „Brexit – The Movie" (2016). Ein umfassendes filmisches Porträt des Remain-Lagers liefert „Postcards from the 48 %" (2018).

## 5.1 Die Brexit-Debatte als Anlass aktivistischer Kunstpraktiken

Auch in der Literatur wurde auf vielfältige Weise auf den Brexit reagiert. In der Literaturkritik wurde sogar von einem „neuen Genre" gesprochen, „das sich mit dem neuen Alltag der Briten und den unabsehbaren Folgen eines Ausstiegs aus der EU auseinandersetzt".[78] Darin spielen insbesondere Dystopien und Sozialstudien eine große Rolle. Als bekannteste Bücher dieses Genres sind zu nennen: „Autumn" (2016) von Ali Smith, der anarchistische Roman „Rabbitman" (2017) des Kunsttheoretikers Michael Paraskos, in dem es um Analogien zwischen der Wahl Donald Trumps und dem Brexit geht, die dystopischen Romane „Times of Lies" (2017) von Douglas Board, „Perfidious Albion" (2018) von Sam Byers und „Exit West" (2017) von Mohsin Hamid, Heroic Failure (2017) von Finta O'Toole, sowie der Abschottungsroman „The Wall" (2019) von John Lanchester. Auch „Love like blood" (2017) von Mark Billingham und Jonathan Coes „Middle England" (2018) gehören zu den einschlägigen literarischen Reaktionen auf den Brexit.

Im Designbereich formierte sich das *Dissenters Design Network*, das sich für den Brexit einsetzte. Das Magazin *dezeen* initiierte 2016 dagegen ein Manifest gegen den Brexit, welches zahlreiche Designer*innen und Architekt*innen unterzeichneten. In dem Magazin wurde ferner eine rege Diskussion über das Logo der Brexit Party geführt: ein einfacher Pfeil nach rechts. Dieses sei ein im Abstimmungsbogen visuell sehr wirksames Logo, da es dazu einlade, die Stimme rechts neben dem Logo zu platzieren und somit eine Stimme für den Brexit abzugeben (Abb. 5.3).[79]

---

[78] Vgl. Seiler, „Das Schreckgespenst von der Insel – Vorbemerkungen zum Schwerpunkt ‚BrexLit' der April-Ausgabe".
[79] Vgl. Frearson, „Brexit Party logo is ‚very clever' graphic design says Ben Terrett".

**Abbildung 5.3** Instagram Post von Ben Terrett am 10.5.2019, https://www.instagram.com/p/BxSvDdZBDuh/?utm_source=ig_embed&ig_rid=5d8e0e98-b8c8-4b13-b393-9e6466bf9a03 (Zugegriffen 8.8.2024), mit freundlicher Genehmigung von © Ben Terrett, www.benterrett.com

Auf der Architektur-Biennale in Venedig im Jahr 2019 präsentierte das Architekturbüro Caruso St. Johns gemeinsam mit dem Künstler Marcus Taylor den britischen Pavillon außen als leere Plattform, innen als Baustelle. Der Architekt Asmund Havsteen-Mikkelsen präsentierte im Jahr 2018 beim dänischen Floating Arts Festival eine nachgebaute Villa von Le Corbusier in einem Fjord, um den Verlust moderner Werte darzustellen, für den der Brexit stehe. Ein Entwurf von Axiom Architects, das Parlament neu zu gestalten, sollte als Provokation der politischen Verantwortlichen dienen. Auch der „pan-European living room" (2016) von Rem Koolhaas ist ein Kommentar auf den Brexit. In der Mode gab es eine Reihe von Fashion-Statements, und eine Brexit-Kollektion von Daniel Gletcher, die die Melancholie junger Brit*innen transportierte.

In der rund um den Brexit im UK entstandenen Musik ist eine verstärkte Auseinandersetzung mit Britishness, Rassismus und Herkunft zu bemerken. Der Grime-Künstler Slowthai etwa nannte sein 2019 erschienenes Album „Nothing Great About Britain". In seinen Musikvideos rebelliert der Künstler gegen eine Rückkehr britischer *Greatness*. Als politische Stimmen junger Brit*innen gelten auch die Rapperin Farai, sowie Little Simz mit ihrem Album „Grey Area". In der Festivalkultur Großbritanniens wurde der Brexit ebenfalls zum wiederkehrenden Thema. Die Sängerin PJ Harvey z. B. trug während ihres Auftritts in Glastonbury das Gedicht von John Donne vor, das auch Wolfgang Tillmans' Plakate zitieren. Und der Rapper Stormzy trug dort eine von Banksy designte schussichere Weste. Damit verwies er auf die steigende Zahl von Messerattacken im Rahmen eines durch den Brexit begünstigten, zunehmend rassistischen Klimas.

Auch in den Institutionen der bildenden Kunst gab es einige Reaktionen. Ein Beispiel ist die Verleihung des renommierten britische Turner Prize 2019, wobei die vier Nominierten die Verleihungszeremonie für ein politisches Statement des Zusammenhalts nutzten: Oscar Murillo, Tai Shani, Helen Cammock und Lawrence Abu Hamdan teilten sich den Preis.[80]

Außer der Londoner Serpentine Gallery, die im Sommer 2017 Grayson Perrys „The Most Popular Exhibition Ever" zeigte, bezogen sich die meisten Museen aber eher verhalten mit kleinen Veranstaltungen auf das Thema. Zum Beispiel fand im Londoner V&A Museum die Abschlussveranstaltung der „Passport Design Competition" des Magazins *dezeen* statt. Das Museum of London organisierte im Februar 2019 das Videoprojekt „Brexit Talks", und die National Portrait Gallery zeigte eine Fotografie-Ausstellung von Martin Parr mit dem Titel „Only Human", die von ausländischen Medien durch ihre visuelle Auseinandersetzung mit „Britishness" als Bezug auf den Brexit gewertet wurde. Die Tate Modern widmete dem Fotografen Wolfgang Tillmans eine Einzelausstellung (15.2.2017 bis 11.6.2017), in der auch seine Anti-Brexit-Poster gezeigt wurden. Im Programm des British Museums ließen sich keine Bezüge zum Brexit finden. Abseits der großen Häuser gab es einige kleinere Ausstellungen mit direktem Brexit-Bezug: etwa „Should I Stay or Should I go" (2.8.2018 bis 18.4.2019) in der Patrick Heide Gallery und „Take back control" in der Crypt Gallery (14.3.2019 bis 24.3.2019).

Im nachfolgenden Teil widme ich mich dem Umgang der bildenden Kunst mit dem Brexit ausführlicher. Hierbei stehen die Reaktionen einzelner Künstler*innen und ihrer Netzwerke im Fokus.

---

[80] Vgl. monopol, „Überraschung beim Turner Prize".

## 5.2 Zur politischen Umfunktionierung von Werk und Renommee – Wolfgang Tillmans' „pro-EU / anti-Brexit campaign"

### 5.2.1 Einführung: meine Rezeptionserfahrung

Als ich das erste Mal auf Wolfgang Tillmans' „pro-EU / anti-Brexit campaign" stieß, geschah dies im Vorfeld des Brexit-Referendums über ein Share-Pic (Abb. 5.4), das in meinem Facebook-Feed angezeigt wurde. Dort ist mir dieses mit seinem Farbverlauf, in Kombination mit dem politischen Kampagnentext, als etwas ungewöhnlicher Content ins Auge gesprungen – und als ein Beitrag zum Brexit, der zu den Medienbildern und Ästhetiken der offiziellen Kampagnen einen seltsamen Bruch erzeugte. Die Kampagne wirkte seltsam sanft auf mich und schien mir den Brexit nicht als Gegenstand eines damals noch mit harten Bandagen geführten Streits, sondern eines bevorstehenden, melancholisch besetzten Verlusts näherbringen zu wollen.

Die Rezeption von Bildern auf Facebook unterliegt häufig einer enormen Geschwindigkeit. Man „scrollt" durch seinen „Feed" und verlangsamt erst, wenn etwas visuell irritiert oder inhaltlich Interesse weckt. Bei Tillmans' Bildern irritierte mich neben der Mischung aus versöhnlicher und dringlicher Tonalität, dass mich in diesem oberflächlichen Modus des *Bilderscannens* nur eine Ahnung davon ereilte, was da eigentlich gezeigt wurde. Die Fotografien weisen mit ihren abstrakten Himmelsmotiven zunächst keinen direkten Zusammenhang zum politischen Kontext auf, in dem sie agierten.

Während ich Tillmans' Kampagne zur Zeit des Brexit-Referendums gewissermaßen als ‚normale Rezipientin' begegnete, ergab sich für mich ein Jahr später, während der Bundestagswahl 2017, ein tieferes Interesse. Ich hatte gerade selbst gemeinsam mit dem Thinktank Polis180[81] zur Bundestagswahl eine Kampagne konzipiert, welche für die Wahlbeteiligung junger Menschen warb. Im Oktober nach der Wahl las ich in der Zeitschrift *Texte zur Kunst* einen abgedruckten E-Mail-Austausch zwischen der damaligen Chefredakteurin Caroline Busta und Wolfgang Tillmans, in der diese ihn zu seiner Kampagne zur Bundestagswahl befragte und in dem er rückblickend über den Stellenwert der Brexit-Kampagne in seiner künstlerischen Karriere nachdachte.

---

[81] „Polis180".

## 5.2 Zur politischen Umfunktionierung von Werk und Renommee …

**Abbildung 5.4** Poster der „pro-EU / anti-Brexit campaign" von © Wolfgang Tillmans, 2016, https://tillmans.co.uk/campaign-eu (Zugegriffen 8.8.2024)

Bemerkenswert erschien mir an dem Austausch zweierlei: Einerseits wurde Tillmans in dem Interview von außen eine „Erweiterung seiner Praxis"[82] zugesprochen, während er sich selbst um eine Trennung seiner Kunst von seinem Aktivismus bemühte; andererseits wurde bezweifelt, dass die Kampagne politisch wirksam gewesen sei, da sie sich mit ihrer versöhnlichen Ästhetik doch ohnehin an politisch ähnlich gesinnte Menschen gerichtet habe. Die meisten Rezipient*innen hätten sich – so Bustas Kritik – eher ihrer bereits gefestigten Position

---

[82] Busta, Wolfgang Tillmans über seine politischen Plakate.

versichert, denn die Kampagne sei „visuelle(r) Comfort Food"[83]. Ungeachtet der Frage der Bewertung seiner Kampagne, weist diese Diskussion zunächst auf einen wichtigen Sachverhalt hin: dass Kunstaktivismus offenbar mit einer Auseinandersetzung um die Trennung bzw. Verbindung künstlerischer und aktivistischer Aspekte einhergeht, und dass der Ästhetik der Kampagne hier direkte politische Folgen zugeschrieben werden.

Bevor ich mich hiermit weiter auseinandersetze möchte ich kurz in die Kampagne einführen.

### 5.2.1.1 Ablauf der Kampagne

Für die „pro-EU / anti-Brexit campaign" hat der Turner-Preisträger Wolfgang Tillmans, der durch das Kunstmagazin Artreview mehrfach zu den einflussreichsten Künstlern des Kunstbetriebs gezählt wurde[84], gemeinsam mit seinem Team einige Fotografien aus seinem bestehenden Werk mit politischen Slogans versehen. Veröffentlicht wurden sie am 25. April 2016 auf der Website und über Social-Media-Kanäle des Künstlers mit einem Statement, in dem Tillmans dazu aufrief, sich bis zum 7. Juni zur Stimmabgabe beim Referendum am 23. Juni zu registrieren. Es wurden Poster, digitale Share-Pics und T-Shirts verbreitet, mit denen für einen Verbleib des Vereinigten Königreichs in der EU geworben wurde (Abb. 5.5 & 5.6). Die Bild-Dateien konnten von der Website des Künstlers heruntergeladen und verbreitet werden. Die physischen Poster wurden durch Bürger*innen an Wohnungs- und Schaufenstern sowie an Kampagnenständen angebracht (Abb. 5.7), wo diese teilweise fotografiert und erneut online verbreitet wurden.

---

[83] Busta.
[84] Vgl. ArtReview.

5.2 Zur politischen Umfunktionierung von Werk und Renommee … 85

**Abbildung 5.5** Posterversand im Rahmen der „pro-EU / anti-Brexit campaign" von © Wolfgang Tillmans, 2016, https://tillmans.co.uk/campaign-eu (Zugegriffen 8.8.2024)

Die T-Shirts wurden gezielt an prominente Akteure des Kulturbetriebs verschickt und durch Tillmans' Team, das seit Jahren in der UK arbeitete, beim Referendum aber nicht wahlberechtigt war, zunächst in Londoner Kunstgalerien und Buchläden verteilt.[85] Fotos der Modedesignerin Vivienne Westwood (Abb. 5.8) und des James-Bond-Darstellers Daniel Craig, auf denen beide ein T-Shirt der Kampagne tragen, erzielten jeweils große Aufmerksamkeit. Der Politiker David Cameron, auf den das Brexit-Verfahren zurückgeht, teilte am letzten Tag der Kampagne das Bild von Daniel Craig auf Twitter (Abb. 5.9).

---

[85] „Korrespondenz mit Paul Hutchinson".

**Abbildung 5.6** T-Shirtversand im Rahmen der „pro-EU / anti-Brexit campaign" von © Wolfgang Tillmans, 2016, https://tillmans.co.uk/campaign-eu (Zugegriffen 8.8.2024)

Im letzten seiner begleitenden Statements beschreibt Tillmans das Vorgehen im Rahmen der Kampagne als suchend-organisch. Erst kurz vor dem 7. Juni seien T-Shirts als weiteres Medium für die Kampagnenmotive hinzugenommen worden, und ihre erfolgreiche Distribution sei erst durch die so nicht abzusehende Unterstützung des i-D magazines, Dazed Digital und der DJ Plattform Boiler Room entstanden.[86] Obwohl er also eine politische Praxis des Organisierens beschreibt, wird diese hier als wenig kalkuliert dargestellt und somit ein Bruch mit einer strategisch durchkomponierten Kampagnenlogik erzeugt. Dies wirkt wie eine Abstandnahme von nicht-künstlerischem Aktivismus, gleichzeitig wimmeln die Reflexionen Tillmans' auch von Grenzziehungen zu seiner künstlerischen Praxis. Er beschreibt eine geschäftige Zeit mit einer für seine bisherige Praxis außergewöhnlich organisatorischen Arbeitsweise: Es galt ein Netzwerk

---

[86] Tillmans, „pro-EU / Anti-Brexit Campaign".

**Abbildung 5.7** Gebrauch eines Posters der „pro-EU / anti-Brexit campaign" von © Wolfgang Tillmans, 2016, Foto: Cornelia Parker https://tillmans.co.uk/campaign-eu (Zugegriffen 8.8.2024)

an Unterstützer*innen zu pflegen, Öffentlichkeitsarbeit zu betreiben und Unterstützer*innen im Kulturbereich zu suchen. Obwohl dies mit dem üblichen künstlerischen Team geschah, bedeutete diese Aktion für Tillmans eine gesonderte Praxis, bei der er die „Sprache, die (er) in Bild und Wort gefunden habe" benutzen wollte, „um auch außerhalb des Galerieraums zu kommunizieren"[87].

---

[87] Busta.

**Abbildung 5.8** Vivienne Westwood in einem T-Shirt der „pro-EU / anti-Brexit campaign" mit freundlicher Genehmigung von © Wolfgang Tillmans, 2016, Foto: Jürgen Teller

Tillmans machte dabei seine Materialien gezielt zur freien Nutzung verfügbar. Als zur Aneignung einladende Artefakte wurden sie auf unterschiedlichste Weise vor allem im öffentlichen Raum platziert. Sie wurden über private Fenster an Passant*innen gerichtet und an Scheiben von Fahrzeugen und an Bushaltestellen angebracht (Abb. 5.10). Einige, die die Motive aufgriffen, produzierten eigene Abwandlungen des Posters, etwa in Form kleinerer Formate, die sie selbst ausdruckten. Auch an Universitäten wurden die Plakate gezeigt, an der Londoner School of Architecture etwa befestigten Studierende die Poster in einer gemeinsamen Aktion im Foyer und am Zaun vor der Fakultät. In Bars, gastronomischen Betrieben und im Nachtleben, an Flohmarktständen tauchten die Plakate auf, ebenso im Fenster eines antiquarischen UK-Souvenir-Shops (Abb. 5.11).

## 5.2 Zur politischen Umfunktionierung von Werk und Renommee ...

**Abbildung 5.9** David Camerons Twitterpost: Daniel Craig in einem T-Shirt der „pro-EU / anti-Brexit campaign" mit freundlicher Genehmigung von © Wolfgang Tillmans, 2016

### 5.2.1.2 Betrachtungsweisen: vom (un-)informierten Blick

Für die Analyse der Kampagne war eine medientechnologische Überlegung entscheidend: Während die einzelnen Bilder der Kampagne einerseits in den sozialen Medien kursierten und somit nicht nur Kunstinteressierte erreichten, dürfte eine Vielzahl der Rezipient*innen über die Kanäle des Künstlers oder – aufgrund ihrer breiten Diskussion – durch eine kunstkritische Berichterstattung von der Kampagne Notiz genommen haben. Es gab auch zwei Plakatversionen: mit und ohne Kennzeichnung des Autors. Eine breite Öffentlichkeit, welche die Plakate nicht ihrem Autor zuordnen konnte, hatte also eine ganz andere Rezeptionserfahrung als diejenigen, die durch den Künstler selbst von der Kampagne erfahren hatten.

**Abbildung 5.10** Private Teilnahme an der „pro-EU / anti-Brexit campaign", mit freundlicher Genehmigung von © Wolfgang Tillmans, 2016

Bei der vom Künstler weitgehend abgekoppelten Rezeption der Kampagne muss in der Analyse stärker von einem „Eigenleben"[88] der Bilder ausgegangen werden, während bei der Rezeption der Kampagne über den bekannten Künstler Tillmans nicht nur die Bilder selbst, sondern auch sein Renommee wichtig erscheinen. In der vorliegenden Studie wird Tillmans' Kampagne daher aus diesen zwei verschiedenen Blickwinkeln untersucht: Zunächst mit Fokus auf die

---

[88] Schankweiler, *Bildproteste. Widerstand im Netz*, 14.

5.2 Zur politischen Umfunktionierung von Werk und Renommee …

**Abbildung 5.11** Poster der „pro-EU / anti-Brexit campaign" an einem Antiquitätenladen, mit freundlicher Genehmigung von © Wolfgang Tillmans, 2016

Bilder, und – im zweiten Teil – unter Berücksichtigung der Bekanntheit des Künstlers im Kunstdiskurs. Diese wird im zweiten Teil als zentraler materieller Faktor begriffen, der die Praxis bedingt. Ich möchte mich den Postern also zuerst bildanalytisch nähern, um diese erste Rezeptionsweise, ohne das Wissen um den Künstler, nachzuvollziehen. Deshalb verzichte ich zunächst auf eine Vorstellung der Person Tillmans, werde diese aber dem zweiten Analyseteil voranstellen.

Mit Hinblick auf die theoretisch-methodologischen Werkzeuge steht in dieser Studie die Frage nach der Relationalität der Praxis im Vordergrund; ebenso begleiten die durch Tillmans vorgenommenen, performativen Aktualisierungen sozialer Praktiken alle Abschnitte dieses Kapitels: Aus welchen Praktiken geht diese Kampagne hervor, und wie genau werden diese aufgeführt? Wie werden künstlerische und politische Praktiken verschränkt, und welche hybriden Formen entstehen dabei?

Für die Untersuchung waren weiterhin folgende Fragen leitend:

Wie setzte Wolfgang Tillmans seine Fotografien im Rahmen der „pro-EU / anti-Brexit campaign" ein?

Wie werben Tillmans' Plakate zur politischen Teilhabe? Wie affizieren sie, und wie verhalten sie sich zur politischen Debatte?

Wie wurden die Plakate durch Andere eingesetzt?

Der zweite Teil der Analyse fragt:

Wie rahmte Tillmans seine Kampagne durch öffentliche Statements? Welche Rolle spielt die Bekanntheit des Künstlers im Rahmen dieser Kampagne?

Wie wurde die Kampagne ins Kunstfeld zurückgeführt?

### 5.2.2 Aktivismus der Bilder

Betrachtet man zunächst allein Tillmans' Fotografien, die den Postern zugrunde liegen, laden diese dazu ein, ihnen auf einer vorikonografischen Ebene zu begegnen. Vielleicht sogar noch davor, auf einer Ebene Null: Bevor sich ein Motiv erschließt, begegnet man zunächst einem abstrakten Farbverlauf. Erst beim genaueren Hinsehen oder im Vergleich der Bilder wird deutlich, dass es sich um Fotografien handelt und die meisten einen Himmel zeigen. Dieses Motiv ist etwa in dem Bild (Abb. 5.12), auf dem Kondensstreifen von Flugzeugen die obere Bildhälfte durchziehen, leicht zu erkennen; bei anderen gibt es weniger Hinweise. Einige Poster (z. B. Abb. 5.13) bleiben diffus, hier ergibt sich zunächst ein „fiktive(r) Raum"[89], den man erst im Kontext der Serie als Himmel entziffern kann.

---

[89] Wolfgang Tillmans in Heiko Kalmbach, 2008. *If one thing matters – a film about Wolfgang Tillmans.*

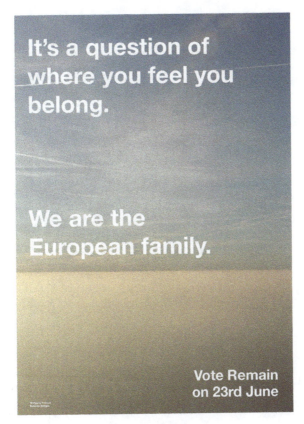

**Abbildung 5.12** Poster der „pro-EU / anti-Brexit campaign" von © Wolfgang Tillmans, 2016, https://tillmans.co.uk/campaign-eu (Zugegriffen 8.8.2024)

Jedes der Bilder ist aufgeteilt in verschiedene Farbzonen, mal mit verschwimmenden Übergängen, mal mit abrupten Grenzen. Mal ist es der Horizont, der diese Grenze markiert oder auch der Abbruch einer Wolkendecke. Die Bilder erlauben es, zwischen diesen zwei Beobachtungsmodi zu wechseln: Man nimmt sie entweder als Himmelsabbildungen, oder als abstrakte Farbverläufe wahr.

Fragt man sich nach den Produktionsbedingungen der Bilder, so erschließt sich eine Szene: Der Fotograf befindet sich in einem Flugzeug und fotografiert die Wolkendecke durch dessen Fenster. Der gezeigte Himmel muss zu verschiedenen Tageszeiten und auf unterschiedlichen Flügen fotografiert worden sein – mal

**Abbildung 5.13** Poster der „pro-EU / anti-Brexit campaign" von © Wolfgang Tillmans, 2016, https://tillmans.co.uk/campaign-eu (Zugegriffen 8.8.2024)

sieht man die Wolkendecke unter, mal über sich, mal scheint man sich zwischen unterschiedlichen Wolkenschichten zu befinden, in denen sich das Licht bricht und so jeweils ein nahezu surreales Farbspektrum erzeugen, welches nur für einen Moment so ausgesehen haben kann. Dass Tillmans die Aufnahmen aus einem Flugzeug gemacht haben muss, führt dazu, dass man sich eine langsame Bewegung durch die Wolken vorstellen kann, die Richtung jedoch kann das Bild nicht vorgeben und sie ist der Vorstellungskraft der Betrachter*innen überlassen.

## 5.2 Zur politischen Umfunktionierung von Werk und Renommee ...

Der Brexit ist hier nicht als Motiv, sondern nur als Stimmung präsent. Er stand zum Zeitpunkt der Kampagne bevor, war also selbst noch nicht darstellbar. Suggeriert werden soll mit dieser Bemerkung nicht, dass Tillmans ein deutlicheres Motiv gewählt hätte, hätte es eines gegeben, sondern dass die von ihm ausgewählten Bilder für das Szenario des Brexits und die damit für ihn verbundenen Affekte eine geeignete Projektionsfläche bieten – und Raum für die Kampagnentexte.[90] Die Affizierung wird besonders bei einem der Poster (Abb. 5.14) deutlich, welches einen Sonnenuntergang über einem Meer zeigt. Damit wird das Sujet der Vergänglichkeit aufgerufen. Die Ferne, der Verlust des Tageslichts am Horizont, ein sich schmälernder Farbstreifen mit einer etwaigen Verdunklung der Sicht – diese visualisierte Erfahrung von vergehender Zeit weckt Gefühle wie Verlustangst, Sehnsucht und Nostalgie, ein Eindruck, der sich eng mit der politischen Tonalität der Kampagnentexte verknüpfen lässt, wie ich im nächsten Teilkapitel zeigen werde.

Als bekanntestes Bild der Kampagne dürfte eines gelten, das aus der Vogelperspektive aufgenommen ist, und eine steile Küste zeigt, an der sich die Wellen brechen (Abb. 5.15).[91] Man identifiziert das Meer sofort als solches. Das Blau und Weiß des Wassers treffen auf das Beige der kargen Landschaft. Die Landfläche ist leergefegt von Vegetation, allein am obigen Bildrand erahnt man einige Industriegebäude. Die Farben der Erdoberfläche sind leicht marmoriert, es gibt einige Linien, die andeuten, dass dort häufig ein Wind weht. Die organischen Formen der Küste kontrastieren mit einer linearen, menschenleeren Landstraße.

---

[90] Wichtig ist hier auch: Die von Tillmans in der Kampagne verwendeten Fotografien wurden ursprünglich nicht für die Kampagne aufgenommen. Sie wurden bereits zuvor fotografiert, und Tillmans hat eine Art Archivarbeit am eigenen Werk betrieben, um die Fotografien für die Kampagne auszuwählen.

[91] So wurde es in einem Artikel im Guardian als Titelbild ausgewählt. Vgl. Jones, „These Anti-Brexit Posters Show Just What We Lose by Leaving the EU". Das Poster wurde zudem in die Sammlung des Fotomuseums Winterthur aufgenommen.

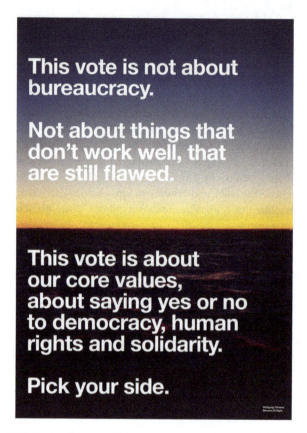

**Abbildung 5.14** Poster der „pro-EU / anti-Brexit campaign" von © Wolfgang Tillmans, 2016, https://tillmans.co.uk/campaign-eu (Zugegriffen 8.8.2024)

Erst der aufgedruckte Slogan führt den Brexit als Kontext des Bildes ein. Dies trägt dann unweigerlich zur Lesart des Bildes bei. Man geht intuitiv davon aus, die britische Insel zu sehen – ein Trugschluss, denn es handelt sich um die portugiesische Küste.[92] Dies zeigt exemplarisch, was mit den Fotos im Zuge ihres

---

[92] Einige Bilder verzichten übrigens auf einen fotografischen Hintergrund. Die Schrift steht dann für sich und ist auf einem farbigen oder weißen Hintergrund platziert. Doch selbst dann ist die Zusammengehörigkeit der unterschiedlichen Bilder der Reihe durch die einheitliche Typografie unverkennbar.

Einsatzes für die Kampagne passiert. Die Slogans setzen sie in einen politischen Kontext, welcher die Bildlektüre prägt.

**Abbildung 5.15** Poster der „pro-EU / anti-Brexit campaign" von © Wolfgang Tillmans, 2016, https://tillmans.co.uk/campaign-eu (Zugegriffen 8.8.2024)

### 5.2.2.1 Himmel, Inseln und der synoptische Blick

Trotzdem wohnt den Bildern auch ohne den Einsatz im Rahmen der Kampagne schon eine politische Dimension inne. Dies erschließt sich, wenn man sie als Repräsentationen von Landschaft betrachtet. Von dem Historiker Simon Schama stammt die Einsicht, dass es sich bei Landschaften nicht um Natur handele, sondern um Räume, die zutiefst mit kulturellen und politischen Praktiken und Imaginationen verwoben seien[93]. Auch Inseln sind nicht nur ein territoriales, geologisches Konzept, sondern auch eine kulturelle Figur.[94] Inseln können, so die Kulturwissenschaftlerin Elke Krasny, einen Wunsch nach „Einzigartigkeit, In-Sich-Geschlossenheit, Überschaubarkeit und Begrenztheit als Wunschreservat der Hypermoderne" versinnbildlichen, denn sie erscheinen „als bewältigbarer Raum"[95].

Nicht nur das Inselmotiv, sondern auch der Blick darauf *von oben* ist keineswegs frei von sozialer Bedeutung. Der Landschaftsarchitekt und Autor James Corner beschrieb den „aerial view", den Blick aus der Luft auf Landschaften, als von einer „synoptischen Rationalität"[96] geprägt; er ermögliche einen Weitblick, der zugleich Demut und Machtfantasien wecke. Die Vogelperspektive und das Fotografieren aus Flugzeugen hat auch bei Tillmans' Serie derartige Effekte. Die Betrachter*innen nehmen Abstand zum irdischen Geschehen, welches durch die aufgedruckten Texte unweigerlich als ein politisches Geschehen erscheint – eine Einladung zum Blick aufs große Ganze, zur Reflexion über die Welt.

Zentral ist hier: Die ästhetischen Elemente der Kampagne selbst haben politische Aspekte. Nicht erst ihr instrumenteller Einsatz zur politischen Mobilisierung führt die politischen Aspekte ins Werk ein, allerdings werden sie durch den Einsatz in diesem politischen Kontext besonders sichtbar und neu eingesetzt. Die abstrakten Landschaftsmotive und der Verzicht auf eindeutigere politische Motive brechen dabei mit der Ästhetik gängiger politischer Kampagnen,[97] sie initiieren nicht nur eine affizierte Betrachtungsweise der Plakate, sondern auch einen anderen Blick auf das politische Ereignis Brexit.

---

[93] Vgl. Schama, *Landscape and memory*.

[94] Als künstlerisches Motiv bedient sie unterschiedliche Fantasien: Isolation, Abschottung aber auch Frieden, Freiheit, Selbstbestimmung. Vgl. hierzu Brittnacher, *Inseln*, 10:53. Eine Darstellung der Insel als Verdammnis gibt es in der Performance „Cadaver Police In Quest Of Aquatraz Exit" der schottischen Theatergruppe *Cadaver Police*, die diese anlässlich des Brexit-Referendums produzierte (Abb. 5.2). Vgl. Gasson und McKendrick, *Cadaver Police In Quest Of Aquatraz Exit*.

[95] Krasny, „Das Insuläre. Von den Strategien hypermoderner Raumproduktion", 1.

[96] Corner und Bick Hirsch, *The Landscape Imagination Collected Essays of James Corner 1990–2010*, 135.

[97] Eine Ausnahme ist das Poster, das die Flagge der Europäischen Union gezeigt (Abb. 5.16). Allerdings ist auch hier die Darstellung eher ungewöhnlich, und weniger an ihrer politischen Symbolik als der stofflichen Ästhetik der Flagge interessiert.

So distanzierte sich Tillmans in einem Statement von den Plakaten der offiziellen Remain-Kampagne.[98] Sowohl die offizielle Leave- als auch die Remain-Kampagne verzichtete bei ihren Plakaten auf besondere ästhetische Strategien. Die einfachen Plakate „Vote Leave" und „Vote Remain" waren die häufigsten Plakate, auf denen nur diese Aufforderung zu sehen ist[99]. Die Plakate replizierten also vor allem die binäre Struktur des Diskurses – *in or out* – und ließen keine komplizierteren Deutungszuschreibungen zu.

### 5.2.2.2 Appelle – Text als politisierender Deutungsrahmen

Im Hinblick auf die Texte, die Tillmans gemeinsam mit seinem Assistenten Paul Hutchinson formuliert hat, fällt zunächst formal auf, dass die Textabsätze nicht willkürlich, sondern gezielt entlang der Farbzonen arrangiert sind. Die Typografie ist weitgehend Minion Pro, eine zurückhaltende digitale Schrift, die 1990 entwickelt wurde[100]. Der Text scheint dabei trotz seiner Platzierung auf der Fotografie ähnlich wie ein Titel mit dem Bild in Beziehung zu treten.

Das oben erwähnte Küstenbild (Abb. 5.15), trägt beispielsweise einen Text, der die bereits im Bild angelegten räumlichen und geopolitischen Motive (island, country) fortsetzt und mit nachdrücklichen Appellen an den Gemeinschaftssinn versieht:

> No man an island, no country by itself. Say you're in if you're in. This one's important: If the UK leaves Europe it'll send a strong message of support to haters of European values. It's not about ‚same old' but about pulling through together. Vote remain on 23rd june.

„No man is an island" lautet der erste Vers eines Gedichts von John Donne aus dem Jahr 1624.[101] Im englischen Sprachgebrauch in verkürzter Version als Sprichwort geläufig, drückt die Formel „no man an island" aus, dass niemand autark, sondern Teil einer Gesellschaft ist. Der Satz „Say you're in if you're in", der auf mehreren Plakaten der Kampagne verwendet wird, übersetzt diesen Appell

---

[98] Im Statement vom 4. Juli 2016 spricht er von der „dull official IN campaign".
[99] Es gab noch weitere Plakate, darunter das Plakat der „Leave"-Kampagne mit der Aufschrift „We send the EU 50 million pounds every day, Let's spend it on our NHS instead" sowie auf der Seite der Remain-Kampagne „We're better off in".
[100] Vgl. Schuler, *body types. Kompendium der Satzschriften: Serif, Sans Serif und Slab Serif*.
[101] Der Text lautet im Original: „No man is an *Iland*, intire of it selfe; every man is a peece of the *Continent*, a part of the *maine*; if a *Clod* bee washed away by the *Sea*, *Europe* is the lesse, as well as if a *Promontorie* were, as well as if a *Mannor* of thy *friends* or of *thine owne* were; any mans *death* diminishes *me*, because I am involved in *Mankinde*; And therefore never send to know for whom the *bell* tolls; It tolls for *thee*."

in die politische Gegenwart und ruft die individuellen britischen Bürger*innen konkret dazu auf, ihre Identifikation mit der EU durch eine Stimmabgabe auszudrücken. Bei dem Poster interagiert der erste Satz des Texts unmittelbar mit dem Bild: Die Insel wird gezeigt, aber keine Personen – „no man". Bild und Text verhalten sich komplementär, der Text ergänzt das Bild um eine politische Bedeutung, die über das Visuelle hinausgeht, das Bild wiederum ergänzt den Text um eine ästhetische Dimension.[102]

Roland Barthes spricht in seinem Essay „Rhetorik des Bildes" von dem ästhetischen Wissen, das die Lektüre von Bildern maßgeblich beeinflusse und dadurch eine Vielzahl an Leseweisen zulasse. Texte – damit meint er Bildunterschriften, Titel usw. – hätten dazu eine „Relaisfunktion"; sie funktionierten wie „eine Art Schraubstock, der die konnotierten Bedeutungen daran hindert, (…) in allzu individuelle Regionen auszuschwärmen"[103]. Im Falle der Anti-Brexit-Poster erfüllt der Text hier diese „Relaisfunktion"[104] sehr direkt, er befindet sich im Bild selbst und überschreibt es so gewissermaßen mit Bedeutung.

Dieser die Bedeutung einschränkende Effekt ist durchaus eindrucksvoll: Der natürlich sichtbare Boden, der erst im Zusammenhang mit der Aussage „No man an island" für das geografische Konzept der Insel steht, warnt in diesem Zusammenhang vor der Möglichkeit einer kulturellen und politischen Isolation. Die Betrachter*innen wissen sofort, welches Wissen sie anwenden sollen – kein geologisches, sondern ein politisches Wissen, einen politischen Blick.

---

[102] Vgl. Böhm, *Wie Bilder Sinn erzeugen. Die Macht des Zeigens*, 36.
[103] Barthes, „Rhetorik des Bildes", 35.
[104] Barthes, „Rhetorik des Bildes".

**Abbildung 5.16** Poster der „pro-EU / anti-Brexit campaign" von © Wolfgang Tillmans, 2016, https://tillmans.co.uk/campaign-eu (Zugegriffen 8.8.2024)

### 5.2.2.3 Interpretationen des Brexits

Obwohl bisher von einer Betrachtungsweise ausgegangen wird, bei der Tillmans noch nicht als Autor identifiziert wurde, ist eine subjektive Perspektive in dieser Kampagne bereits sehr präsent. Denn die Texte sind Ergebnis einer interpretativen Praxis, bei der dem Brexit Bedeutungen zugeschrieben wurden. Tillmans und sein Team fassten das Referendum als Frage nach Zugehörigkeit, Gemeinschaft, Frieden und Solidarität und warnten vor dem Brexit als möglichem Wendepunkt in der Geschichte der EU. So artikulierte Tillmans auch ein ganz bestimmtes Verständnis der EU: als Friedensprojekt, Handels- und Wertegemeinschaft, Raum von Freiheiten und als Antithese zu rechtem Autoritarismus. Der Satz „Be aware of what it means to leave the EU" (Abb. 5.17) bringt dies auf den Punkt. Tillmans wollte auf die europäische und gesellschaftspolitische Bedeutung des Brexits über die britische Lage hinaus hinweisen. Er machte den Brexit zu einem aus britischer Sicht außenpolitischen Thema und konstruierte Brexit-Befürworter*innen als Gegner*innen der Idee europäischer Einheit, aber auch des europäischen Liberalismus.

# BE AWARE OF WHAT IT MEANS TO LEAVE THE E.U.
#### –
## DISSOLVE THE LARGEST PEACE PROJECT IN HUMAN HISTORY

## SUPPORT A RIGHT-WING MOVEMENT

## UNDO TRADE TREATIES FOR YEARS TO COME

Wolfgang Tillmans
Between Bridges

**Abbildung 5.17** Poster der „pro-EU / anti-Brexit campaign" von © Wolfgang Tillmans, 2016, https://tillmans.co.uk/campaign-eu (Zugegriffen 8.8.2024)

## 5.2.3 Aktivismus des Künstlers

Als Kampagne eines renommierten Künstlers steht diese in einem besonderen Verhältnis zum Kunstfeld und zu seinem eigenen Werk. Denn auf die Kampagne machte Tillmans vor allem über seine Website und Social-Media-Kanäle aufmerksam, denen – davon lässt sich ausgehen – vor allem ein an seiner Kunst interessiertes Publikum folgt. Für Kunstinstitutionen und weitere Akteure des Kunstfelds boten die dort zur Verfügung gestellten Plakate eine naheliegende Möglichkeit, sich ebenfalls zum Brexit zu positionieren. So wurden die Plakate beispielsweise in Galerien aufgehangen.[105] Auf diese Rezeptionsweise über den Künstler und das Verhältnis der Kampagne zum Kunstfeld wird nun im zweiten Teil dieser Fallstudie eingegangen. Hierzu möchte ich zunächst den Künstler genauer vorstellen und die Kampagne in sein Werk einordnen.

### 5.2.3.1 Die „pro-EU / anti-Brexit campaign" in Tillmans' Werk

Wolfgang Tillmans wurde am 16. August 1968 in Remscheid geboren und lebt in Berlin und London. Seine Fotografien wurden international in großen Einzelausstellungen gezeigt, etwa in der Kunsthalle Zürich, dem Moderna Museet in Stockholm, der Kunstsammlung NRW in Düsseldorf und dem Tate Modern in London. Im Jahr 2000 erhielt Tillmans als erster Fotograf den renommierten Turner Prize, und Tillmans gilt seit einigen Jahren als einer der einflussreichsten Personen des Kunstfelds.[106] Als typisch für seine fotografischen Arbeiten gilt die genaue Studie von Stoffen und Materialien, Licht und seinem sozialen Umfeld. Da dazu unter anderem die Clubkultur der 90er Jahre gehörte und somit auch die Schwulenszene in intimer Weise dargestellt wurde, wurden schon seine frühen Arbeiten als inhärent politisch betrachtet. Gerade jedoch, weil seine Arbeiten auch vor seinem direkten aktivistischen Engagement bereits als politisch galten, hat die Kampagne gegen den Brexit einen interessanten Status in Tillmans' Künstlerbiografie. Wurde das Politische in Tillmans' Arbeit zunächst vor allem darin gesehen, dass er sein subkulturelles alltägliches Umfeld porträtierte – und damit queere Gemeinschaften, die durch seine Darstellungen an Sichtbarkeit gewannen,[107] wurde Tillmans' Arbeit in der Brexit-Debatte insofern

---

[105] Etwa bei David Zwirner, aber auch in weniger bekannten Galerien.
[106] Vgl. ArtReview.
[107] Interessant ist hier, unter welchen Bedingungen etwas als politisch gilt. Die Darstellung queerer Communities kann z. B. im Sinne Rancières nur dann als politisch gelten, solange diese Darstellungen nicht bereits zum Kanon gehören. Vgl. Rancière, *Die Aufteilung des Sinnlichen: die Politik der Kunst und ihre Paradoxien*.

aktivistischer, als dass er fortan Fotografien mit politischen Botschaften überschrieb und so die Bilder anders einsetzte, um in einer breiteren Öffentlichkeit gezielt zum politischen Handeln aufzurufen, zur Teilnahme am Referendum und dem Bekenntnis zu Europa.[108] Und dies war ein nachhaltige Veränderung seiner Arbeit: Auf die „pro-EU / anti-Brexit campaign" folgten weitere Kampagnen; im Jahr 2017 entwickelte er eine ähnliche Kampagne für die Bundestagswahl und 2019 für die Europawahl[109]. Gemeinsam mit Stephan Petermann und Rem Koolhaas rief Tillmans zudem im Frühjahr 2018 Künstler*innen und Kreative auf[110], Vorschläge für ein „Re-branding" der EU einzureichen. 2017 gründete er *Between Bridges,* einen Ausstellungsraum in Berlin, welcher aktivistische Kunstprojekte fördert und später in der Corona-Pandemie solidarische Aktionen veranstaltete, welche Kulturorte, die von der Pandemie ökonomisch bedroht waren, unterstützten. Innerhalb seiner Biografie nimmt die Kampagne zum Brexit also nicht die Rolle eines Politisierungsmoments ein, sondern markiert den Beginn einer *offeneren* aktivistischen Positionierung, die für die Kunst gegenwärtig symptomatisch erscheint.

### 5.2.3.2 Von der politischen Kunst zum Aktivismus

Inwieweit jedoch stellt die durch die Kampagne verstärkte Rezeption von Tillmans' Arbeit als aktivistischer Künstler – angesichts seiner seit jeher als politisch begriffenen Praxis – überhaupt einen Bruch dar? Betrachtet man die Aufnahme von Tillmans' Arbeiten in Gruppenausstellungen von 2016–2019, unmittelbar nach der Brexit-Kampagne, fallen einige politische Ausstellungen auf, bei denen seine Plakate gezeigt wurden – jedoch auch ältere Arbeiten, die im Zuge seiner neuen Sichtbarkeit als Aktivist an neuer Sichtbarkeit gewinnen und nun in den Kontext des Themas „Demokratie" gestellt werden. So war Tillmans im Jahr 2019 mit einer Arbeit in der Ausstellung „Dämonkratie" in Pforzheim vertreten und 2018 in der Ausstellung „Revolutionize" im Mysteskyi Arsenal in Kyiv. Hier wurde seine Arbeit Sendeschluss (2014) gezeigt, die auf die Gefahr von Zensur verweist. Seine Kampagnenplakate wurden im Rahmen der Ausstellung „The Art of Dissonance" im Seoul Museum of Modern Art gezeigt, in der Ausstellung

---

[108] Der Aufruf beinhaltet übrigens die Annahme, dass diejenigen, die von seiner Arbeit Notiz nehmen, tendenziell pro-europäisch wählen. Explizit werden junge Menschen adressiert, aber es ist auch ein Verweis auf eine Haltung im Kunstfeld – eine Annahme, die andere als Ausgangspunkt sahen, ihre Pro-Brexit-Position unter dem Label der Kunstfreiheit zu verteidigen. Vgl. Abschnitt 5.4.

[109] Vgl. Tillmans, „Protect the European Union".

[110] Vgl. „Ideenwettbewerb: Tillmans und Koolhaas rufen zur Imagekampagne für EU auf".

## 5.2 Zur politischen Umfunktionierung von Werk und Renommee ...

„Live Together" in der Kunsthalle Wien und in der kleineren Ausstellung „Freiheit, die ich meine ..." in der MEWO Kunsthalle Memmingen. In den 90ern Jahren war Tillmans in thematisch fokussierten Gruppenausstellungen mit ganz anderen Schwerpunkten vertreten gewesen. Hier ging es meist um Körperpolitik und die Sichtbarkeit queerer Communities, die damals noch nicht derart als Frage der Demokratie verhandelt wurde.[111] Die älteren Arbeiten von Tillmans, die in von den Kurator*innen politisch geframten Ausstellungen gezeigt wurden, wurden meist als performative, (identitäts-)politische Arbeiten verstanden. Indem sie queere Subkulturen sichtbar machten, brachen sie mit hegemonialen Bilddiskursen. Auch wenn sich diese Rezeption auch nach den neuen Formen von Tillmans' Engagement fortsetzt, kommt hier eine neue Einordnung von Tillmans ins Spiel.[112] Was sich nämlich bei diesen teils kleinen lokalen, teils überregional oder international beachteten Präsentationen abzeichnet, ist, dass Tillmans' Arbeiten nun zusätzlich noch in zwei Sorten politischer Ausstellungen gezeigt oder diskutiert werden. Erstens in Ausstellungen, die politisches Engagement von Künstler*innen historisch betrachten[113], und zweitens in Ausstellungen, die zeitgenössische Positionen zur Frage des Europäischen versammeln. Ein Beispiel ist die Ausstellung „Never Again: Art Against War and Fascism in the 20th and 21st Centuries" in Warschau. Hier wurde Tillmans' Engagement in einem politischen Kontext gezeigt, in dem es wie beim Brexit eine starke anti-europäische Bewegung gibt und in dem sich Künstler*innen zur Aufgabe machen, Freiheiten zu verteidigen und Zusammenhalt in der europäischen Kunstszene zu stärken. So wurden nicht nur seine Brexit-Plakate gezeigt, sondern auch die auf Polnisch verfügbaren Plakate zur Europawahl.[114]

Insofern Tillmans die EU als eine Instanz versteht, die Minderheiten schützt, zeichnet sich in seinem Werk angesichts des gegenwärtigen Rechtsrucks in Europa eigentlich eine folgerichtige Kontinuität ab. Von der Sichtbarmachung queerer Communities zur offenen Verteidigung des Pluralismus ist es kein weiter

---

[111] Etwa 1996 in „Urgence", Capc Musée d'art contemporain, Bordeaux und „Nudo y Crudo: Sensitive Body, Visible Body" bei Claudia Gian Ferrari Arte Contemporanea, Mailand.
[112] Z. B. in der Ausstellung „United by AIDS", Migros Museum für Gegenwartskunst, Zürich, oder bei „Fuck your fear", van Horn, Düsseldorf.
[113] Etwa in der Ausstellung „Resist! The 1960 s Protests, Photography and Visual Legacy" im Brüsseler Bozar wurden die Kampagnenplakate gezeigt.
[114] In der Ausstellung „Europa Endlos" in der Kunsthal Charlottenborg (DK) wurden Tillmans' Plakate mit kritischen Arbeiten, etwa einer Installation von Monica Bonvicini, kontrastiert, deren Ästhetik in diesem Rahmen auf die restriktive Grenzpolitik zu verweisen schien. Hier wurden also über künstlerische Positionen die vielfältigen und teils konfligierenden Verständnisse „Europas" ausgebreitet.

Weg. Der Wandel, den man hier in Tillmans' Ansätzen beobachten kann, spiegelt die politischen Veränderungen in Europa und es scheint eine neue Dringlichkeit des direkteren Handelns auf. Angesichts der realen Bedrohung des Pluralismus interessiert sich Tillmans in seiner Kampagne offenbar nicht mehr für Darstellungspolitik. Er verkündet offen und versprachlicht seine politischen Ziele, und gibt direkte Handlungsanweisungen.

### 5.2.3.3 Zum Narrativ persönlicher Betroffenheit

Den beschriebenen Wandel in seinem Ansatz begründet der Künstler über eine persönliche Perspektive auf die politische Lage. Dies wurde besonders in den die Kampagne begleitenden „Statements" ersichtlich. Sie wurden am 25. April, 26. Mai, am Tag nach dem Referendum, dem 24. Juni, sowie am 4. Juli 2016 über Tillmans' Instagram-Account und Website publiziert. Tillmans wählte eine persönliche Ansprache, die Statements wurden in Briefform verfasst. Das erste beginnt mit der Anrede „Dear friends" und endet mit „Wolfgang", dem Vornamen des Künstlers. Im ersten Statement informiert Tillmans über die Notwendigkeit, sich für das Referendum zu registrieren, und appelliert an die Lesenden, dies rechtzeitig zu tun. Er zeigt sich besorgt, dass sich gerade junge Wähler*innen nicht für das Referendum registrieren könnten. Im zweiten Statement am 26. Mai 2016 legt er persönliche Gründe für sein Engagement dar: „my lifelong involvement with the UK, my love for the UK"; „my career's groundedness in Britain". Tillmans schreibt hier in einem besonders affizierenden Stil, er betont die eigene biografische Involviertheit.

Aus den Statements lässt sich herausarbeiten, wie die Kampagne mit Tillmans' Identifikation als Künstler, Aktivist und europäischer Bürger zusammenhängt. Seine lange Beziehung zum UK, seine Karriere, aber auch die Anerkennung, die er dort für seine Arbeit erfahren hat, kommen als Gründe für sein Engagement zur Sprache, etwa im Zuge des Turner Prize und der politischen Aufbruchstimmung, die er mit der Zeit der Preisverleihung verbindet. Zudem schreibt er: „Ich sehe mich als Produkt der europäischen Nachkriegsgeschichte, einer Geschichte der Versöhnung, des Friedens und des Austauschs (…) die westliche Welt läuft schlafwandelnd auf die Zerstörung der Institutionen zu (…), die es uns ermöglichen, das Leben zu leben, das wir leben."[115] Interessant erscheinen hier mindestens drei Aspekte. Erstens, dass Tillmans sich überhaupt veranlasst fühlt, sein offenes Engagement so stark zu begründen, zweitens, dass er sich dabei als mit der Geschichte der europäischen Einigung verwobenes politisches Subjekt zeigt, und drittens, der kulturkritische Ton, den Tillmans anschlägt und für

---

[115] Tillmans, „pro-EU / Anti-Brexit Campaign".

die er seine Position als außenstehender Künstler offenbar inszenatorisch einsetzen kann: Die westlichen Demokratien seien sich des Bedarfs, westliche Werte zu verteidigen, der ihre gelebte Kultur konstituiere, nicht ausreichend bewusst. Tillmans inszeniert sich an dieser Stelle – inklusive seiner Unterstützer*innen – einerseits als von diesen politischen Ereignissen passiv betroffen, andererseits als Teil einer kleinen Gruppe von Klarsehenden, die zum Handeln aufrufen.

### 5.2.3.4 Aktivismus im institutionellen Gefüge: Prozesse der Kunstwerdung

Bemerkenswert ist weiterhin, wie die durch den Künstler initiierte Kampagne geradezu hartnäckig dem Kunstfeld anhaftet, obwohl er immer wieder betont, er habe nicht vorgehabt, nur ein Kunstpublikum zu adressieren. Nachdem die Kampagne in den öffentlichen Raum getreten war, wurde sie auf unterschiedlichen Wegen zurück in die Kunst geführt. Nicht nur beteiligten sich namhafte Personen aus dem Kunstfeld privat an der Aktion – etwa Hans Ulrich Obrist oder Francis Morris, die ehemalige Direktorin der Tate Modern. Die Plakate fanden auch im Rahmen eines Happenings an der Central Saint Martins, einer Kunstuniversität in London, Verwendung und wurden in ein neues Kunstwerk aufgenommen: In der Installation „The happy museum" von Simon Fujiwara, die 2016 bei der Berlin Biennale gezeigt wurde, tauchte eines der Plakate auf. Die Installation zeigte unterschiedliche Gegenstände, die Fujiwara als Ausdruck eines bestimmten trügerisch-unbeschwerten Zeitgeists begriff.

Dabei findet im Kunstfeld die Auseinandersetzung darüber statt, ob und, wenn ja, an welcher Stelle sich der Aktivismus Tillmans' und seine Kunst noch voneinander trennen lassen. Ich möchte dazu auf den eingangs erwähnten E-Mail-Austausch zwischen Caroline Busta und Wolfang Tillmans zurückkommen, der 2017 in *Texte zur Kunst* abgedruckt wurde. Busta hatte darin kritisiert, dass Tillmans mit der Ästhetik seiner Kampagnen den „Geschmack von hyperspezifischen Kunstkonsument/innen"[116] anspreche. Auch warf sie ihm „Virtue Signaling"[117] vor, also die Zurschaustellung von Rechtschaffenheit. Busta fragte auch kritisch danach, ob sich Tillmans' Engagement nicht auch auf die Bewertung seines Gesamtwerks auswirke, und deutete so ökonomische Beweggründe an.

In eine Position der Rechtfertigung gebracht, erläuterte Tillmans seine politische Haltung noch einmal anders als in seinen Statements, nämlich in engerem Zusammenhang mit seinen ästhetischen Entscheidungen. Er verteidigte sein

---

[116] Busta, Wolfgang Tillmans über seine politischen Plakate.
[117] Busta.

Engagement beispielsweise mit der Rückfrage, warum er seine „Sprache, die (er) in Bild und Wort gefunden habe, (nicht) benutzen sollte, um auch außerhalb des Galerieraums zu kommunizieren"[118]. Er habe schon viele Jahre vor dem Brexit begonnen, über Möglichkeiten der Positionierung nachzudenken, habe aber lange nach einer „adäquaten Sprache"[119] gesucht: „Es ist äußerst schwierig, politische Bildbotschaften zu formulieren (...) Beim britischen EU-Referendum (...) war die Sachlage so eindeutig, dass ich genau wusste, wofür ich bin, und ich genau die Gefahren sah, gegen die ich bin."[120] Er habe also „lang gezögert", sich „direkt persönlich einzusetzen. Durch das Überwältigende was da gerade passiert" habe er „diese Scheu letztlich verloren"[121]. Tillmans erläutert auch die Rolle der Bilder:

> Ich hatte erst Sorge (...), die Bilder von Himmeln und Horizonten, die ich (...) im Serralves Museum in Porto ausgestellt hatte, mit diesem Gewicht zu belasten, da es ihre vielschichtigen Lesemöglichkeiten hätte einschränken können. Weil es mir aber bei dieser Bildergruppe gerade um Fragen von Grenzen ging, dachte ich: Es ist (...) wert dieses Risiko einzugehen. Im Rückblick glaube ich sagen zu können, dass es die Bilder weder belastet hat noch wertvoller gemacht hat. Das Foto des vielleicht eingängigsten Posters „No Man is an Island (...)" habe ich nicht als Arbeit in den Markt gegeben. Es ist mir als reines Foto zu „geographisch", erst durch den Text und die Typografie ist es so stark geworden.

Relevant erscheint mir dabei, dass er hier selbst zwischen einer als *unbeschwert* begriffenen Kunst und dem Text abwägt, der als potenzielle politische *Belastung* des Bildes gedacht wird. Hier reproduziert er eine autonomieästhetische Annahme, Kunst habe anders zu sein als die Politik. Anders als Busta beschreibt er die Ästhetik seiner Kampagne zudem keineswegs als an die Kunstwelt gerichtet: „Mir ging es um jede einzelne Stimme, egal ob Kunstwelt oder nicht." Er sei seinem „Instinkt gefolgt"[122] – für ihn verliert die Kampagne durch ihre Einbettung in das Feld der Kunst also nicht an Authentizität.

Als authentisch gilt politisches Handeln, wenn es besonders stimmig mit den politischen Erfahrungen der Handlungsträger*innen erscheint. Es ist also nicht für ein Außen – hier etwa ein Kunstpublikum – gedacht, sondern entspricht einem inneren Impuls der Handelnden. Der Begriff der Authentizität, wie ihn

---

[118] Busta.
[119] Busta.
[120] Busta.
[121] Busta.
[122] Tillmans, „pro-EU / Anti-Brexit Campaign".

der Philosoph Charles Taylor prägte[123], beschreibt dennoch, dass sich Authentizität zwar mit dem Selbst beschäftige, aber erst in der sozialen Praxis, und somit im Öffentlichen, realisiere. Tillmans' präsentiert seine Kampagne auch als eine Art öffentliche Form politischer Subjektwerdung und ist darum bemüht, die Kampagne als Ausdruck seiner eigenen politischen Motivationen darzustellen. Seine Reflexionen verbinden sich hier mit einem Gestus der Aufrichtigkeit: Indem er seinen Aktivismus als Ausdruck seiner Haltung und somit als authentische Praxis inszeniert, wird das Nicht-Handeln zur Verstellung.[124] So schreibt er auch: „Ich bin der Bürger, der ich bin, und kann und will das jetzt nicht ändern, um neutraler zu erscheinen." An dieser für Tillmans' Interviews ungewöhnlich aufgeladenen Stelle zeigt sich zwar ein gewisser Ärger über die autonomieästhetische Erwartung, Künstler*innen müssten neutral sein, trotzdem bleibt er selbst um eine Trennung seiner Kunst von seinem Engagement bemüht. Bei einer Veranstaltung der Kunstsammlung NRW zum 100. Geburtstag von Joseph Beuys im Jahr 2021 etwa, bei der Tillmans geladen war, um über seinen Aktivismus zu sprechen, bekräftigte er, die Brexit-Kampagne sei 2016 „spontan" entstanden, „sozusagen aus Notwehr".[125] Er habe sich „gar nicht die Frage gestellt, ob das Kunst ist oder nicht". Bei der Schilderung der Kampagne wirkte Tillmans also bemüht, nicht im Sinne Beuys' als Aktivist verstanden zu werden. Gleich mehrfach betonte er, dass es bei der Kampagne nicht um Kunst gegangen sei. In dieser Hinsicht steht Tillmans' Kampagne für eine gegenwärtige Suche nach Handlungsformen in der Kunst, die den neuen Dringlichkeiten der Politik Rechnung tragen und zugleich die Erwartung eines künstlerischen Eigensinns erfüllen können. Der Wunsch, somit zwischen den Registern der binären politischen Debatte zu agieren, materialisiert sich in der Kampagne mit den ungewöhnlichen Kampagnenmotiven und Affizierungen.

### 5.2.4 Zwischenfazit

Zum Beginn des empirischen Teils zeigt diese Studie, wie sich Künstler*innen vom Thema Brexit sehr konkret betroffen fühlen und daraus eine Verantwortung,

---

[123] Vgl. Taylor, *The Ethics of Authenticity*.
[124] Dass sich hier ein kritischer Punkt auftut werde ich in der abschließenden kritischen Diskussion thematisieren.
[125] Diese Bescheidenheit stellt er übrigens den weiteren Schilderungen der Kampagne voran, sodass der Vortrag recht defensiv wirkt.

aktivistisch zu handeln, ableiten können. Tillmans warnt vor allem vor dem Verlust kultureller Freiheiten und entwickelt spontane, partizipative Praktiken aus dem Fundus seines künstlerischen Werkes, um diese Entwicklung zu verhindern. Dazu funktioniert er einerseits seine Bilder um, setzt aber auch sein künstlerisches Renommee und sein Netzwerk ein. Es verschafft ihm Aufmerksamkeit und Multiplikator*innen im künstlerischen Feld. Nur scheinbar sind die Plakate die wesentlichen Elemente dieser Kampagne: Auch die Figur Tillmans und seine öffentlichen Reflexionen spielen eine zentrale Rolle. Insofern es hier fehlgeleitet ist, anlässlich der Kampagne von einer Politisierung von Tillmans' Werk zu sprechen, habe ich in dieser ersten Fallstudie durch einen Blick auf seine Künstlerbiografie gezeigt, worin der Unterschied aktivistischer Kunstpraktiken zur politischen Kunst besteht: in einer neuen Explizit-Werdung des Politischen und einem neuen Gestus der Dringlichkeit. Tillmans handelt nicht nur selbst direkter als in vorherigen Arbeiten, er ruft mit seiner Kampagne auch andere zum Handeln auf. Rancière entsprechend wäre die Kampagne daher gar nicht in besonderem Maße politisch: Sie verschiebt nichts am Mach- oder Sagbaren, an den sinnlichen Bedingungen für Politik. Tillmans scheint es aber zunächst ganz grundsätzlich auf die Mobilisierung zur politischen Teilhabe anzukommen, und er nutzt dazu seine künstlerischen Ressourcen. Er interpretiert die künstlerische Autonomie als positive Freiheit, sich politisch zu positionieren. Dies zeigt sich nicht nur in seinem Handeln, er begründet dieses auch damit, dass das „Potenzial der Kunst unterschätzt"[126] werde. Dass er dennoch um eine *Trennung* der Rollen als Künstler und Aktivist bemüht ist, zeigt aber auch, dass eine solche Strategie im Kunstfeld immer noch Rechtfertigungspraktiken bedarf. An der Art und Weise, wie Tillmans diese Diskurse navigiert zeigt sich ein über das Beispiel hinausweisendes Spannungsfeld: die durch ihn wahrgenommene und beschworene Dringlichkeit zu handeln, die vom drohenden Brexit ausgeht, und der Imperativ, nicht zu handeln, der vom Autonomie-Paradigma ausgeht, bringen ihn in einen Konflikt. Er entscheidet sich für das Handeln, ist aber gleichzeitig bemüht, dies mit der Strategie der Rollentrennung zu kompensieren. Trotz der Kritik, die er erhielt, ist ein entscheidender Befund, dass Tillmans offenbar darauf hoffen kann, dass es in der Kulturszene nicht nur einen Willen und einen Bedarf an Positionierungsmöglichkeiten gibt, sondern auch Foren, welche genau dieses Handeln interessant finden und seine Plakate im Nachgang im Rahmen von Gruppenausstellungen zum Kunstaktivismus ausstellen. Die Trennung seiner Kampagne von seiner Kunst, um die sich Tillmans bemüht, ist daher Ausdruck

---

[126] Tillmans bei der Verleihung des Bundesverdienstkreuzes, vgl. Bundespräsidialamt, „Ordensverleihung zum Tag der Deutschen Einheit".

eines gegenwärtigen Konflikts im Kunstfeld. Doch nicht nur gibt es gegenwärtig einen Konflikt zwischen einem autonomen und aktivistischen Kunstverständnis,[127] sondern auch innerhalb der neueren aktivistischen Handlungsformen findet eine Ausdifferenzierung statt.

Denn Tillmans' Kampagne provozierte alternative Vorgehensweisen im künstlerischen Feld. Ein Beispiel hierfür ist der Ansatz des Netzwerks *Keep it Complex, Make it Clear*, welches sich in direkter Abgrenzung von Wolfgang Tillmans' „pro-EU / anti-Brexit campaign" bildete. Die nachfolgende Studie behandelt dieses Netzwerk und macht deutlich, dass nicht nur die Aussagen und Ziele, sondern auch die Vollzugsweisen aktivistischer Kunstpraktiken unter politischen Aspekten gestaltet werden können. Fußte die „pro-EU / anti-Brexit campaign" ganz wesentlich auf dem künstlerischen Renommee eines einzelnen Künstlers, ist das nachfolgende Beispiel an der Anonymisierung der Mitwirkenden und somit einer kollektiven Geste interessiert.

## 5.3 Politische Vollzugsweisen künstlerischer Praxis – Kollektiver Aktivismus bei *Keep it Complex, Make it Clear!*

„Fang halt mit dem an, was Du kannst."[128]

Kathrin Böhm, *Keep it Complex, Make it Clear!*

### 5.3.1 Einführung

Eine summende Filterkaffeemaschine, Filzstifte, Post-its. Frühstück, das von Künstler*innen auf einem großen Tisch in Form des europäischen Kontinents arrangiert wird (Abb. 5.18). In einem leerstehenden Kongressgebäude in East London beginnt an einem Wochenende im Januar 2017 ein „Activation Weekend for the Arts", zu dem das feministische Kollektiv *Keep it Complex, Make it Clear!* aufgerufen hat. Unter dem Titel „Unite Against Dividers" sollen Künstler*innen aus der sozial engagierten Kunstpraxis für die Thematik des Brexits sensibilisiert und mobilisiert werden, und künstlerische Strategien und Materialien gegen die

---

[127] Vgl. Ullrich, „Die Kunst, keine zu sein".
[128] Böhm, Persönliches Interview, 8. Die zugehörigen Daten sind in Anhang 1 im elektronischen Zusatzmaterial einsehbar.

Folgen des Brexit-Referendums entworfen. Denn der Brexit, so das Kollektiv, produziere ein „toxisches Umfeld"[129] für die sozial engagierte Kunstproduktion.

**Abbildung 5.18** „Brexit means Breakfast" – Frühstück beim „Activation Weekend for the Arts", Foto: *Keep it Complex*, https://makeitclear.eu (Zugegriffen 8.8.2024)

*Keep it Complex, Make it Clear!*, das ich in dieser Studie als *Keep it Complex* abkürzen werde, ist ein fünfköpfiges Kollektiv, welches aus einer durch Künstler*innen initiierten Remain-Kampagne im Vorfeld des Referendums hervorgegangen ist.[130] Nachdem die „EU-UK"-Kampagne den Brexit nicht aufhalten

---

[129] *Migrants Make Culture 2020*.
[130] Die Grassroots-Kampagne war bereits wenige Monate später offline, weshalb ich an dieser Stelle nicht auf die Website verweisen kann. EU-UK war der Versuch einer Bündelung

## 5.3 Politische Vollzugsweisen künstlerischer Praxis ...

konnte, hatte sich der Anlass für das Engagement der Künstler*innen keineswegs erübrigt; die mit dem Referendum verbundenen politischen Anliegen der beteiligten Künstler*innen hatten eher an Dringlichkeit gewonnen. So stellten sich einige der beteiligten Künstler*innen die Frage, wie man die losen Strukturen dieser Kampagne auch nach dem Referendum noch weiter nutzen und in nachhaltige Formate überführen könnte und gründeten *Keep it Complex*.

*Keep it Complex* ist also ein Beispiel dafür, wie im Nachgang des Referendums noch weitere, andere Praktiken aufkommen, die über eine Positionierung für oder gegen den Brexit hinausgehen und sich statt mit der politischen Entscheidung eher mit den Folgen, genauer dem kulturellen Klima, beschäftigen, welches das Referendum produzierte. Die Initiative ist außerdem ein Beispiel dafür, wie aus den an das Referendum gebundenen Kampagnen langfristig agierende Netzwerke wurden. *Keep it Complex* interessiert sich also für die Nachhaltigkeit von künstlerischem Engagement: Wie wird dafür gesorgt, dass es in der Kunst nicht zur bloßen Stellungnahme, sondern zu beständigen Netzwerken und neuen gemeinsamen Ressourcen kommt? Zuletzt stellt *Keep it Complex* innerhalb der Brexit-Debatte auch ein Beispiel für eine *kollektive* aktivistische Praxis dar und steht somit für eine Praxisform, die im Zuge der Konjunktur aktivistischer Kunst immer mehr an Relevanz zu gewinnen scheint.[131] In ihren kollektiven Aktionen setzen sich die Mitglieder kritisch mit der Frage auseinander, wie bestimmten künstlerischen Konzepten, etwa singulärer Künstlerschaft[132], selbst eine politische Rolle zukommt, und für die – wie ich in der Fallstudie genauer darlegen werde – aus ihrer Sicht inzwischen alternative, zeitgemäße Ansätze gesucht werden müssten.

*Keep it Complex* versteht sich als „kollaborative und sich entwickelnde Organisation, die politische Probleme durch Ideen und Aktionen konfrontiert". Zentral für die gemeinsame Arbeit sind die meist jährlich stattfindenden „Activation Events", die am Anfang des Jahres dazu dienen, Aktionen für das Jahr zu planen und Kooperationen zwischen den Teilnehmenden anzustoßen. Die Gruppe organisiert jedoch – häufig in Zusammenarbeit mit anderen Initiativen und Akteuren der freien Szene – auch weitere Veranstaltungen, etwa die Reihe „digesting

---

von künstlerischem Engagement für einen Verbleib des UK in der EU. Dazu gehörte das Pooling von Postern, klassische Kampagnenarbeit in Fußgängerzonen, bei denen Sticker ausgegeben und Gespräche geführt wurden, aber auch die Vereinfachung der Stimmabgabe durch aufgestellte Laptops, bei denen man sich zur Wahl registrieren konnte.

[131] Vgl. Rosenkranz, Marie. „Konjunktur der Kollektivität in der Gegenwartskunst. Theorien, Praktiken, Kritik".

[132] Bewusst nicht gegendert, da es hier um den vor allem rund um männliche Künstlerfiguren entstandenen Künstlermythos geht.

politics"[133] oder ein „live action role play" (LARP), bei dem das politische Format „Prime Minister's Questions" (Abb. 5.19) nachgespielt wird. Auch der feministische Chor „F*CHOIR" ging aus einem Activation Day hervor. *Keep it Complex* agiert auch international: Im Jahr 2019 organisierte das Kollektiv die Aktion „International Sock Exchange" im Rahmen der Festspiele Europäische Wochen Passau.[134]

**Abbildung 5.19** „Prime Ministers Questions – Live Action Roleplay", Foto: *Keep it Complex*, https://makeitclear.eu (Zugegriffen 8.8.2024)

Die nachfolgende Fallstudie behandelt exemplarisch die Idee der „Activation Days", genauer das „Unite Against Dividers – Activation Weekend for the Arts" 2017, das sich als wesentlicher Konstitutionsmoment von *Keep it Complex* fassen

---

[133] Company Drinks, „Communal Lunches".
[134] Bei der Aktion tauschten 100 Künstler*innen, Aktivist*innen, Kurator*innen, Designer*innen und Politiker*innen mit Bürger*innen aus Passau Socken und generierten Gelder für gemeinnützige Zwecke.

## 5.3 Politische Vollzugsweisen künstlerischer Praxis ...

lässt. An dem Wochenende wurde das „Wissen und die Energie"[135] der EU-UK-Kampagne im Vorfeld des Referendums in eine neue Praxis überführt. Das Wochenende markierte nicht nur den Beginn der Aktivitäten von *Keep it Complex* nach dem Brexit-Referendum, es verdeutlicht zudem besonders gut, wie das Selbstverständnis als initiierendes und vernetzendes Kollektiv aus der politischen Lage heraus entstand und unter welchen Vorzeichen sich hier neue, kollektive aktivistische Kunstpraktiken herausbildeten.

Da es sich auch bei dieser Arbeit um eine rekonstruierende Studie handelt, habe ich mich dem Ansatz von *Keep it Complex* in seiner mediatisierten Form angenähert. Hierzu wurden zunächst vielfältige öffentliche Materialien herangezogen, darunter die Mission des Kollektivs, Programmhefte, Poster, Fotos, Videos, Presseartikel und Interviews. An der Beschaffenheit dieses Materialkorpus wird bereits der erste Aspekt von *Keep it Complex*' Ansatz deutlich: der großzügige Umgang mit Veröffentlichung, der vor allem der Verfügbarmachung und dem Austausch von Ressourcen dient. Auch Artefakte, die im Zuge des Wochenendes vor Ort eine Rolle spielten, wurden im Hinblick auf ihre Inhalte und Funktion betrachtet, etwa ein Handbuch, ein „Remainer Bingo" und die Rezepte dessen, was an dem Wochenende gekocht und gegessen wurde. Um an mehr Hintergrundinformationen zu gelangen, habe ich im November 2020 ein persönliches Interview mit Kathrin Böhm geführt, die auch im Verlauf des Schreibprozesses noch für Nachfragen zur Verfügung stand.[136] Zudem wurde die Audio-Aufzeichnung des Workshops „How to talk to people you disagree with" näher analysiert, den *Keep it Complex* im Jahr 2019 im Rahmen der Jerwood/FVU Awards 2019 organisierte. Die Materialien der anderen (Re-)Activation Days 2018–2020 wurden vergleichend herangezogen, um Entwicklungen im Ansatz von *Keep it Complex* Rechnung zu tragen.

Die textlichen Materialien wurden zur Vergleichbarkeit mit den anderen Fallstudien einer qualitativen Inhaltsanalyse[137] unterzogen. Dabei wurden wieder Kategorien wie „Verständnis des Brexits" und „Rolle der Kunst" erhoben. Darüber hinaus habe ich die Praxis von *Keep it Complex* im Hinblick auf ihre ästhetischen Erscheinungsweisen untersucht. Hierzu habe ich zum Beispiel die Website in ihrer Form als aktivistische Tool- und Ideen-Box untersucht und Bilder und Grafiken auf den Instagram-Profil der Gruppe als dokumentarische Zeugnisse der vor Ort ausgeführten Praktiken analysiert.

---

[135] Böhm, Persönliches Interview, 5. Die zugehörigen Daten sind in Anhang 1 im elektronischen Zusatzmaterial einsehbar.

[136] Die zugehörigen Daten sind in Anhang 1 im elektronischen Zusatzmaterial einsehbar.

[137] Vgl. Mayring, *Qualitative Inhaltsanalyse. Grundlagen und Techniken.*

Über das Interview mit Kathrin Böhm wurde das Selbstverständnis der Gruppe genauer beleuchtet. Böhm betonte dabei vorab, dass sie nicht die Meinung der Gruppe repräsentieren könne. Dies schränkt die Aussagekraft des Interviews jedoch nicht ein, vielmehr zeigt sich gerade in dieser offenen Reflexion ihrer Sprecherinnenposition ein in der Gruppe offenbar hochgehaltenes Sensorium für den Umstand, dass ein Kollektiv immer auch partikulare Perspektiven mit sich bringt.

Der erste Teil der Studie führt zunächst das Kollektiv und das Programm des Aktivierungswochenendes ein. Im zweiten Teil wird eine ausführliche Kontextualisierung der von *Keep it Complex* aufgegriffenen Praktiken vorgenommen. Der Ansatz des Kollektivs soll so in seinen Bezügen zu zahlreichen künstlerischen, ästhetischen, sozialen und politischen Praxis-Topoi wie beispielsweise der Do-it-Yourself-Bewegung dargestellt werden. Dazu werden jeweils eigene Literaturbereiche zu den Praktiken herangezogen. Der dritte Teil nähert sich dem Selbstverständnis von *Keep it Complex* an. Hier werden, um die kollektive Arbeitsweise genauer zu beschreiben, Theorien der Kollektivität eingeflochten, darunter Judith Butlers Theorie der performativen Versammlung. Im vierten, letzten Teil werden die Spezifik und Repräsentativität des Beispiels für den Kontext des Brexits und für den allgemeineren Bereich aktivistischer Kunst diskutiert.

### 5.3.1.1 Das Kollektiv *Keep it Complex, Make it Clear!*

In der Mission von *Keep it Complex* heißt es:

> We work collaboratively to run events, curate workshops, facilitate discussions and create campaign materials. (…) *Keep it Complex* is about making clear what we want, without simplifying discussion: an anti-racist, peaceful, caring, angry, anti-austerity, DIY, transnational, struggling, messy, family-friendly, queer, inclusive, non-oppressive, intergenerational, generous, diverse society.

Wenn man die gemeinsame Praxis als das Vereinende des Kollektivs begreift, springen hier zunächst die Verben „run", „curate", „facilitate" und „create" ins Auge, die auf ein Repertoire an Praktiken zwischen Kunst und Gestaltung, Organisation und Mediation verweisen. Zudem wird hier eine Art künstlerische Wertegemeinschaft entworfen. Die Werte setzen auf ganz unterschiedlichen Ebenen an und rufen verschiedene Politikbegriffe ab. Während sich „anti-austerity" konkret gegen die institutionelle Politik wendet, betreffen „anti-racist" und „queer" auch die Ebene politischer Alltagskultur. Die anderen Werte oszillieren zwischen Affekten und kulturellen Eigenschaften.[138] In der Mission beschreibt das Kollektiv auch was es mit Kunst zu tun hat. Kunst fungiert als gemeinsame Methode, mit der sich politischer Apathie und Angst widersetzt werden kann: „It's about using art to have conversations with people you don't usually talk to. It's about not giving in to apathy and fear."[139]

*Keep it Complex* präsentiert seine Aktivitäten auf seiner Website in Form einer Art Tool- und Ideen-Box, welche die Besucher*innen der Seite dazu befähigen soll, im Alltag politisch aktiv zu werden. Auf der materialreichen Seite werden zum Beispiel Leseempfehlungen gegeben und simple politische Praktiken vorgeschlagen: „Meet", „join others", „strike".

Die Gruppe hat 2810 Follower auf Instagram, 1370 auf Twitter[140] und finanziert sich unter anderem über Crowdfunding. Für das erste „Activation Weekend for the arts" wurden so 5,502 Pfund gesammelt. Die European Cultural Foundation förderte später eine Vernetzungsreise für das Kollektiv durch Europa.[141]

Ein Beispiel dafür, wie sich die Mitglieder von *Keep it Complex* nicht nur gemeinsam aktivistisch, sondern auch individuell im Bereich der sozial engagierten Kunst betätigen, ist das Engagement einer der Protagonist*innen des Kollektivs, Kathrin Böhm, bei *Company Drinks*, einer Initiative mit Sitz in den Londoner Außenbezirken Barking und Dagenham. *Company Drinks* hatte Böhm 2014 unter dem Namen *Myvillages* initiiert, mit der Absicht, Menschen durch die gemeinsame Produktion von Getränken wieder mit ländlicher Produktion zusammenzubringen, und die Beteiligten auch untereinander zu verbinden. Anlässlich des Brexits gab die als „Community Economy" organisierte Initiative das Getränk „sour Brexit" heraus. Böhm ist nicht nur Künstlerin, sondern seit 2022 auch Professorin für Kunst an der Alanus Hochschule in Alfter, bei Bonn. Über ihre

---

[138] Obwohl Böhm im Interview anmerkt, dass das einfach „mal jemand aufgeschrieben" habe, erscheint die Liste gerade als spontanes Produkt interessant. Böhm, Persönliches Interview, 8. Die zugehörigen Daten sind in Anhang 1 im elektronischen Zusatzmaterial einsehbar.
[139] Die Idee des „using art" findet sich auch bei Tania Bruguera, die den Begriff „arte útil" – Kunst als Werkzeug – geprägt hat. Vgl. Abschnitt 5.5.
[140] Stand 1. April 2022.
[141] Das Kollektiv hielt in dem Rahmen Vorträge bei der Konferenz „Today is Our Tomorrow", die im September 2019 in Helsinki stattfand, sowie im Rahmen der Veranstaltung „Internationalism After the End of Globalisation" im Oktober 2019 in Warschau.

künstlerische Praxis erschien 2023 das Buch „Art on the Scale of Life" bei Sternberg Press.[142]

### 5.3.1.2 Das „Unite Against Dividers. Activation Weekend for the Arts"

Das „Unite Against Dividers. Activation Weekend for the Arts" wurde mit einem Essen am Freitagabend eingeleitet, bei dem 30 Politiker*innen, Aktivist*innen und Künstler*innen in einem Kunstraum zusammentrafen. Das Programm am Samstag, an dem rund 130 Personen teilnahmen und das in einem alten Kongresszentrum in dem am Wochenende leerstehenden Stadtteil Canary Wharf stattfand, begann mit einem durch einige Künstler*innen gestalteten Frühstück, die nationale Frühstückspezialitäten unterschiedlicher europäischer Länder als Karte von Europa auf einem Tisch arrangierten. Es folgte eine „assembly", eine plenare Vorstellungsrunde, bei der – so Böhm im Interview – auch einige „Grundregeln" für den Umgang miteinander präsentiert wurden. So sollten Prinzipien des sich gegenseitig „Zuhörens, des sich gegenseitig Platzgebens" vermittelt werden. Danach wurde in unterschiedlichen Workshops, ausgehend von der Rolle der Kunst in der Brexit-Debatte, das Verhältnis von Kunst und Politik allgemeiner diskutiert. Die Titel der Workshops lauteten: „How can politics get involved in art?" und „How can art get involved in politics?". Während bei dem erstgenannten Workshop vor allem Politiker*innen und politische Grassroots-Organisationen zu Wort kamen, waren es bei dem zweitgenannten vor allem Künstler*innen, welche diese Frage diskutierten. So wurde also eine Art Annäherung von Kunst und Politik durch eine Zusammenkunft der Vertreter*innen dieser Bereiche einstudiert. Im abschließenden Programmpunkt des Tages, einem „Arts Parliament", kulminierte dieser Annäherungsgedanke in Form einer demokratisch-künstlerischen Versammlung.

Am Sonntag fanden an unterschiedlichen Orten in London und dem gesamten UK Events statt, die sich konkreten künstlerisch-aktivistischen Praktiken widmeten: ein Gesangsworkshop zum Thema der politischen Stimme, ein Workshop, bei dem Flaggen design wurden, eine Manifesto-Schreibwerkstatt und ein Spaziergang mit der *Walking Reading Group* sowie dezentrale Mittagessen in Kunstinstitutionen in Birmingham, Middlesborough, Margate, Glasgow und Nottingham, für die *Keep it Complex* zuvor einheitliche „placemats" zur Verfügung

---

[142] Kathrin Böhm (*1969) studierte bildende Kunst in Nürnberg und London. In ihrer kollaborativen Praxis beschäftigt sie sich vor allem mit alternativen Ökonomien. Sie realisierte im Jahr 2021 die „Rural School of Economics" als translokales Projekt. Ihre Arbeiten wurden unter anderem im Kunstbunker Nürnberg, in den Serpentine Galleries und der Whitechapel Gallery gezeigt. Vgl. van Noord, O'Neill, und Wilson, *Art on the Scale of Life. Kathrin Böhm.*

stellte. Zu den Events gehörte auch ein Filmscreening des feministischen Science-Fiction-Films „Born in Flames" (1983), aus dem der Slogan „five hundred mice can do a lot of damage" auch auf den Kampagnenmaterialien des Kollektivs auftaucht.

Die heterogenen Programmpunkte wurden nicht nur durch eine gemeinsame ästhetische Linie in der Außenkommunikation und für die Teilnehmenden durch Elemente wie die „placemats" zusammengebunden, sondern auch durch eine in dem dokumentarischen Material aufscheinende gemeinsame *Kultur* der aufgeführten Praktiken.

Es wurde versucht, die oben genannten Werte des Kollektivs bis ins letzte Detail zu operationalisieren. So wurden etwa die Kosten der Veranstaltung im Programmheft offengelegt. Damit zeigten die Organisator*innen nicht nur, dass sie kein Honorar in Anspruch nahmen, sondern auch, dass Transparenz für sie ein wichtige Dimension einer solchen aktivistischen Versammlung ist. Die Beteiligten saßen bei den Workshops oft im Kreis auf dem Boden und reagierten so einerseits ganz praktisch auf die räumliche Situation, andererseits vermittelten sie damit Situationen und Bilder, die eine Idee von Horizontalismus erzeugten. In den Pausen, die wie das Frühstück jeweils von Künstler*innen gestaltet wurden und im Programm beispielsweise unter dem Titel „taking an idea for a walk" geführt wurden, spielten Möglichkeiten der Bewegung ebenso eine Rolle wie der Ansatz, dynamische, performative Elemente zu integrieren. Diese durchgestaltete Aufführungsform der aktivistischen Praktiken setzt sich durch das ganze Programm fort.

Im Interview erklärt Böhm auch das Prinzip der „Selbstorganisation"[143] als zentral: Die Künstler*innen schufen einen Rahmen, in dem die Teilnehmenden einigen Spielraum zur Ausgestaltung der Programmpunkte hatten. Auch Inklusivität und Niedrigschwelligkeit spielten eine wichtige Rolle; z. B. wurde durch die Praxis des „safe-guarding" ein geschützter Raum für die Teilnehmenden geschaffen, es gab Kinderbetreuung und bereits bei der Einladung einen Hinweis auf Barrierefreiheit. Zudem gab es eine ganze Reihe von feministischen Aspekten, unter anderem das Versprechen der Organisator*innen, dass „niemand beurteilt wird"[144], wenn aus dem Wochenende – etwa aufgrund von Care-Arbeit – kein

---

[143] Böhm, Persönliches Interview, 3. Die zugehörigen Daten sind in Anhang 1 im elektronischen Zusatzmaterial einsehbar.

[144] „Also wenn jemand sagt ich bin nur heute da und nie mehr: Auch okay. Genauso ok, wie wenn jemand sagt ich schmeiß meine Karriere hin und werde Vollzeitaktivistin. Also dieses nicht ausschließende Bewerten war total wichtig." Böhm, 4. Die zugehörigen Daten sind in Anhang 1 im elektronischen Zusatzmaterial einsehbar.

aktivistisches Engagement in Vollzeit hervorgehen könne. Außerdem war ökologische Nachhaltigkeit ein wichtiges Thema. Teilnehmende wurden vorab gebeten, eigene Tassen und Teller mitzubringen, um Müll zu vermeiden[145].

### 5.3.2 Praxis-Topoi

Der wesentliche Punkt ist hier, dass *Keep it Complex* nicht nur aktivistische Ziele verfolgt, sondern sich im Ansatz des Netzwerks auch der Anspruch materialisiert, bereits die zu diesen Zielen hinführenden Praktiken unter politischen Gesichtspunkten zu gestalten. Die Praxis selbst soll bereits denjenigen Werten entsprechen, die das Kollektiv in seiner Mission als Zielvorstellung seiner Praxis und als Werte einer idealen Gesellschaft formuliert. Das Credo scheint zu lauten: Es gibt kein aktivistisches Handeln, dass nicht bereits im Vollzug politisch ist. Und: Aktivistisch zu agieren, gerade aus dem Feld der Kunst heraus, bedarf einer Reflexion seiner eigenen politischen Bedingungen. Die Ungleichheit von Ressourcen zum Handeln, der ökologische Impact derartiger Versammlungen, aber auch das Problembewusstsein, dass überhaupt gehandelt werden müsse, sei nämlich von sozialen Faktoren bedingt.

Im Fallbeispiel wurde der Brexit daher als ein politisches Ereignis interpretiert, dessen mobilisierender Effekt auf die Kunst zwar anerkannt, gleichzeitig aber sozialkritisch befragt wurde. Im Handbuch zum Activation Weekend gab es etwa ein „Remainer Bingo", mit dem gängige Remainer-Sätze persifliert wurden: z. B. „We need to get out of London" oder „It's the first time I've lost sleep over politics". Das Bingo konnte während der unterschiedlichen Programmpunkte des Wochenendes nebenbei ausgefüllt werden. Damit wurde eine gewisse Müdigkeit mit dem Brexit-Diskurs ausgedrückt und spielerisch zu lindern versucht. Außerdem bot das Spiel eine Einladung zur Selbstkritik: Mit dem Ausruf eines „Bingo" wurde ein Moment geschaffen, in dem einige selbstentlarvenden Positionen sichtbar wurden.

Was sich in diesen Praktiken und Selbstreflektionen zeigt, lässt sich mit einem in der Wissenschaft und dem künstlerischen Feld immer wichtiger werdenden Konzept kontextualisieren: dem Konzept der Situiertheit. Der Begriff geht zurück auf Donna Haraways einschlägiges Essay über „situiertes Wissen"[146] von 1988.

---

[145] *Keep it Complex, Make it Clear*, „Programme ‚Unite Against Dividers – An Activation Weekend for the Arts'".

[146] Haraway, „Situated Knowledges: The Science Question in Feminism and the Privilege of Partial Perspective".

Haraway beschreibt darin, dass Wissen stark von der sozialen, kulturellen und historischen Situation geprägt ist, in der es entwickelt wird. Wissen ist demnach in konkreten sozialen Kontexten und Machtstrukturen verankert, die bei dessen Produktion offengelegt werden sollten.

Dieser Gedanke der Situiertheit wird bei *Keep it Complex* auf die Möglichkeit politischen Handelns übertragen. So gab der Brexit zwar den Anstoß für die Gründung von *Keep it Complex* und die Organisation des Activation Weekends, sein Stellenwert als Anlass für Aktivismus wurde aber selbstkritisch in der Gruppe reflektiert. Im Interview zitiert Kathrin Böhm ihre Kollegin Rosalie Schweiker: „Bloß, weil zum ersten Mal weiße deutsche Künstlerinnen Xenophobia erlebt haben, heißt das nicht, dass es das vorher nicht gab."[147] Die Frage „Wer darf hier sein in Großbritannien"[148] sei mit dem Brexit „total wichtig" geworden, allerdings sei die breite Reaktion der Kulturszene auf diesen Umstand auch problematisch, weil schon vorher viele nicht-europäische Migrant*innen um das Recht, im UK zu bleiben, bangen mussten. Es habe dazu aber deutlich weniger Engagement in der Kunst gegeben, weil davon noch wenig Künstler*innen selbst betroffen waren. *Keep it Complex* versucht daher, den Politisierungsmoment um den Brexit sowohl kritisch zu reflektieren als auch solidarisch zu nutzen. Die Beteiligten „versuch(t)en, diese Brexit-Debatte (...) aufzulösen im Sinne von: Welche Migranten haben generell Schwierigkeiten hier?"[149]. So wurde ihr künstlerisches Engagement in der Brexit-Debatte als eines verstanden, dass zwar zu spät komme, aber dennoch notwendig erschien und in seiner Anlage besonders stark antidiskriminierenden Prinzipien folgen müsse.[150]

---

[147] Böhm, Persönliches Interview, 4. Die zugehörigen Daten sind in Anhang 1 im elektronischen Zusatzmaterial einsehbar.

[148] Böhm, 3. Die zugehörigen Daten sind in Anhang 1 im elektronischen Zusatzmaterial einsehbar.

[149] Böhm, 4. Die zugehörigen Daten sind in Anhang 1 im elektronischen Zusatzmaterial einsehbar.

[150] Die politische Agenda war deshalb auch nicht nur auf den Brexit und auf Aspekte, die die Künstler*innen direkt betrafen, beschränkt. So gab es eine politische „To Do List" im Handbuch, die neben Punkten wie „Stay in the EU" z. B. auch „Make all homes affordable" inkludierte. Zudem gab es eine „Reading List", die im „online hackpad" während des Wochenendes von den Teilnehmenden erweitert wurde und die aufzeigt, was die Organisator*innen und Teilnehmenden als Themen erachten, denen sich aktivistische Künstler*innen widmen sollten: „white supremacy" in der „mainstream art world" oder das Thema Arbeit („work, work, work, a reader on art and labour"). Es ging also auch stark um politische Themen des Kunstfelds, nicht nur einer breiteren Öffentlichkeit. Im Handbuch wurden auch einige (internationale) politische Termine im Nachgang des Wochenendes aufgelistet, darunter Wahlen in Frankreich und Deutschland, aber auch politische Aktionen im Kunstfeld,

Der in den dokumentarischen Materialien sichtbare Anspruch, nicht nur politische Ziele zu verfolgen, sondern die Praxis selbst unter politischen Aspekten auszuführen, ist vor diesem Hintergrund zu sehen. Der Kunstszene wird die Möglichkeit zugesprochen, Praktiken besonders zu gestalten und ein kulturelles Klima zu schaffen, das Migrant*innen, *people of color* und Verbündete darin bestärkt, rassistischen Diskursen und diskriminierender Politik etwas entgegenzusetzen. Den dazu vorgeschlagenen Ansätzenwidmet sich der nachfolgende Teil.

### 5.3.2.1 Do it Yourself-Praktiken

Ein zentraler durch das Kollektiv referenzierter Topos an Praktiken stammt aus unterschiedlichen feministischen und konsumkritischen Bewegungen. Etwas genauer in den Blick genommen werden soll hier die Idee des DIY (*Do it Yourself*). DIY bezeichnet eine konsumkritische Bewegung, die Wissen über die Herstellung und Reparatur von Gütern verbreitet und im Sinne einer subversiven Praxis den Ansatz vertritt, durch Reparatur und Eigenproduktion aus Marktlogiken herauszutreten.[151] Damit ist DIY als kritische Handwerkspraxis zu verstehen.[152] Bei *Keep it Complex* schlug sie sich sowohl durch ästhetische Elemente nieder, etwa in der Tape-Ästhetik, die sowohl in den Ankündigungsmaterialien (Abb. 5.20), als auch in den Veranstaltungsräumen sehr präsent war. Aber auch auf sprachlicher Ebene zeichnen sich Referenzen zur DIY-Bewegung ab: Die Slogans *Keep it Complex*, *Make it Clear* und *Unite against Dividers* können als Paraphrasen des Imperativs *Do it Yourself* verstanden werden, die den Imperativ *Do it Yourself* auf den politischen Fall Brexit anwenden und konkretisieren.

---

etwa der mit der Inauguration von Donald Trump in Zusammenhang stehende Kunststreik #J20artsstrike. In der Terminliste zeigt sich auch noch einmal, welche politischen Fragen für *Keep it Complex* von Belang sind: Migration, Brexit, Feminismus und Klima.
[151] Lowndes, *The DIY Movement in Art, Music and Publishing*.
[152] Die allerdings, so könnte man mit Andreas Reckwitz argumentieren, in einer „Gesellschaft der Singularitäten" keine Kritik, sondern eine mit gesellschaftlichen Erwartungen konforme Praxis darstellt. Vgl. Reckwitz, *Die Gesellschaft der Singularitäten: zum Strukturwandel der Moderne*.

**Abbildung 5.20** Einladung zum „Activation Weekend for the Arts", 2017, *Keep it Complex*, https://makeitclear.eu (Zugegriffen 8.8.2024)

Der Ansatz hat einen klaren Abgrenzungspunkt in künstlerischen Diskursen: tradierte Vorstellungen von Kunst als Gegensatz zum Design sowie die Vorstellung auratischer Künstler*innenschaft. Der Verweis auf die DIY-Kultur vermittelt hier vielmehr, dass man keine ausgebildete oder etablierte Künstler*in sein muss, um künstlerischen Aktivismus zu betreiben. Politisches Engagement wird im Gegenteil bewusst als spontan und unvollkommen inszeniert und somit auf eine Weise, die niedrigschwellig wirkt.[153] Damit positioniert sich *Keep it Complex* als demokratischer Akteur abseits derjenigen Formen aktivistischer Kunst, die nicht nur politische Ziele verfolgen, sondern auch auf dem Kunstmarkt

---

[153] Dieser Gedanke kulminiert in einem Instagram Post, in dem die Flecken vor der Kaffeemaschine während des Activation Weekends zu sehen sind: Hier wurde gearbeitet, und das hinterlässt Spuren.

Erfolg zeitigen. Im Interview gibt es auch einen kleinen Seitenhieb auf Tillmans, dessen politisches Engagement nicht zuletzt seiner künstlerischen Karriere zugutekomme.[154]

Die bei *Keep it Complex* beobachtbare Verschränkung von Aktivismus und DIY-Kultur ist allgemeiner für den Kunstaktivismus interessant. Denn nicht nur bei diesem Beispiel präsentiert sich aktivistische Kunst mit einer provisorischen Ästhetik. Viele aktivistische Ansätze inszenieren sich ähnlich oder stellen Praktiken der Reparatur zentral.[155] Zudem werden den Teilnehmenden häufig konkrete Hilfestellungen gegeben, sich selbst politisch zu engagieren. Aktivistische Projekte sind daher nicht nur bei *Keep it Complex* mit Formaten der Wissensvermittlung verknüpft, die über die einzelnen Projekte hinausweisen. Dies materialisiert sich etwa in einer ausgeprägte Publikationspraxis aktivistischer Initiativen, sowie einer Vielzahl von Anleitungen für künstlerisch-aktivistische Praktiken.[156]

### 5.3.2.2 Essen als künstlerisch-politische Praxis

Während die DIY-Kultur das gesamte Wochenende als eine Art Querdimension prägte, gab es einzelne Programmpunkte, die sich als gesonderte Integrationen sozialer Praktiken betrachten lassen und bei denen soziale Praktiken auf eine ganz bestimmte Weise ästhetisch aufgeladen wurden. Ein Beispiel hierfür bildet das Essen.

Bei dem kunstvoll arrangierten Frühstück nach Nationalgerichten (es handelte sich hierbei um eine beauftragte künstlerische Arbeit) ging es einerseits darum, einen spielerischen und sinnlichen Bezug zum politischen Kontext herzustellen, andererseits darum, die Teilnehmenden zu Beginn um einen Tisch zu versammeln. So hatte auch ein zweckorientiertes Element wie Essen im Programm einen „symbolischen Überschuss"[157]. Und die dezentralen Essenspausen, für die „placemats"

---

[154] Böhm, Persönliches Interview, 7. Die zugehörigen Daten sind in Anhang 1 im elektronischen Zusatzmaterial einsehbar.

[155] Zu denken ist z. B. an Arbeiten wie das „Bataille Monument" von Thomas Hirschhorn bei der documenta 11 oder an unterschiedliche Projekte von Theaster Gates, vgl. McGraw, „Afterall – Theaster Gates".

[156] Z. B. „Actipedia. A Wiki for Creative Activism"; Kielburger und Kielburger, *Take Action! A Guide to Active Citizenship*; Bobo, Kendall, und Max, *Organizing for Social Change*; Boyd und Mitchell, *Beautiful Trouble. A Toolbox for Revolution*.

[157] Kleinmichel, „The Symbolic Excess of Art Activism".

im gemeinsamen Design ausgedruckt werden konnten, stellten einen translokalen Zusammenhang der Aktionen her.[158]

Dieser Ansatz steht in einem größeren Zusammenhang: Von einem der bekanntesten Gemälde der Renaissance, Leonardo Da Vincis Abendmahl, über die *Cucina Futurista,* die mit dem „Manifesto for Futurist Cooking" 1930 begründet wurde, bis hin zur „Eat Art" der 1970er Jahre – Essen, Kochtechniken, aber auch die Materialität von Lebensmitteln sind ein epochenübergreifendes Thema der Kunst.[159] In der partizipativen Kunst, die auf körperliche Zusammenkünfte setzt, ist Essen ein beliebtes Mittel, um zunächst ein bewusst praktiziertes Miteinander oder einen kollektiven, achtsamen Weltbezug zu erzeugen und dabei auch die Frage aufzuwerfen, für welche Praktiken Kunsträume eigentlich genutzt werden sollten. Ein bekanntes Beispiel hierfür ist die Arbeit „Untitled (Free)", für die der indonesische Künstler Rirkit Tiravanija im Jahr 1992 die 303 Gallery in New York in einen Imbiss transformierte, in dem Thai Curry serviert wurde. Was damals noch eine ungewohnte Nutzung des Galerieraums darstellte ist heute eine weitverbreitete Praxis.[160] Im Zuge der Asylkrise 2015 gab es eine Vielzahl von künstlerisch-aktivistischen Initiativen, die nicht durch Zufall das gemeinsame Essen in den Vordergrund stellten. Hierzu brauchte es kaum gemeinsame Sprachkenntnisse. Beispielsweise gründete die Künstlerin Marina Naprushkina in dem Jahr die Neue Nachbarschaft Moabit, ein Begegnungsort zwischen geflüchteten und nicht geflüchteten Berliner*innen, an dem nicht nur Sprachlern-Tandems ermöglicht werden und Tanzworkshops stattfinden, sondern auch gemeinsame Koch- und Barabende. Ebenso bei Tania Brugueras „School of Integration" im Zuge des Brexits gab es Workshops, bei denen die migrantische Community Rezepte teilte (vgl. Abschnitt 5.5).

### 5.3.2.3 Therapiekultur

Ein dritter Topos an Praktiken, in dem der Ansatz von *Keep it Complex* zu verorten ist, sind therapeutische Verfahren. Diese finden sich in einzelnen Aktionen des Kollektivs, es lassen sich aber auch therapeutische Elemente in der Gesamtpraxis

---

[158] Über die Activation Days hinaus organisiert *Keep it Complex* die Reihe „Digesting Politics". Die Idee, „Politik (zu) verdauen", wurde bei einer Reihe von Mittagessen im Art Space „Company Drinks" in Barking, London, ausgetragen. Die von *Keep it Complex* und Company Drinks gemeinsam ausgerichteten Mittagessen widmeten sich unterschiedlichen Themen, u. a. Ernährungspolitik und Genderfragen. Einer der Slogans im Vorfeld des EU-Referendums war: „Britische Erdbeeren pflücken sich nicht selbst."

[159] Lemke, Harald. *Die Kunst des Essens: Eine Ästhetik des kulinarischen Geschmacks.*

[160] Bei der Art Basel 2015 wurde diese Arbeit unter dem Titel „DO WE DREAM UNDER THE SAME SKY" als Installation gezeigt.

von *Keep it Complex* ausmachen. Die Aktion „How to talk to people you disagree with", bei der eine Verhaltenstherapeutin Ratschläge dazu gab, wie eine politisch polarisierte Gesprächssituation zu meistern sei, dient hier als Beispiel für einen solchen Programmpunkt. Bei der Sitzung, die im Rahmen einer Ausstellung zur Preisverleihung des Jerwood Arts/JVU Award stattfand, und die für einen Podcast aufgezeichnet wurde, präsentierte die Therapeutin Georgia Twigg Methoden, trotz der politischen Alltagskonflikte, die der Brexit mit sich bringe, „positiv und engagiert zu bleiben"[161]. Im Rahmen des Workshops formierte sich eine temporäre Therapiegemeinschaft, die gemeinsam ihren individuellen Umgang mit der politischen Lage suchte und reflektierte. Zu Beginn erklärt Twigg, wieso es Kraft koste, Gespräche mit Menschen zu führen, die eine völlig andere Weltanschauung hätten, und wie man ihnen dennoch mit Empathie begegnen könne („practicing empathy"[162]). Dazu reflektierten die Teilnehmenden in einer kurzen Übung still über eine Situation, die ihnen derartige Empathie abverlangt hatte. Die Sitzung erinnert an einen sozialpsychologischen Gedanken der Milieutherapie[163], bei der einander Raum gegeben wird für einen emotionalen Umgang mit den politischen Verhältnissen – und es gleichzeitig darum geht, daraus konkrete Schlüsse und Tipps für die aktivistische Praxis abzuleiten. Im Zentrum der durch Twigg vorgeschlagenen Strategie, mit politischen Gegner*innen zu sprechen, stehen dabei sogenannte „grounding objects", auf die man sich konzentrieren solle. Auch die Therapiepraxis wird hier gewissermaßen unter politischen Prämissen ästhetisiert. Nicht nur werden therapeutische Ansätze in einen Kunstkontext übertragen, sondern es gehen aus diesem Workshop auch neue ästhetische Praktiken und Artefakte hervor. Von einem der Mitglieder des Kollektivs, Rosalie Schweiker, wurde ein Zine, ein kleines Magazin mit Visualisierungen produziert.

Der britische Soziologe Frank Furedi argumentiert, dass nahezu alle Lebensbereiche in westlichen Gesellschaften in den letzten Jahrzehnten im Rahmen eines „therapeutic turn"[164] eine neue Gefühlskultur kultivierten, bei der Verwundbarkeit im Zentrum stehe. Diese marginalisiere die verwundbaren Subjekte nicht mehr und erfahre in den untersuchten Gesellschaften neue Anerkennung.[165]

---

[161] „How To Talk To People You Disagree With. Episode 1 von Keep it Complex".

[162] „How To Talk To People You Disagree With. Episode 1 von Keep it Complex".

[163] Foulkes, *Introduction to group-analytic psychotherapy studies in the social integration of individuals and groups*.

[164] Furedi, *Therapy Culture: Cultivating Vulnerability in an Uncertain Age*.

[165] Was Furedi in seiner durchaus kulturkritischen Studie vorbringt, hatte der Anthropologe Didier Fassin schon auf ganz ähnliche Weise argumentiert, als er unter dem Begriff der „moral economy" beschrieb, dass der Opferstatus mittlerweile nicht randständig, sondern eine

Es ergibt sich die Frage, wie sich aktivistische Kunstpraktiken zu dieser gesellschaftstheoretischen Diagnose verhalten. Inwieweit gehen sie mit dem „therapeutic turn" kongruent? Und wo erzeugen sie womöglich Brüche? Interessant ist dahingehend zunächst, dass therapeutische Praktiken überhaupt verstärkt im Bereich der aktivistischen Kunst aufgegriffen werden, und zwar nicht im Sinne der Kunsttherapie, die der Kunst die Rolle zuweist, individuelle Erfahrungen zu therapieren[166], sondern als eine Art Gesellschaftstherapie, die Künstler*innen initiieren. Wenn Claire Bishop davon spricht, Kunst könne einen erodierenden „social bond"[167] wieder in Stand setzen, wird Kunst genau diese heilende Funktion zugesprochen; und es steht sogar die Frage im Raum, ob Kunst nicht ein treibendes Feld dabei sein könne, Therapiekultur zu popularisieren.

Im Falle von *Keep it Complex* wird Therapie eher insofern zu einer Dimension ihrer aktivistischen Praxis, als dass es nicht um einen heilenden Umgang mit Politik oder das bessere Ertragen politischer Umstände geht, sondern um den Anspruch, diese zu verändern und dabei dennoch eine Sensibilität gegenüber Ressourcen sowie die Gefahr eines „activist burnout"[168] zu praktizieren.

### 5.3.3 Subjektivierung

Zuletzt möchte ich diskutieren, wie aus diesen Praktiken ein bestimmtes Selbstverständnis der Gruppe hervorgeht. Nimmt man die zu Beginn dieser Arbeit eingeführte Formel „Der/ die Künstler*in als ..."[169] zur Hand, ließen sich die Mitglieder von *Keep it Complex* als Organisator*innen oder Moderator*innen eines Prozesses beschreiben, bei dem Ressourcen gebündelt und politisches Handeln für andere vereinfacht werden. Zentral für die Organisator*innen ist dabei das Verständnis all dieser Rollen im Plural. Im Folgenden wird dargestellt, welche Vorstellungen von Kollektivität aus dem Ansatz von *Keep it Complex* hervorgehen.

---

zentrale politische Position sei, von der aus sich heute wirksam politischer Druck ausüben lasse, vgl. Fassin, „A Contribution to the Critique of Moral Reason".
[166] Menzen, *Heil-Kunst: Entwicklungsgeschichte der Kunsttherapie*.
[167] Bishop, *Artificial Hells: Participatory Art and the Politics of Spectatorship*, 28.
[168] Vgl. hierzu exemplarisch Gorski, „Fighting racism, battling burnout: causes of activist burnout in US racial justice activists".
[169] Michalka, *The artist as ...*

## 5.3.3.1 Von der physischen Versammlung zum dezentralen Netzwerk

„We start conversations between people who disagree with each other. We use art to make politics."

Twitter-Biografie von *Keep it Complex*

In künstlerischen Diskursen erfahren kollektive und kollaborative Ansätze bereits seit einigen Jahren eine besondere Konjunktur[170]. Gerade im Zuge des Aktivismus wird häufig auf Kollektivitätskonzepte rekurriert, und es gibt zahlreiche, teils kunstspartenübergreifende Bündnisbildungen unter dem Gesichtspunkt politischer Stellungnahmen wie etwa *Die Vielen, UK Architects Declare* und das *Architects Action Network*. Künstlerische Kollektive dringen mittlerweile in die zentralen Institutionen der Kunst vor.[171]

Kunst und Kollektivität sind ein enormes Forschungsfeld. Es gibt nicht nur eine eigene Kollektivwissenschaft, die kunstwissenschaftliche Aspekte aufgreift, sondern Kollektivität ist auch eine zentrale kunstsoziologische Perspektive: Der Soziologe Howard S. Becker etwa beschrieb 1982 mit dem Begriff der „art worlds"[172], inspiriert durch das Konzept der „artworld" des amerikanischen Philosophen Arthur C. Danto, dass Kunstwerke Produkte kollektiver Arbeitsstrukturen seien. Künstler*innen würden für die Produktion, das Zeigen und Handeln von Kunst auf die Arbeit zahlreicher weiterer Personen zurückgreifen, die sich so an der Produktion des Kunstwerks beteiligten. Das Wichtige an Beckers Theorie ist vor allem die Erkenntnis, dass der Beitrag dieser Beteiligten aber durch die starke Figur des singulären Künstlergenies in den Hintergrund tritt. Diese im 20. Jahrhundert übliche Unsichtbarkeit des Kollektiven ist ein Grund, warum das Vordergründigmachen des Kollektiven heute im Kunstsystem zunehmend als politisch erachtet wird – etwa im Rahmen expliziter „kollektiver Autorschaft"[173].

Dass kollaboratives Arbeiten dennoch nicht per se eine politische Arbeitsform darstellt, hat die Kunstkritikerin Maria Lind angemerkt[174]. Auch Helmut Draxler

---

[170] Vgl. Lind, „The Collaborative Turn"; Kester, *The One and the Many: Contemporary Collaborative Art in a Global Context*.
[171] Vgl. Rauterberg, „Kunstkollektive".
[172] Becker, *Art Worlds*.
[173] Mader, *Kollektive Autorschaft in der Kunst*.
[174] Vgl. Lind, „The Collaborative Turn".

## 5.3 Politische Vollzugsweisen künstlerischer Praxis ...

steht dem politischen Wert von Kollektiven skeptisch gegenüber, denn Kollektive präge eine „kategorische Ambivalenz"[175], die nicht nur in ihrer konstitutiven Exklusivität, sondern auch in ihrer besonderen Attraktivität für den künstlerisch-institutionellen Mainstream bestehe. Der britische Kunstwissenschaftler John Roberts argumentiert allerdings plausibel, dass „Commoning", also Praktiken, bei denen es nicht nur um den bloßen symbolischen Zusammenschluss, sondern eine Politik der Ressourcen geht, als Gegenentwurf zur „Erosion von Demokratie"[176] gelten können. Nachvollziehbar erscheint es im Hinblick auf *Keep it Complex*, dass die Spannung zwischen „Starsystem vs. Netzwerkkultur"[177] ein entscheidender Topos ist, aus dem die hier an den Tag gelegte aktivistische Praxis hervorgeht. Welche Art von Kollektivität unterliegt also dem Ansatz von *Keep it Complex*? Und wie wurde Kollektivität im diskutierten Beispiel aktivistisch eingesetzt?

Es sind zunächst zwei Ebenen des Kollektiven zu unterscheiden: Einerseits, wie sich das Kollektiv *Keep it Complex* selbst begreift, und andererseits, welche kollektiven Formen ihre Praxis hervorbringt. Das Kollektive zeigt nämlich zwei Ausprägungen in dem betrachteten Fallbeispiel: Erstens in der Organisationform von *Keep it Complex* selbst, in der die individuellen Künstler*innen als Moderator*innen eines größeren Netzwerks auftreten, zweitens in der Gestaltung der physischen Versammlung während des Activation Weekend.

Kollektivität ist bei *Keep it Complex* zunächst eine offen kommunizierte Arbeitsweise. Es sind mehrere Individuen beteiligt, die außerhalb des kollektiven Zusammenhangs eigenen sozial engagierten Kunstpraktiken nachgehen. Kathrin Böhm etwa nutzt die Gruppe nicht nur, um gemeinsam Aktionen zu organisieren, sondern auch um sich die politische Dimension ihrer eigenen sozial engagierten Kunstpraxis zu vergegenwärtigen (,make it clear'). Das Kollektiv lässt sich zwar mit dem Trend kollaborativer Kunstproduktion des 20. Jahrhunderts in Beziehung setzen, allerdings gibt es keine Arbeit am gemeinsamen Kunstobjekt.[178] Produkte ihrer kollektiven Arbeit sind eher Events wie das Activation Weekend im Januar 2016, dessen Ergebnis ein aktivistisches Netzwerk sein sollte.[179]

---

[175] Helmut Draxler, „Das Wir-Ideal. Zur Kritik der Kollektivität", *Texte zur Kunst*, 2022, 45.
[176] Roberts, „Art, Neoliberalism and the Fate of the Commons", 240.
[177] Mader, *Kollektive Autorschaft in der Kunst*, 14.
[178] Draxler, „Das Wir-Ideal. Zur Kritik der Kollektivität", 43.
[179] Auch um eine Bündnisbildung wie etwa beim Theaterbündnis „Die Vielen" handelt es sich hier deshalb nicht, weil es den Initiator*innen um Praktiken abseits institutioneller Arrangements geht, die sich der „Anziehungskraft für den Mainstream der institutionellen Kultur" widersetzen können. Siehe Draxler, „Das Wir-Ideal. Zur Kritik der Kollektivität", 43.

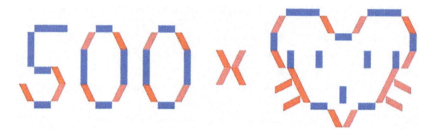

**Abbildung 5.21** Hintergrundbild des Twitterprofils von Keep it Complex, *Keep it Complex*, https://x.com/keep_it_complex (Zugegriffen 8.8.2024)

Bei der Hervorbringung des aktivistischen Künstler*innen-Netzwerks spielte auch ein konkretes Identifikationsangebot eine Rolle. Zugespitzt wurde dies in dem Motiv der „500 Mice" (Abb. 5.21), das bei der Veranstaltung im Raum hing, aber auch die Twitter-Biografie des Kollektivs ziert. Auf dem Poster wird der Charakter Zella/Flo Kennedy aus dem feministischen Science-Fiction-Film von 1983 zitiert, ein Film, der auch im Rahmen des Wochenendes gezeigt wurde:

> There's always talk about unity; we need unity, unity, unity. But I always say, if you were the army and the school and the head of the health institution and the head of the government, and all of you had guns, which would you rather see come through the door: one lion, unified, or five hundred mice?

Anstatt einer starken singulären Figur wird hier die Strategie der Vielen, der Unübersichtlichkeit, als Ideal abgerufen. Damit wird die „women's army" aus der feministischen Popkultur als Metapher für die Strategie von *Keep it Complex* herangezogen. Der Kern dieser Metapher ist es, dass es kein institutionalisiertes oder essentialistisches Verständnis von Gemeinschaft geben müsse, sondern dass sich Macht auch über die „Synchronisierung"[180] individueller, kleiner Aktionen herstellen ließe. Veranschaulichen lässt sich dieses Selbstverständnis mit dem Begriff der „Schmetterlingspolitik"[181] der feministischen Aktivistin Catherine MacKinnon. Sie hat in Anlehnung an den physikalischen Schmetterlingseffekt argumentiert, dass auch kleine Veränderungen von Praktiken zu

---

[180] Van Eikels, *Synchronisieren. Ein Essay zur Materialität des Kollektiven*, 12.
[181] MacKinnon, *Butterfly Politics*. Auch Judith Butlers Gedanke der Subversion von gegenderten Praktiken drückt eine solche Logik aus. Butler, *Gender Trouble*.

einem großen politischen Wandel führen könnten, ähnlich des Schlages eines Schmetterlingsflügels, der große Mengen an Luft in Bewegungen setzt.

### 5.3.3.2 Kollektive Ressourcen und Kollektivität als Abgrenzung

Die Arbeitsweise des indonesischen Kollektiv *ruangrupa*, das die *documenta fifteen* kuratierte, beschrieb die Kunstwissenschaftlerin Nora Sternfeld einmal als „kooperatives Streben nach Commoning"[182]. Die aktuelle Diskussion und Forschung um *Commoning* bezieht sich meistens auf die amerikanische Politikwissenschaftlerin Elinor Ostrom, die *Commoning* als Modell des kollektiven Handelns beschrieb, bei dem dieses einer Ökonomie der Kooperation und des Teilens – nicht des Wettbewerbs – folgt[183]. Auch bei *Keep it Complex* ist es nicht erst ein künstlerisches Produkt, das auf eine bestimmte Kollektivität abzielt, sondern die Aktionen werden bewusst kollektiv organisiert und gestaltet. Zudem scheint ein ganz wichtiger Aspekt zu sein, dass es sich bei ihren Events nicht nur um eine symbolische Versammlung mit Zeigewert handelt, die im Sinne Judith Butlers Theorie der Versammlung bereits durch ihr Zusammenkommen eine performative Aussage trifft[184], sondern um das konkrete Bündeln von Wissen und Materialien.

Diese kollektive Praxis von *Keep it Complex* gewinnt ihren spezifischen politischen Sinn jedoch erst, wenn man sie vor dem Hintergrund einiger historischer Konzepte künstlerischer Diskurse betrachtet, darunter die der Originalität und der singulären Autor*innenschaft. Von beiden grenzt sich *Keep it Complex* nämlich performativ ab; Kollektivität, „messyness" etc. werden als alternative Werte gesetzt. Dabei wird ein Verständnis von Kunstaktivismus entworfen, das andere Artikulationen performativ kritisch infrage stellt.

Besonders deutlich wird das im Handbuch zum eingangs eingeführten Aktivierungswochenende, in dem es auch ein „Glossary of common art activist types"[185] gab, das unterschiedliche Typen von Kunstaktivist*innen mit ihren Selbstverständnissen ironisch kommentiert. Beispielsweise wird der Aktivistentyp „smart-arse ‚radical' male left" genannt. In dem Glossar schwingen deutliche

---

[182] Sternfeld, „Das Teilen des Mehrwerts als eine Form von Kollektivität. ruangrupa im Gespräch mit Nora Sternfeld", 53.
[183] Vgl. Ostrom, *Governing the commons: the evolution of institutions for collective action*.
[184] Vgl. Butler, *Notes Toward a Performative Theory of Assembly*.
[185] Keep it Complex, Make it Clear, „Programme ‚Unite Against Dividers – An Activation Weekend for the Arts'".

Kritiken gegenüber einigen Ausprägungen von Aktivismus mit, etwa an dem Verständnis als „male ego response unit", die mit der Haltung operiere: „I'm going to make a VERY important and relevant art work about this." Hier wird eine als vorwiegend männlich gesehene Haltung kritisiert, die eigene Kunst zu überhöhen. Oder auch die Figur des „romantic personal narrative activist": „I feel like a French resistance fighter during the Vichy regime." Hier wendet sich *Keep it Complex* scherzhaft gegen die Romantisierung von Protest und mögliche Aufwertung des Selbst durch widerständige Praktiken im Sinne eines „radical chic".

Das Glossar der Aktivist*innen zeigt, vor dem Hintergrund welcher Beobachtungen *Keep it Complex* selbst eine Arbeitsweise entwickelte, bzw. welche Typen von Aktivist*innen im Feld beobachtet wurden.[186] Eine Abgrenzung von diesen im Glossar genannten Typen wurde im kollektiven Ansatz von *Keep it Complex* operationalisiert, indem sehr darauf geachtet wurde, dass das Konzept der Autor*innenschaft und die Aufwertung der künstlerischen Biografien vermieden wurden.[187] Trotzdem wurde Individualität nicht grundsätzlich abgelehnt: Es wurde sogar dafür geworben „your own art politics" zu starten, individuelle Bedürfnisse und „self-care" waren wichtig, aber es wurde versucht, Individualität nicht ökonomisch auszuspielen. Es wurde „absichtlich nicht mit (...) Künstlernamen gearbeitet", um eine „kollektive Stimme zu haben"[188].

### 5.3.4 Zwischenfazit

Der von *Keep it Complex* praktizierte Ansatz ist, erstens, über das Fallbeispiel Brexit hinaus und für die übergeordnete Frage dieser Arbeit was aktivistische Kunstpraktiken auszeichnet aufschlussreich, wenn man ihn vor dem Hintergrund alternativer Strategien der Mobilisierung durch Kunst betrachtet. Denn auffallend ist, dass es sich bei der aktivistischen Praxis von *Keep it Complex* – ähnlich wie bei Tillmans – um einen besonders offenen Ansatz der Aktivierung handelte, der wenig mit der ästhetischen Aktivierung einer bestimmten Subjektivität von Rezipient*innen zu tun hat. Es ging also nicht darum – wie Stephen Duncombe

---

[186] Nur der im Glossar erwähnte Aktivist*innentyp „insecure organiser: Let's do something, but what?" stellte keine Kontrastfigur dar, sondern scheint die Zielgruppe von *Keep it Complex* abzubilden. Das Handbuch wurde zu Beginn des Wochenendes verteilt, d. h. das Glossar bot auch den Teilnehmenden eine Art Kontrasthintergrund, vor dem sie ihr eigenes aktivistisches Selbstverständnis entwickeln und verorten konnten.

[187] Dazu wurden Honorare transparent gemacht.

[188] Böhm, Persönliches Interview, 7. Die zugehörigen Daten sind in Anhang 1 im elektronischen Zusatzmaterial einsehbar.

es zum Verständnis aktivistischer Kunst vorschlägt[189] –, bei einem Betrachter einen bestimmten Affekt in Gang zu setzen, aus dem politische Handlungen folgen. Sondern der Aktivierungsgedanke des Kollektivs wurde viel transparenter gemacht, er wurde offensiv an die Oberfläche der Praxis befördert und betraf hier die Aktivierung von Künstler*innen untereinander. Bereits im Titel des Wochenendes „Unite Against Dividers" legte ein Imperativ ein Verständnis von Aktivismus offen, das nicht nur aus eigenem politischen Handeln besteht, sondern ganz entscheidend auch auf die Aktivierung anderer Künstler*innen abzielt. Die Bezeichnung Activation Weekend verzeitlicht dies zudem: Das konkrete Ziel des Wochenendes war eine durch Materialien, Kompetenzen und Beziehungen zum wirksamen politischen Handeln aktivierte und befähigte Kunstszene. Der Aktivismus des Kollektivs selbst also sollte sich durch andere im Rahmen neu geknüpfter Verbindungen fortsetzen. Dabei spielte die Kunst verschiedene Rollen. Einerseits wurde sie als geschützter Raum begriffen, in dem politische Aktionen geplant und Dinge ausprobiert werden konnten und Aktivismus sich auf eine bestimmte Weise kollektiv gestalten ließ. Andererseits wurde eine Selbstverständigung im Feld sozial engagierter Kunst initiiert. Das Kunstfeld war also sowohl Adressatin als auch Trägerin der Zusammenkunft: ein Activation Weekend for and of the Arts.

Am Beispiel *Keep it Complex* zeigt sich, dass es für aktivistische Künstler*innen nicht nur um politische Ziele gehen muss, sondern damit häufig auch eine besondere politische Reflexion und Vollzugsform derjenigen Praktiken ins Spiel kommt, mit denen diese Ziele erreicht werden sollen. Der Ansatz von *Keep it Complex* zeichnete sich durch ein kritisches Verhältnis zu dem eigenen Anlass des Engagements aus, dem Politisierungsmoment Brexit als Krise einer privilegierten kosmopolitischen Gruppe. Vorgelebt wurde hier deshalb eine bestimmte politische Kultur der Kunstpraxis, die den Initiator*innen gerade dann, wenn es in der Kunst auch inhaltlich um Politik geht, offenbar geboten erschien: eine offene Handlungsform im Netzwerk, die sich für Ungleichheiten sensibilisiert und diverse Stimmen zu bündeln versucht.

Es handelt sich hier also um ein *doing activism* in einem offen gestalterischen Sinne, da künstlerischer Aktivismus nicht nur als eine eingreifende Handlungsform verstanden wird, sondern auch als eine Praxis, die einen erhöhten Reflexionsbedarf mit sich bringt: Welche politischen Anlässe bringen mich zum Handeln? Wer kann aktivistisch handeln, wer nicht? Woher kommen die Praktiken, die Aktivist*innen nutzen? Es geht also keineswegs nur um den Brexit und seine Folgen, sondern auch um ein Sensorium für die politische Dimension

---

[189] Duncombe, „Does It Work?: The Æffect of Activist Art", 119.

der Praxis selbst, die hier zur Ausdifferenzierung aktivistischer Ansätze innerhalb des Feldes der Kunst führte. Kunstaktivismus wurde hier als Arbeit an einer bestimmten politischen Kultur des Kunstfelds praktiziert.

Gegen dieses Verständnis, Kunstpraxis habe mit politischen Prinzipien eng verwoben zu sein, wandte sich eine Initiative für den Brexit. Diese hinterfragte nicht nur die politischen Positionen der bisher genannten Künstler*innen, sondern überhaupt den Ansatz, Kunst aktivistisch einzusetzen.

## 5.4 Kreative im Widerstand – *Brexit Creatives*

### 5.4.1 Einführung

#### 5.4.1.1 Das Netzwerk *Brexit Creatives*

> „We just got fed up with these (…) artists calling us racists or fascists."[190]
>
> Manick Govinda, Gründer der *Brexit Creatives*

Mit diesem Satz begründete der Kulturmanager, Berater und Publizist Manick Govinda in einem Gespräch mit mir im Tate Modern Museum in London 2020 die Gründung von *Brexit Creatives*. Sich offen für den Brexit auszusprechen, so Govinda, sei im Kunstfeld nach dem Brexit-Referendum immer schwieriger geworden. *Brexit Creatives* ist ein in London ansässiges informelles Netzwerk, das im November 2018 als Abspaltung von der Initiative *Artists for Brexit* ins Leben gerufen wurde.[191]

In einem Turnus von vier bis sechs Wochen wurden im Rahmen dieses Netzwerks seit Juli 2018 bis zum Beginn der Corona-Pandemie 2020 Veranstaltungen in einem privaten Meeting-Raum eines Pubs im Londoner Bezirk Soho organisiert.[192] The Wheatsheaf ist ein klassischer Londoner Pub, in dem sich – so begründete Govinda die Wahl des Veranstaltungsorts – in den 1930ern

---

[190] Govinda, Persönliches Interview, 17. Die zugehörigen Daten sind in Anhang 1 im elektronischen Zusatzmaterial einsehbar.

[191] Die Gruppe *Artists for Brexit* hatte Manick Govinda zusammen mit dem Künstler Michael Lightfoot bereits 2018 gegründet. Mit Michael Lightfoot habe ich am 28. Februar 2020 ein zweistündiges, formloses Interview geführt. Aufgrund unterschiedlicher Vorstellungen über die Institutionalisierung des Netzwerks hatte sich Govinda mit einigen Mitgliedern von den *Artists for Brexit* unabhängig gemacht.

[192] Das Netzwerk besteht digital fort, es gibt auch hier eine Facebook-Gruppe und einen Twitter-Account.

## 5.4 Kreative im Widerstand – *Brexit Creatives*

die intellektuelle Bohème traf, darunter George Orwell.[193] Zu den sogenannten *Meet-ups* der *Brexit Creatives* kamen vor allem Personen aus dem Kultursektor, die für den Brexit gestimmt oder nach dem Referendum begonnen hatten, mit dem Austritt des UK aus der EU zu sympathisieren. Die in einiger zeitlicher Distanz zum Referendum gegründete Initiative warb nicht mehr um Stimmen für den Austritt, sondern richtete sich gegen eine zunehmende Dominanz pro-europäischer Stimmen im Kultursektor. Als Anlass für die Gründung nennt Govinda im persönlichen Interview den „David and Goliath Moment"[194], in dem die Befürworter*innen des Brexits trotz der demokratischen Mehrheit außerhalb des Kultursektors die „small guys in the cultural arena"[195] geworden seien. Das Netzwerk verfolgt daher das Ziel, die Positionen von Brexit-Befürworter*innen in der Kulturlandschaft sichtbarer zu machen, und eine „identity (…) presence and (…) voice"[196] zu beanspruchen. Insofern es sich als Gruppierung von *Creatives* beschreibt, geht es dabei eigentlich nicht um eine im ökonomischen Sinne autonome Kunst. Vielmehr betrachtet die Initiative das gesamte Feld der Kulturproduktion als einen gesellschaftlichen Bereich mit hohem symbolischem Charakter, in dem alle politischen Positionen repräsentiert werden sollten.

Das Netzwerk betreibt neben einer Facebook-Gruppe von rund 170 Mitgliedern eine öffentliche Seite auf „Meet-up.com" und einen Twitter-Account mit rund 2400 Follower*innen.[197] Auf Twitter verbreitet *Brexit Creatives* sowohl die Ankündigungen der eigenen Veranstaltungen als auch Presseartikel und Tweets von prominenten Brexit-Befürworter*innen oder Politiker*innen.[198] Ebenso werden dort Bilder, Karikaturen und Youtube-Videos geteilt, die ich in den Materialkorpus einbezogen habe.

---

[193] Inwood, *Historic London: An Explorer's Companion*, 229.
[194] Govinda, Persönliches Interview, 17. Die zugehörigen Daten sind in Anhang 1 im elektronischen Zusatzmaterial einsehbar.
[195] Govinda, 17. Die zugehörigen Daten sind in Anhang 1 im elektronischen Zusatzmaterial einsehbar.
[196] Govinda, 17. Die zugehörigen Daten sind in Anhang 1 im elektronischen Zusatzmaterial einsehbar.
[197] Stand August 2022.
[198] Es gibt hier etwa Retweets gegen die Labour Partei, z. B. am 24. Oktober 2019, und Retweets der Konservativen Politikerin Claire Fox, z. B. am 10. September 2019. Interessant ist auch der Tweet „The Brexit Party is Britain's most diverse Party" vom 15. September 2019. Am 13. September 2019 wird im Kontext gegen die EU getwittert: „When are we leaving this bullying technocratic superstate?" Später wurden über den Account auch andere Debatten kommentiert, etwa im Jahr 2020 die britischen Corona-Maßnahmen.

Aufgrund der Corona-Pandemie konnte die geplante teilnehmende Beobachtung an den *Meet-ups*, die mir Manick Govinda angeboten hatte, nicht stattfinden. Die Meetings wurden aufgrund ihres Anspruchs, einen geschützten Raum zu schaffen, auch nicht aufgezeichnet.[199] Über die genauen Abläufe vor Ort kann diese Arbeit daher keine Aussagen treffen. Allerdings habe ich im März 2020 mit dem Gründer ein Interview über *Brexit Creatives* geführt[200] und im Nachgang mit ihm einen schriftlichen Austausch gepflegt. Die Perspektive des Gründers steht in dieser Untersuchung deshalb im Vordergrund, weil er am offensten mit dem Label *Brexit Creatives* in die Öffentlichkeit tritt.[201] Dennoch stellt seine Perspektive nur eine Sicht auf die Initiative dar; zur Einordnung von Govindas Aussagen wurde daher ein weiteres Gespräch mit einem ehemaligen Beteiligten geführt.

Neben diesen Innensichten analysierte ich vor allem die Außendarstellung des Netzwerks, was zwar angesichts der zuvor geplanten Teilnahme an den *Meet-ups* einen methodischen Kompromiss bedeutete, im Laufe der Untersuchung aber immer mehr den Kern der Praxis von *Brexit Creatives* zu betreffen schien. Denn nicht nur gehören neben den Treffen auch öffentliche Stellungnahmen und Publikationen zu den zentralen Aktivitäten des Netzwerks, die Protagonist*innen von *Brexit Creatives* verstehen sich auch als kulturpolitische Repräsentant*innen einer bestimmten Gruppe.

Da das Netzwerk selbst keine Kunst oder ästhetischen Formen hervorbringt, basiert diese Studie auf etwas mehr textlichem Material als die anderen Studien, darunter Veranstaltungsbeschreibungen und Presse-Artikel. Insofern kommt

---

[199] Govinda hierzu: „I think, quite a lot of people who come, would be uncomfortable about being recorded, because they would start self-censoring and things like that. So that sense of trust is very important. It's not that we are secret about our meetings, we generally advertise to all people no matter if they voted leave or remain." Govinda, 14. Die zugehörigen Daten sind in Anhang 1 im elektronischen Zusatzmaterial einsehbar.

[200] Das Interview wurde damals in der Annahme geführt, dass es zunächst zur ersten Einführung in das Netzwerk diene und ich im Sommer 2020 noch an einem Meet-up teilnehmen und dort über eine teilnehmende Beobachtung weiteres Material sammeln könne. Es wurde daher durch einige im Herbst 2020 nachgesandte Fragen ergänzt, die ich gestellt hätte, wenn ich das Gespräch im März als zentralen Moment der Datenerhebung angesehen hätte. Die auf diese Fragen hin gegebenen Antworten zitiere ich ebenso wie das Interview in dieser Analyse.

[201] Die Mitgründerin Meg Lee Chin publizierte auf Youtube mehrere Songs, in denen sie die EU kritisiert. Die Songs geben Aufschluss über ihre Weltanschauung, wurden aber nicht unter dem Titel der Brexit Creatives veröffentlicht und dienen daher nur als Rahmung meiner Analyse.

## 5.4 Kreative im Widerstand – *Brexit Creatives*

dieser Studie nicht nur politisch, sondern auch methodisch einen gewisser Sonderstatus in dieser Arbeit zu. Sie ist ebenso eine Analyse einer bestimmten Inszenierungspraxis wie eines darin aufscheinenden politischen Narrativs. Für die Analysen waren folgende Fragen leitend:

> Welchen Praktiken geht das Netzwerk *Brexit Creatives* nach?
> Welche gesellschaftliche Funktion wird dabei den Künsten und der Kreativwirtschaft zugewiesen?
> Wie inszeniert sich *Brexit Creatives*? Welche politische Strategie unterliegt dieser Inszenierung?

Die Studie beginnt nach einer kurzen Vorstellung des Gründers Manick Govinda mit einer Analyse des Twitter-Auftritts der Initiative. Im nächsten Schritt analysiere ich exemplarische Textteile aus den Veranstaltungsbeschreibungen und Publikationen und zeige, wie diese zur Inszenierung einer widerständigen Position beitragen. Abschließend erläutere ich, welche kritische Rolle dabei das Narrativ des Autonomieverlusts der Kunst und die Selbstbezeichnung als Kreative spielt.

### 5.4.1.2 Interviewpartner

Der Gründer Manick Govinda, der die Programmatik von *Brexit Creatives* gemeinsam mit der Musikerin Meg Lee Chin wesentlich gestaltet, wurde 1962 in der damaligen britischen Kolonie Mauritius geboren und kam in den 1960er Jahren mit seinen Eltern und seiner Schwester nach London. Er arbeitet als freier Autor, Kulturmanager und Berater[202] und beschreibt sich in einem Interview mit der Creative Industries Federation als „Arts Professional"[203]. Govinda ist nach eigenen Angaben ein Euroskeptiker, der aber insgesamt internationalistische Positionen vertritt[204].

---

[202] Seit Januar 2022 ist Govinda Co-Kurator am Centrum Sztuki Współczesnej Zamek in Warschau.
[203] Govinda, Interview mit der Creative Industries Federation.
[204] Als Schlüsselmoment für seinen Euroskeptizismus nennt Govinda den Umgang der EU mit Griechenland 2015: „I was Eurosceptic, and so particularly after what happened to Greece in 2015, how Greece just seemed to have no governance over its own country and a kind of austerity budget, that was imposed by the European Union, just really did open my eyes." Die Gründe für seinen Euroskeptizismus seien zudem undurchsichtige und komplizierte Gesetzgebungsprozesse der EU, fehlende Rechenschaftspflicht und die geringe Macht der EU-Parlamentarier*innen. Zudem verursache die EU unkontrollierte Migration. Vgl.

## 5.4.2 Inszenierung

### 5.4.2.1 Online-Auftritt: Die Tentakel der EU

Um die von Manick Govinda ins Leben gerufene Initiative *Brexit Creatives* zu verstehen, lohnt sich zunächst ein Blick auf deren Twitter-Auftritt. Die Illustrationen, die dort als Profil- und Hintergrundbilder dienen, stammen von der schottischen Amateurkünstlerin Jan Bowman, die neben Meg Lee Chin und Manick Govinda zu den Protagonist*innen des Netzwerks gehört. Auf dem Profilbild von *Brexit Creatives* ist Europa zu sehen; nicht der Kontinent, sondern die Figur aus der griechischen Mythologie, die sich hier – gemeinsam mit dem in einen Stier verwandelten Zeus – in den Tentakeln eines großen blauen Oktopus verheddert hat (Abb. 5.22). Als Europa erkennbar ist die Figur aufgrund ihres Kleides und des Schwerts, vor allem aber durch ihre Darstellung mit dem Stier, entsprechend dem griechischen Mythos. Inmitten des Gesichts des Oktopus', der Europa heimtückisch von hinten zu bedrohen scheint, prangen die zwölf goldenen Sterne der EU-Flagge. Auf den Tentakeln stehen negativ besetzte Schlagworte wie „Barbarity", „Bureaucracy", „Subordination", „Heartlessness", „Technocracy", „Injustice", und „Powerlessness" sowie „People drowning in the Mediterranean".

Diese Darstellung des Europa-Mythos visualisiert eine bestimmte dystopische Interpretation der aktuellen politischen Lage: Die ursprüngliche Idee Europas sei bedroht durch eine ungerechte EU, die bürokratisch, machtlos und nicht in der Lage sei, eine funktionierende Grenzpolitik zu betreiben. In der Darstellung ist der Kampf um Europa noch nicht ausgefochten. Obwohl unklar bleibt, was als die bedrohte Ursprungsidee Europas gesehen wird, ruft diese Illustration in einer leicht verständlichen Bildsprache zum Befreiungskampf gegen eine unterdrückende EU auf.

---

Govinda, Persönliches Interview, 19. Dabei betont er, dass seine Kritik an der Migrationspolitik der EU oft missverstanden werde: Er finde es vor allem ungerecht, dass die Freizügigkeit nur für EU-Bürger*innen gelte, die Einwanderung aus Staaten außerhalb der EU aber schwierig sei.

## 5.4 Kreative im Widerstand – *Brexit Creatives*

**Abbildung 5.22** Jan Bowmans Illustration „Europa and her Bull Confront the Octopus", 2017, https://x.com/brexitcreatives (Zugegriffen 8.8.2024), mit freundlicher Genehmigung von © Jan Bowman, www.janbow.com

Mit einer ähnlichen Metaphorik funktioniert das Hintergrundbild des Twitter-Profils (Abb. 5.23). Darauf sind Europa und Britannia zu sehen – diesmal beide als solche betitelt –, während sie zusammen auf einem römischen Pferdewagen fahren. Britannia kämpft mit einem Speer gegen die Schlange am Boden, die als Beschriftung nicht nur „EU", sondern auch Schlagworte wie „Bureaucracy", „Hypocrisy", „Corruption", „Racism", „Tyranny" und „Technocracy" trägt. Mit dem Motiv der Schlange erklärt *Brexit Creatives* die EU also unmissverständlich zur Bedrohung. Am Speer von Britannia stehen „Free Speech", „Democracy", „Tolerance" und „Sovereignty" – die Mittel, mit denen die EU gebändigt werden soll.

**Abbildung 5.23** Jan Bowmans Illustration „An Allegory of Brexit" 2018, https://x.com/brexitcreatives (Zugegriffen 8.8.2024), mit freundlicher Genehmigung von © Jan Bowman, www.janbow.com

Auffällig ist, dass bei beiden dieser Illustrationen zwischen der EU und Europa unterschieden wird: Europa soll vor dem Einfluss einer zerstörerischen, technokratischen und die Mitgliedstaaten tyrannisierenden EU verschont bleiben.[205] Dass *Brexit Creatives* dieser wahrgenommenen Bedrohung Werte wie Meinungsfreiheit, Demokratie und Toleranz entgegensetzt, ist insofern interessant, als die EU sich ebendiese Werte selbst zuschreibt. Hier wird deutlich, dass im Zuge des Brexits die gleichen Werte von verschiedenen politischen Lagern angerufen wurden. Dabei geht es um einen Deutungsstreit: Die *Brexit Creatives* antworten auf

---

[205] Über die Symbolik der Krake gab es in der Vergangenheit mehrfach Streit, da diese als antisemitische Referenz verwendet wurde. Die Symbolik stand in Deutschland zuletzt 2014 im Kontext einer Karikatur in der Süddeutschen zur Debatte, wo der Zeichner die Krake als Metapher für den Einfluss des Technologiekonzern Facebook verwendete, und dafür Kritik vom Simon-Wiesenthal-Zentrum in Israel erntete. Vgl. „Antisemitismus-Vorwurf gegen ,Süddeutsche Zeitung'".

Aktionen wie die von Tillmans, die den Brexit als Rückschritt darstellen, damit, dass sie das Ereignis stattdessen ins Licht einer „radical history"[206] rücken.

### 5.4.2.2 Against the „unifying pan-Europeanist aesthetic"

Mit einer exemplarischen Veranstaltungsbeschreibung möchte ich zeigen, wie die Initiative *Brexit Creatives* ihre Position nun im künstlerischen Diskurs platziert. Unter dem Titel „The new Authoritarians. Aesthetics and the Politics of Remain" wurde im Oktober 2019 Marc Glendening, ein Protagonist der Unabhängigkeitsbewegung *The People's Pledge,* dazu eingeladen, einen Vortrag zu halten. In der Veranstaltungsbeschreibung heißt es:

> The political culture that has sustained liberal democracy in Britain is now eroding. The campaign to block and reverse Brexit is one manifestation of this, together with (…) the attempt to limit free speech, and an emerging culture of intolerance (…) Britain is (…) moving towards a post-rational style of politics (…). Combined with the closely associated postmodernist belief that ‚speech is power', politics is being viewed increasingly as a zero-sum game in which rival forces must be censored and inconvenient electoral results discarded. Brexit is providing a focal point for the emergence of an authoritarian alliance driven by a broad-ranging and unifying pan-Europeanist aesthetic.[207]

Hier zeigt sich, auf welchen Annahmen *Brexit Creatives* aufbaut: Es gebe eine Einschränkung der Meinungsfreiheit, eine intolerante Haltung der Pro-Europäer*innen, die bis hin zur Zensur reiche und die es – im Gestus der Weitsicht und rationalen Abstandnahme – kritisch zu reflektieren gelte. Die Veranstaltungsbeschreibung spiegelt also die Position von *Brexit Creatives* wider, dass die Künste an einer als problematisch wahrgenommenen Wandel der politischen Debattenkultur wesentlich beteiligt seien.

### 5.4.2.3 Publikationspraxis: Angriffe auf die „not so liberal arts"

Welchen Wandel also problematisiert *Brexit Creatives*? In dem Artikel „The not so liberal arts", im rechtslibertären Online-Magazin *spiked*[208], fasst Govinda seine Beobachtung eines „cultural authoritarianism"[209] im Kunstfeld zusammen.

---

[206] Govinda, Persönliches Interview, 13. Die zugehörigen Daten sind in Anhang 1 im elektronischen Zusatzmaterial einsehbar.
[207] Zugegriffen am 5. Mai 2020. Seit Ende des Jahres 2022 war die Seite des Netzwerks offline.
[208] Moshenska, „Anatomy of a 'Trigger Warning' Scandal", 159 ff.
[209] Govinda, „The not-so-liberal arts".

Mit dem, was Govinda in dem Artikel insgesamt abwertend als „liberal arts"[210] beschreibt, meint er Werke von Künstler*innen, darunter Tillmans, die den Liberalismus missverstanden hätten, und sich damit weit entfernt hätten von den Lebenswelten der „ordinary people"[211]. Diese Gruppe an Künstler*innen trage mittlerweile zu einer „oppressively woke monoculture"[212] bei und machten die Kunst zu einem Feld, in dem nicht alles sag- und machbar sei: „To be very public vocal leave campaigner or voter in the cultural sector (...) is still not easy, even though we have won the debate and the election."[213] Dies sei nicht nur realitätsfern, es bringe auch einen folgenreichen Verlust an politischer Vielfalt und Meinungsfreiheit mit sich, sodass Govinda für Widerstand wirbt: „Through collective effort and a willingness to stand up and be counted, we may get them to think twice about cancelling or silencing dissent."[214]

Diese Entwicklung im Kunstfeld nimmt die Initiative zum Anlass, auf den Begriff der „Creatives" auszuweichen, die den Elfenbeinturm der Kunst infrage stellt. Govinda, der auch die Initiative *Artists for Brexit* mitgegründet und verlassen hatte, wird hier gewissermaßen zum Aussteiger aus dem Kunstfeld – aufgrund dessen „aktivistischen Zeitgeists"[215]. Dies wird in einem Artikel deutlich, in dem er sich mit dem kulturpolitischen Zusammenhang auseinandersetzt, in dem die aktivistischen Ansätze florieren. Unter dem Titel „Arts policy should return to Keynes' Vision" plädiert Govinda für eine Neuausrichtung des Arts Council England entlang eines Modells, wie es der Wirtschaftstheoretiker John Maynard Keynes vertrat. Dessen Positionen, so die von Govinda angeführten Zitate, weisen ein Denken über die Künste auf, welches an die „Creative Class"[216] erinnert, die das der Philosoph Richard Florida beschreibt. Denn Keynes habe die Künste als Inspirationsquellen verstanden, die eine ökonomische Aktivität im Allgemeinen befördern könnten. In seinem Artikel argumentiert Govinda, dass dem britischen Arts Council ein solches Denken abhandengekommen sei, und dass er nun zu stark die „liberal arts" fördere, die das Publikum zu „woken" Subjekten erziehen

---

[210] „Liberal arts" ist eigentlich ein fester englischer Begriff für die freien Künste, aber Govinda nutzt ihn hier, um zu betonen, dass sie sich auch politisch liberalisiert hätten.
[211] Govinda, Persönliches Interview, 18. Die zugehörigen Daten sind in Anhang 1 im elektronischen Zusatzmaterial einsehbar.
[212] Govinda, „The not-so-liberal arts".
[213] Govinda, Persönliches Interview, 17. Die zugehörigen Daten sind in Anhang 1 im elektronischen Zusatzmaterial einsehbar.
[214] Govinda, „The not-so-liberal arts".
[215] Govinda, „Arts policy should return to Keynes' vision".
[216] Florida, *The Rise of the Creative Class*.

würden. Dadurch verkomme die Rolle des Künstlers zu einem „sort of community leader-educator who is embedded within institutions and whose role is to pass on the cultural Establishment's favoured messaging"[217].

### 5.4.3 Subjektivierung: Kreative als Kulturkritiker*innen des Kunstfelds

Das Netzwerk *Brexit Creatives* inszeniert sich sodann als kulturpolitischer Akteur, der sich gegen den skizzierten Gesinnungswandel im Kunstfeld richten will. Die Initiative will diejenigen im Kultursektor unterrepräsentierten Stimmen für den Brexit vertreten, die von der pro-europäischen Kulturpolitik marginalisiert würden. *Brexit Creatives* ist dabei nicht nur an Sichtbarkeit der im Kunstfeld minoritären Pro-Brexit-Position interessiert[218], sondern sorgt sich auch um die materielle Unabhängigkeit von den mit dem Verbleib in der EU sympathisierenden Kurator*innen, Produzent*innen und Galerist*innen. Es geht also nicht nur um symbolischen Widerstand, sondern auch darum, die politisch bedingte Beeinträchtigung von künstlerischen Karrieren zu verhindern. Denn: „the ones that are not well off (…) are much more cautious"[219]. Künstler*innen, die ohnehin nicht gut von ihrer Kunst leben könnten, seien sehr zurückhaltend, ihre Sympathien mit dem Brexit öffentlich zu zeigen. Diese unsichtbaren Künstler*innen seien direkt auf Govinda zugekommen:

> Well when I wrote my piece – and I wrote a couple of other pieces –, some people would just start to come forward saying, ‚I read your piece, Manick, and I voted leave, but I can't be public about it.: ‚Especially younger artists have more to lose: ‚I will not get a commission, I will lose work or I will have a hard time at college or university, if I said, that I voted to leave the EU'.[220]

---

[217] Govinda, „Arts policy should return to Keynes' vision".

[218] Vgl. Abschnitt 5.1.

[219] Govinda, Persönliches Interview, 19. Die zugehörigen Daten sind in Anhang 1 im elektronischen Zusatzmaterial einsehbar. Zum Einfluss aktivistischen Engagements auf Künstler*innenkarrieren vgl. auch Kirchberg, Volker, Marie Hoop, und Merav Kaddar. „The Influence of Political Engagement on Artistic Reputation. Self-Evaluations of Artists".

[220] Govinda, 11. Die zugehörigen Daten sind in Anhang 1 im elektronischen Zusatzmaterial einsehbar.

Die Initiative inszeniert sich nicht nur als informelle Repräsentantin dieser Stimmen, sie agiert auch Kritikerin des von ihr beobachteten „aktivistischen Zeitgeists"[221] im Feld der Kunst, den das Brexit-Referendum befeuert habe. Govinda kritisiert konkret die Positionen von Wolfgang Tillmans und Anish Kapoor[222] als der falschen Illusion unterlegen, „dass wir alle europäisch sind"[223]. Künstlern wie Tillmans und Kapoor schreibt er eine entscheidende Rolle dabei zu, den Brexit überhaupt als Produkt von Identitätsfragen gerahmt zu haben. Sie hätten den Konflikt verschärft, indem sie ihn auf die kulturelle Ebene gehoben hätten: „I don't think there is this kind of homogenous European identity. A lot of the artists were kind of saying, I'm European, they didn't really justify or defend that in many ways. (…) it is about a better democracy."[224] Govinda kritisiert also nicht nur die aktuelle Kulturalisierung von Politik (Der Brexit sei kein „racial or cultural identity issue"[225]), sondern argumentiert auch, dass Künstler*innen den gegenwärtigen Fokus politischer Debatten auf Identitäten überhaupt erst mit herstellen würden, und zwar aus einer privilegierten Position heraus. So seien „Remain-Artists" wie Tillmans und Kapoor erfolgreiche „so called intellectuals"[226], die an einem Punkt ihrer Karriere seien, an denen das politische Engagement wenig Risiko erfordere. Sie seien „untouchable"[227]. Diese Kritik verleiht dem eigenen Ansatz, gerade jüngere Künstler*innen zu repräsentieren, die sich aufgrund von Abhängigkeitsverhältnissen und niedrigen Positionen in den Machtstrukturen

---

[221] Govinda, „Arts policy should return to Keynes' vision".

[222] Kapoor ist ein indisch-britischer Bildhauer und bekannt für Arbeiten wie das „Kapoor Black", das schwärzeste Schwarz, das auf der Leinwand fast den Anschein erweckt, man schaue in einen hohlen Raum. Er gewann 1991 den Turner Prize. Zum Brexit stellte Kapoor in seiner Arbeit „A Brexit, A Broxit, We All Fall Down" eine Wunde dar, die er auf einer Karte inmitten der britischen Insel platzierte. Er hatte sich zuvor auch durch öffentliche Statements gegen den Brexit gewandt und ihn mit nationalem „self-harm" verglichen. Vgl. Jones, „Anish Kapoor's Brexit artwork: Britain on the edge of the abyss".

[223] Govinda, 10. Die zugehörigen Daten sind in Anhang 1 im elektronischen Zusatzmaterial einsehbar.

[224] Govinda, 10. In der Kritik an den Pro-Brexit-Künstler*innen wird Govinda noch deutlich ausführlicher. Besonders stört ihn die stereotypische Darstellung von Leave-Wähler*innen. Vgl. Govinda, 18. Die zugehörigen Daten sind in Anhang 1 im elektronischen Zusatzmaterial einsehbar.

[225] Govinda, 10. Die zugehörigen Daten sind in Anhang 1 im elektronischen Zusatzmaterial einsehbar.

[226] Govinda, 17. Die zugehörigen Daten sind in Anhang 1 im elektronischen Zusatzmaterial einsehbar.

[227] Govinda, 18. Die zugehörigen Daten sind in Anhang 1 im elektronischen Zusatzmaterial einsehbar.

des Feldes grundsätzlich nicht offen zum Brexit bekennen würden, zusätzliche Legitimität.

Govinda wirft den pro-europäischen Aktivist*innen zuletzt Geschichtsvergessenheit vor: „You know, Joseph Beuys was a great champion of direct democracy and referenda."[228] Er suggeriert damit, dass ein renommierter aktivistischer Künstler wie Beuys heute womöglich auch ein Befürworter des Brexits gewesen wäre.[229]

### 5.4.4 Zwischenfazit

Waren die bisherigen Beispiele *Tillmans* und *Keep it Complex* Beispiele für eher autonomiekritische Praktiken – bei Tillmans, weil er Kunst als von der Politik betroffen sieht, bei *Keep it Complex,* weil die eigene Praxis machtkritisch reflektiert wird –, spiegelt der Fall *Brexit Creatives* das Narrativ des Autonomieverlusts wider: Der Kunst komme ihre Freiheit abhanden. Da sich viele Künstler*innen einem aktivistischen Zeitgeist beugen würden, nimmt die Initiative Abstand vom Kunstbegriff und greift auf die Selbstbezeichnung als Kreative zurück. So nutzt die Initiative die Bezeichnung als Kreative als breite, anti-intellektualistische und anti-elitäre Alternative zum Kunstbegriff. Hier macht sie sich einige Elemente populistischer Argumentationsmuster zu eigen, denn diese Kritik und ihr breiter Repräsentationsanspruch paart sich mit der Ankündigung, die unhörbaren hörbar zu machen und dadurch mehr Demokratie realisieren zu wollen – im Sinne einer „wahre(n) Stimme des Volks"[230], die gegen die pro-europäische künstlerische Elite ihre Stimme erhebt. Die künstlerische Elite würde übersehen, dass es beim Brexit um die Realisierung einer besseren Demokratie gegangen sei. Die „liberal arts"-Künstler werden so zu einem Feindbild stilisiert, welches *Brexit Creatives* legitimiert. Um diese „David gegen Golith"-Argumentation wirkungsvoll zu inszenieren stellt Govinda daher deutlich heraus, dass *Brexit Creatives* eine Minderheit im Kunstfeld repräsentiert, aber die Mehrheit der Gesellschaft. Diese behauptet die Initiative dem Kunstfeld näherzubringen und macht es sich

---

[228] Govinda, 11. Die zugehörigen Daten sind in Anhang 1 im elektronischen Zusatzmaterial einsehbar.

[229] Dass Govinda sich hier gerade ausgerechnet in den Schatten von Beuys zu stellen versucht, ist insofern spannend, als dass dieser ja zu Lebzeiten als progressiver Provokateur galt, aber heute zunehmend faschistische Anklänge in seinen Arbeiten kritisiert werden (vgl. Kapitel 4).

[230] Schäfer und Zürn, *Die demokratische Regression,* 14.

zum Ziel, die kunstfeldinternen Machtverhältnisse mit Blick auf das gesamtgesellschaftliche Ergebnis des Brexit-Referendums zu korrigieren. Aufgrund seiner ablehnenden Haltung gegenüber nicht nur pro-europäischem, sondern künstlerischem Aktivismus im Allgemeinen, bildet das Netzwerk *Brexit Creatives* ein Beispiel für die sich gegenwärtig bereits formierenden Gegenbewegungen zur aktivistischen Wende im Kunstfeld.

## 5.5 Aktivismus als performative Institutionskritik – Tania Brugueras „School of Integration"

Für die kubanische Künstlerin Tania Bruguera ist ein aktivistisches Kunstverständnis dagegen noch lange kein hegemoniales Konzept, sondern ein kritisches, und zwar als Teil der postkolonialen Kritik. Für sie ist künstlerische Autonomie ein westliches Konzept, dessen Aufkommen eng mit der europäischen Kolonialgeschichte verwoben ist. Dementsprechend gestaltete sich der künstlerische Beitrag, den sie im Zuge des Brexits in Manchester realisierte.

### 5.5.1 Einführung

Spätestens mit der *documenta fifteen* wurde Bruguera in Europa große Aufmerksamkeit zuteil. Mit dem *Instituto de Artivismo Hannah Arendt (INSTAR)* bespielte Bruguera 2022 einen zentralen Raum in der *documenta Halle* (Abb. 5.24). Schon im Vorfeld der Ausstellung war die Initiative mit dem Arnold-Bode-Preis[231] ausgezeichnet worden. In ihrer Arbeit kombiniert Bruguera „zeitspezifische"[232] Installationen und Performances mit langfristigeren kollektiven Initiativen – etwa mit der „Immigrant Movement International"[233], einer am Queens Museum initiierten Bewegung für die Rechte von Migrant*innen. Bruguera setzt sich vor allem mit den Themen Staatsbürgerschaft und Meinungsfreiheit auseinander und fragt mit unterschiedlichsten Ansätzen danach, wie Kunst für gesellschaftspolitische Veränderungen eingesetzt werden kann.

---

[231] Vgl. Stadt Kassel, „Arnold Bode Award Goes to INSTAR – Tania Bruguera".

[232] „Site-specific art responds to its physical, geographical, or social conditions. Political timing-specific art expands these coordinates to include the political conditions that mark a particular moment." Vgl. Bruguera, „Glossary".

[233] Vgl. Queens Museum, „Immigrant Movement International".

**Abbildung 5.24** *INSTAR* bei der *documenta fifteen*, Ausstellungsansicht im Fridericianum in Kassel 2022, mit freundlicher Genehmigung von © Tania Bruguera, Foto: Marie Rosenkranz

Wie *Brexit Creatives* und im Gegensatz zu den ersten beiden in dieser Arbeit analysierten Ansätzen versucht Tania Brugueras „School of Integration" keine Einflussnahme mehr auf die politische Entscheidung des Brexits selbst, sondern setzt sich vielmehr mit den Folgen des Referendums auseinander. Die „School of Integration" wurde im Juli 2019 realisiert, wenige Monate, bevor der Austritt des UK in Kraft trat. Trotz der zeitlichen Entfernung zum Referendum steht das Beispiel daher keineswegs in einem losen Bezug zum Brexit, denn die Arbeit reagiert auf die durch den Brexit verstärkte Fremdenfeindlichkeit. Die Brexit-Debatte führte zu vermehrtem Hass auf Migrant*innen aber auch Politiker*innen, die eine migrationsfreundliche Politik vertraten;[234] dies kulminierte im Mord der Politikerin Jo Cox. Bruguera reagiert auf dieses toxische Klima, indem sie Migrant*innen

---

[234] Nowicka, „Cultural Precarity", 537.

einen künstlerischen Schutzraum anbietet – und den Bedarf derartiger Räume über diese punktuelle Aktion hinaus inszenatorisch unterstreicht.

Die „School of Integration" war eine temporäre Bildungseinrichtung, die im Juli 2019 im Rahmen des Manchester International Festival in den Räumlichkeiten der Manchester Art Gallery inszeniert wurde und zwei Wochen lang im Rahmen eines dichten, öffentlich zugänglichen Workshop-Programms das Wissen der migrantischen Community von Manchester würdigen sollte.

Zum Zeitpunkt meiner Materialerhebung stand Bruguera immer wieder unter Hausarrest in ihrer Wohnung in Havanna und konnte nur eingeschränkt Material zu dem Projekt in Manchester zur Verfügung stellen. Die Analyse greift daher verstärkt auf öffentliche Ankündigungs- und Dokumentationsmaterialien zur Aktion zurück: Pressefotos und Bilder in den sozialen Medien, das Programmheft, Beschreibungstexte, Interviews der Künstlerin zur Aktion, Videos und ein Podcast mit der Aufnahme der Programmeröffnung durch die Künstlerin sowie Ausschnitte der Workshops. Es wurden zudem einige auf Brugueras Website verfügbare Texte und Einträge aus ihrem „Glossar"[235] als Material herangezogen. Auch einige Online-Vorträge Brugueras, mit denen sie ihre Praxis theoretisierend rahmt und aus denen ihr Selbstverständnis als aktivistische Künstlerin hervorgeht, gehörten zum Materialkorpus.

Mit dieser letzten Fallstudie möchte ich folgende Aspekte kunstaktivistischer Praktiken genauer erläutern und damit die Befunde der bisher durchgeführten Studien weiter ergänzen. Erstens, die bereits angeklungene Tendenz zur Modellhaftigkeit aktivistischer Praktiken: Sie sollen multiplikatorische Effekte entfalten, indem sie wieder aufgegriffen werden oder weitere Handlungsträger*innen zu eigenen aktivistischen Praktiken animieren. In Brugueras Arbeit zeigt sich diese Modellhaftigkeit besonders anschaulich in den eigenen theoretischen Konzepten, mit denen sie ihre Praxis untermauert. Zweitens wird in dieser Arbeit die Nähe zwischen Kunstaktivismus und pädagogischen Ansätzen herausgearbeitet. Denn in diesem Beispiel wird der politische Hebel der Kunst in der Intervention in Wissensbestände verortet. Drittens stehen die potenziellen postkolonialen Dimensionen kunstaktivistischer Praktiken im Zentrum dieser Studie, da die Verschiebung zum eingreifenden Kunstbegriff hier als Distanzierung vom westlichen, autonomen Kunstbegriff inszeniert wird.

---

[235] Bruguera, „Glossary".

## 5.5.1.1 Tania Bruguera

Bruguera, die 1968 in Havanna geboren wurde, gehört mittlerweile zu den bekanntesten Vertreter*innen aktivistischer Kunst. Als Tochter eines Revolutionskämpfers und Regierungsfunktionärs beschäftigte sie sich in ihren frühen Arbeiten intensiv mit der politischen Situation in Kuba. Nachdem ihr dafür internationale Aufmerksamkeit zuteil und sie zu internationalen Ausstellungen eingeladen wurde, engagierte sie sich auch in anderen politischen Zusammenhängen. Bruguers Werk umfasst Aktionen, Installationen und politische „Langzeitprojekte"[236] – und, wie ich in dieser Fallstudie betone, gerade auch eine Reihe von theoretischen Setzungen, mit denen sie den Kunstbetrieb adressiert. Ihre Arbeiten wurden auf den Biennalen in Venedig, Gwangju und Havanna gezeigt sowie in der Tate Gallery of Modern Art, der Whitechapel Art Gallery, dem Centre Pompidou, dem MoMa und dem New Museum of Contemporary Art. Das niederländische Van Abbe Museum benannte eine Ausstellung nach Brugueras Konzept der „Arte Útil"[237] – Kunst als Werkzeug.

Brugueras Arbeit wurde bereits in einigen zentralen Texten über Kunstaktivismus als Beispiel herangezogen[238]. Dabei ist allerdings bisher wenig beachtet worden, dass sich die Künstlerin auch mit dem Thema Europa auseinandersetzt, und zwar nicht nur aus kritisch-postkolonialer Perspektive, sondern auch im Hinblick auf den Einigungsgedanken: sie kooperierte zum Beispiel mit dem Transeuropa-Netzwerk der Initiative *European Alternatives*, die für eine postnationales Europa wirbt.[239] Auch dies macht Bruguera für die vorliegende Arbeit interessant. Für die Analyse ihrer Arbeit in Manchester ist zudem erwähnenswert, dass Bruguera sich in einer weiteren Arbeit mit dem politischen Verfahren des Referendums auseinandergesetzt hat. Im Rahmen einiger „öffentlicher Konsultationen"[240] in Toronto (2015), New York (2016) und Bologna (2019) wurde über die Frage abgestimmt, ob Grenzen abgeschafft werden sollten.

---

[236] Bruguera, „Glossary".
[237] Van Abbe Museum, „Museum of Arte Útil".
[238] Beispielsweise Holert, „Ethics, the Future of Aesthetics?"; Bishop, *Artificial Hells: Participatory Art and the Politics of Spectatorship*; Robbins, „Tania Bruguera".
[239] European Alternatives, „Interview with Tania Bruguera".
[240] Musarò, Moralli, und Parmiggiani, „Borders Kill. Tania Bruguera's Referendum as an Artistic Strategy of Political Participation", 151.

### 5.5.1.2 Die „School of Integration"

Ebenso wie die Fotografien für die Kampagne von Wolfgang Tillmans wurde das Projekt der „School of Integration" nicht erst anlässlich des Brexits entwickelt, sondern in diesen Kontext neu eingefügt. Die Idee für eine solche „Schule" hatte Bruguera bereits im Jahr 2005[241]; im Jahr 2019 wurde sie erstmals bei der Atlas of Transitions Biennale in Bologna umgesetzt.[242]

Die beim Manchester International Festival 2019 umgesetzte Ausgabe der „School of Integration"[243] bot Angehörigen der migrantischen Community Manchesters die Möglichkeit, Wissen aus ihren Herkunftsländern zu teilen.[244] Rund 100 Bürger*innen aus über 50 Ländern folgten der Einladung, das Schulprogramm in der Manchester Art Gallery mitzugestalten und dort als Lehrende aufzutreten. Die „School of Integration" war temporär angelegt: Zwei Wochen lang lief das Programm, dann wurden die Aufzeichnungen der Programmpunkte in der Galerie ausgestellt. Der Galerieraum wurde also zunächst zur Vollzugsstätte eines partizipativen Live-Kunstwerks, bevor er als Ausstellungsort für eine bereits vollzogene Kunstpraxis diente.

Das Projekt, das der Kunstkritiker Andy Brodey als „Installation"[245] beschrieb, fand in drei Räumen statt. Einer davon war mit bunten Stühlen möbliert, sodass er einem Klassenzimmer ähnelte (Abb. 5.25). Die anderen beiden waren klassische Präsentationsräume für die Kunstsammlung der Galerie, darunter viele Gemälde aus dem 19. Jahrhundert, die erworben wurden, als die Wirtschaft der Stadt während der industriellen Revolution boomte. „Es ist eine Sammlung kolonialer Porträts – all die Dinge, die Großbritannien der Welt angetan hat", kommentierte Bruguera das Setting der Aktion. Dass Museen gerade aufgrund ihrer Rolle im Kolonialismus heute zu „sanctuaries for migrants"[246] werden müssten, war Ausgangspunkt ihres Projekts.

Bei der Eröffnung erläuterte Bruguera:

> There is a prejudice towards migrants, immigrants and refugees and stateless people as well, which is thinking that their culture is less important than ours (…) And also the people who (…) value immigrants many times start by seeing immigrants as somebody who serve them, or entertain them, meaning people who have skills, but not

---

[241] Vgl. Ludovici, „Conversation with Tania Bruguera".

[242] Im Jahr 2020, nach der Inszenierung in Manchester, wurde das Projekt noch einmal von der Kunsthalle Wien aufgegriffen.

[243] Vgl. „School of Integration".

[244] Vgl. „Manchester International Festival".

[245] Vgl. Broadey, „Tania Bruguera".

[246] Vgl. Pes, „,No One's Culture Is Better Than Another'".

**Abbildung 5.25** Tania Bruguera, „School of Integration", 2019. © Manchester International Festival, Foto: Michael Pollard https://www.frieze.com/article/tania-brugueras-school-integration-two-way-exchange (Zugegriffen 8.8.2024)

> knowledge (…) (what) we want to address in here is: they have skills as well as knowledge.[247]

Die Vortragenden, für deren Wissen Raum geschaffen werden sollte, waren Personen aus Manchester mit Herkunft oder Familiengeschichte außerhalb des UK, aus EU- und Nicht-EU-Ländern. Die Workshops sollten „moments of recognition"[248] produzieren, für ein Wissen, dass allzu oft nicht anerkannt werde. Es gab zudem einen fiktiven Einbürgerungstest: Britische Bürger\*innen konnten unter als real inszenierten Prüfungsbedingungen an einem solchen teilnehmen und so nicht nur ihr Wissen testen, sondern auch das Sich-Einfügen in nationale Wissensstrukturen nachempfinden.

---

[247] Manchester International Festival.
[248] Manchester International Festival.

Die Schule richtete sich nicht nur an Kinder und Jugendliche, sondern ähnlich einer Volkshochschule an eine interessierte lokale Gemeinschaft. Schulpraktiken wurden möglichst real nachgeahmt: Es gab eine Schulklingel, die Workshops hießen „lessons", und die Vortragenden wurden „teachers"[249] genannt. Auf dem Programm standen Workshops zu unterschiedlichen Praktiken, etwa zur Haarflecht-Technik *braiding*, zur japanischen Kunst des Blumen-Arrangierens Ikebana sowie zu verschiedenen Sprachen und Tanzstilen. Diese Praktiken wurden in den Galerieräumen demonstriert. Dabei war es für Bruguera zentral, dass sich diese aus Sicht eines westlichen Kunstbegriffs womöglich nicht alle als Kunstpraktiken verstehen ließen.

### 5.5.2 Praxis-Topoi

Im Folgenden möchte ich, wie bei den anderen Fallstudien auch, die in dem Projekt zum Tragen kommenden Praktiken kontextualisieren. Der Titel der Arbeit ruft selbst zwei soziale Praxisfelder auf – Bildung und Integration –, die aber, so der Anspruch der Künstlerin, beide bewusst etwas anders gestaltet werden sollten als außerhalb des künstlerischen Kontexts. „These are not only instructional lessons, but something more personal and vivid (…) a new kind of shared learning experience"[250], kündigte Bruguera an.

#### 5.5.2.1 Pädagogische Praktiken

Bereits seit den 2000er Jahren gibt es eine Konjunktur pädagogischer Ansätze in der Kunst, etwa in Form von „lecture-performances", Seminaren, didaktischen Veröffentlichungen, Workshops und eben inszenierte Schulen. Claire Bishop zufolge fußt dieser Trend auf mindestens zwei Entwicklungen: erstens, auf einem wachsenden Interesse der Kunst, im Zuge relationaler und partizipativer Kunst auch den „intellektuellen Gehalt"[251] der bearbeiteten sozialen Beziehungen mitzuformen; und, zweitens, auch auf bildungspolitischen Entwicklungen wie der Bologna-Reform, welche die gesellschaftliche Organisation von Wissen zeitweise zu einem vordergründigen politischen Thema europäischer Debatten machten.

Bishops Darstellung ist hinzuzufügen, dass es bei dem gesteigerten künstlerischen Interesse an pädagogischen Ansätzen mittlerweile ganz entscheidend auch um postkoloniale Perspektiven auf Wissen geht, die durch Künstler*innen

---

[249] Vgl. Tailor, „Tania Bruguera's ‚School of Integration'".
[250] Visit Manchester, „School of Integration".
[251] Bishop, *Artificial Hells: Participatory Art and the Politics of Spectatorship*, 241.

operationalisiert werden. Denn gerade aktivistische Kunstpraktiken zum Thema Migration beziehen sich häufig auf Wissenspraktiken oder entwerfen Alternativen dazu. Die „Silent University"[252] etwa oder die „McDonalds Radio University"[253], ein Kunstprojekt in McDonalds Filialen, in denen man sich statt eines Burgers einen Kopfhörer bestellen konnte, mit dem man sich eine Vorlesung geflüchteter Wissenschaftler*innen anhören konnte, griffen pädagogische Ansätze nicht nur formell auf, sondern politisierten – wie Bruguera – dabei den Zugang zum und die Anerkennung von Wissen von Menschen, die nach Europa migriert oder geflüchtet sind.

Pädagogische Elemente und Bezeichnungen durchziehen nicht nur das Feld aktivistischer Kunst, sondern auch die künstlerische Biografie von Tania Bruguera. Ihre Arbeit „Cátedra Arte de Conducta" (Abteilung für Verhaltenskunst, 2002–2009) sollte einen alternativen Ausbildungsraum schaffen, der das kubanische System des Kunststudiums kritisch ergänzt. Angelegt als „langfristige Intervention, die sich auf die Diskussion und Analyse gesellschaftspolitischen Verhaltens und das Verständnis von Kunst als Instrument (…) durch Aktivierung von bürgerschaftlichem Handeln"[254] versteht, wurde ein pädagogisches Modell erprobt, welches die gesellschaftliche Funktion der Kunst zur Diskussion stellen sollte. Die Teilnehmenden und Lehrenden der im Rahmen des Projekts veranstalteten öffentlichen und kostenlosen Workshops kamen aus Architektur, Theater, Literatur, Ingenieurwesen und Kunstgeschichte. Claire Bishop, die auch als eine der Gastdozierenden für eine Woche am Projekt teilnahm, beschrieb das Projekt als „Kunstschule, die als Kunstwerk konzipiert wurde"[255].

### 5.5.2.2 Instituierende Praktiken

„We do not wait for the institution (to change) (…) we become institution builders."[256]

Tania Bruguera

Die „School of Integration" ist zudem ein Beispiel für eine gegenwärtig verbreitete Art künstlerischer Institutionskritik, die einen indirekten Modus der Kritik

---

[252] Vgl. „The Silent University".
[253] Vgl. „McDonald's Radio University".
[254] Bruguera, „Cátedra Arte de Conducta (Behavior Art School)".
[255] Bishop, *Artificial Hells: Participatory Art and the Politics of Spectatorship*, 245.
[256] Bruguera zitiert in Tello, „What Is Contemporary about Institutional Critique?", 636.

an Institutionen übt, indem sie alternative Institutionen ins Leben ruft.[257] Für derartige institutionskritische Ansätze entwickelte der Philosoph Gerald Raunig den Begriff der „instituierenden Praktiken"[258]. Bei diesen Praktiken, die Raunig als neuste Welle der historischen Institutionskritik versteht, geht es nicht darum, einzelne Institutionen zu kritisieren – wie etwa die Initiativen *strike moma* oder *decolonize this place* –, sondern stattdessen einen Möglichkeitssinn für grundlegend andere Institutionen zu wecken. Obwohl diese Kritik häufig außerhalb der Institutionen stattfindet, ist damit meist kein „Exodus"[259] aus Institutionen gemeint. Brugueras Arbeit ist auch als eine solche instituierende Kritik zu verstehen, die sich nicht als Alternative zu tatsächlichen Schulen versteht, sondern die Möglichkeit hervorhebt, Schulen grundsätzlich auf Basis eines inklusiveren Bildungsbegriffs zu gründen. Obwohl es sich bei der Arbeit also um ein temporäres Projekt handelte, war es dessen Ziel, durch den geweckten Möglichkeitssinn über den Zeitraum der Inszenierung hinaus politische Folgen zu zeitigen.

Dies machte Bruguera sehr explizit. Am Ende einer Sitzung formulierte sie eine „Hausaufgabe" für die Teilnehmenden:

> Thank you for attending today the ‚School of Integration', or at least a little sip of it! You are not done quite yet because now we have to assign you some homework. I would like (...) you to investigate the culture of migrants, asylum seekers and refugees in your own town. This could be asking a question to a colleague, talking to a fellow parent at the school gate, or reading a book from your local library by an author from a different culture. I hope the ‚School of Integration' has inspired you to be more inquisitive and seek out the worldly knowledge that is right next to you with your neighbours.[260]

Sie versteht das Projekt also nicht nur selbst als abgeschlossene aktivistische Praxis, sondern – wie auch die vorherigen Beispiele – als eine Initiative, die weitere politische Praktiken nach sich ziehen soll. Interessant ist zudem, dass Bruguera nicht nur pädagogische Praktiken aufgreift und inszeniert, sondern ihre Arbeit selbst didaktisch begleitet. Dies möchte ich im Folgenden unter dem Stichwort der autotheoretischen Praktiken weiter erläutern.

---

[257] Etwa unter den Begriffen „self-institutionalisation" (Galliera, „Self-Institutionalizing as Political Agency: Contemporary Art Practice in Bucharest and Budapest"), „infrastructural activism" (Smith, „Infrastructural Activism") oder mockstitutions (Sholette, „Mockstitutions") werden derartige Ansätze diskutiert.

[258] Raunig, „Instituent Practices: Fleeing, Instituting, Transforming".

[259] Mouffe, *Exodus und Stellungskrieg: die Zukunft radikaler Politik*.

[260] Manchester International Festival.

### 5.5.2.3 Autotheoretische Praktiken

Nicht nur pädagogische Praktiken, auch die Entwicklung eigener theoretischer Konzepte durch Künstler*innen sind im Feld aktivistischer Kunst nicht ungewöhnlich. Das *Center for Artistic Activism* rund um Stephen Duncombe produziert immer wieder formelartige Beschreibungen der eigenen aktivistischen Praxis[261]; Jonas Staal beschreibt seine Arbeit als „propaganda art"[262]; und das Recherchekollektiv *Forensic Architecture* liefert in seinen Publikationen ein eigenes Vokabular, um seine Ansätze zu beschreiben.[263]

Die Grenzen zur Theorie sind in der aktivistischen Kunstpraxis auch deshalb fließend, weil das Praxisfeld von Grenzgänger*innen geprägt ist: Der Autor des Buches „Strike Art" Yates McKee etwa wurde vom Aktivisten zum Theoretiker, und Gregory Sholette begreift sich als Künstler, Aktivist und Autor. Auch gehörten Theoriepraktiken gerade zum Prozess der Anerkennung aktivistischer Kunst im Kunstbereich wesentlich dazu. Hier spielte in Deutschland etwa die Künstler*in Hito Steyerl eine Rolle, die nicht zuletzt durch ihre Essays – über Deutschland hinaus – sehr erfolgreich wurde.[264]

Bruguera geht insofern einer autotheoretischen Praxis nach, als dass sie ihre künstlerischen Arbeiten mit eigenen Konzepten beschreibt und in Form eines Glossars anderen zur Aneignung bereitstellt. Darin formuliert Bruguera beispielsweise folgende Kriterien für nützliche Kunst:

> To be useful, a project must:
>
> 1 Propose new uses for art within society
>
> 2 Challenge the field within which it operates (civic, legislative, pedagogical, scientific, economic, etc.)
>
> 3 Be ‚timing specific', responding to current urgencies
>
> 4 Be implemented and function in real situations
>
> 5 Replace authors with initiators and spectators with users
>
> 6 Have practical, beneficial outcomes for its users
>
> 7 Pursue sustainability while adapting to changing conditions.[265]

---

[261] Vgl. Duncombe, „Does It Work?: The Æffect of Activist Art".
[262] Staal, *Propaganda art in the 21st Century*.
[263] Vgl. Weizman, *Forensis. The Architecture of Public Truth*.
[264] Vgl. Van den Berg und Rosenkranz, „Von der Institutionskritik zur Moral Economy. Hans Haacke, Dana Schutz und eine queer-feministische Buchhandlung".
[265] Bruguera, „Glossary".

Ein solches Glossar gab es auch bei der *documenta fifteen*. Dort präsentierte das mit der künstlerischen Leitung beauftragte Kollektiv *ruangrupa* bereits im Vorfeld der Ausstellung einige Einträge, Begriffe aus unterschiedlichen Sprachen sowie Wortneuschöpfungen, die das kuratorische Vokabular darstellen sollten. Das Kollektiv erklärte: „Der Aufbau sozialer Beziehungen und das Hinterfragen von (Macht-)Verhältnissen sind zentrale Bestandteile der lumbung-Praxis. Dazu gehört auch, die Verwendungsweise von Sprache zu reflektieren und sie als Werkzeug für die Entwicklung neuer Perspektiven und Ideen zu begreifen."[266]

Bei *ruangrupa* wie bei Bruguera ist zentral, dass sich die Künstler*innen damit von westlichen Kunstkonzepten abzugrenzen suchen. Im Rahmen der „School of Integration" distanzierte sich Bruguera beispielsweise vom Konzept der Originalität, welches das Manchester Art Festival in seiner Öffentlichkeitsarbeit verwendet hatte. Bruguera hierzu:

> Originality may have to do with the fact that some time, long time ago, people landed in other shores and they started seeing things that were exciting for them, even if they didn't understand or make the effort to understand it. So I think that's kind of this colonialist heritage that we have. That we need to see things that are new, that are different in order to be excited.[267]

Brugueras Kritik an dem westlichen Vokabular des Kunstdiskurses entwickelte sie jedoch – wie die Arbeit selbst – nicht nur anlässlich des Brexits. Ein früher Begriff zur Beschreibung ihrer eigenen Praxis war die „Verhaltenskunst (Arte de Conducta)". Mit dieser konzeptuellen Setzung auf Spanisch wendet sich Bruguera nicht zuletzt gegen eine anglo-europäische Kategorie der Performance. „Arte de Conducta" wird auch in Brugueras englischsprachigen Vorträgen bewusst als ein Konzept eingesetzt, das sich nicht vom Spanischen ins Englische übersetzt: „I call it Arte de Conducta (Behaviour Art) and not performance, because (…) performance is an English word, so it does not belong to my history."[268] Später entwickelte Bruguera das Konzept der „Arte Útil" (Kunstwerkzeug)[269], womit sie Kunst als Werkzeug für politische Veränderungsvorhaben beschreibt.

---

[266] ruangrupa, „Glossar".

[267] Manchester International Festival.

[268] Bruguera in Montenegro Rosero, „Arte de Conducta", 86. Dennoch gibt es einige Parallelen zu den Konzepten etablierter Kunsttheoretiker*innen des westlichen Kunstbetriebs. Das Konzept der Verhaltenskunst erinnert an Nicolas Bourriauds Konzept der „relational aesthetics", die erst einmal nur die Ästhetik (sozialen) Verhaltens in den Vordergrund stellte, ohne dieses zu politisieren.

[269] Allerdings lässt sich „Arte Útil" nicht nur mit nützlicher Kunst übersetzen, sondern útil ist auf Spanisch auch ein Substantiv, und so ist es hier auch von Bruguera gemeint.

Bei Bruguera zeugen diese Theoriepraktiken von dem Anspruch, Modelle in die Welt zu stellen. Die Theorie soll über die lokalen Kunstaktionen hinausweisen und diese skalieren, da benannte Ansätze leichter aufgegriffen werden können. Die theoretischen Programmatiken richten sich somit an ein anderes Publikum als an die Beteiligten der Kunstaktionen vor Ort.[270] Obwohl es sich bei dem Beispiel der „School of Integration" – anders als bei *Keep it Complex* – um eine künstlerische Arbeit mit Publikum handelt, und nicht nur eine Selbstverständigung unter Künstler*innen, gibt es hier dennoch diesen Aspekt der Verständigung im Feld.

In dem Zuge findet Bruguera zudem einige Beschreibungen für ihre eigene Rolle, die ich im folgenden Teil diskutieren möchte.

### 5.5.3 Subjektivierung: Die Künstlerin als Initiatorin

Vergleicht man Brugueras Projekt mit historischen Beispielen wie etwa der *Free International University* (1973–1988) von Joseph Beuys, die – damals als eingetragener Verein – das Bildungssystem um einen freieren Raum als herkömmliche Bildungsinstitutionen ergänzen sollte,[271] fällt auf, dass sich bei der pädagogischen Arbeit von Bruguera eine ganz andere Künstler*innenrolle manifestiert. Trat Beuys in seiner Arbeit als zentrale Figur auf, inszeniert sich Bruguera als *Initiatorin* eines Wissensaustauschs, die selbst nicht als Lehrerin im Programm auftaucht. Das Konzept „artist as initiator", mit dem Bruguera im Glossar ihr Rollenverständnis selbst beschreibt, erläutert sie wie folgt:

> Authorship is a modernist vestige. When creating social or politically engaged art, it is inaccurate for the artist to claim all the results of their work. Under the artist as initiator model, the authorship of the artist is limited to sparking the process; the participants then take the idea into their own context and culture, developing it beyond the original desire of the artist. This practice understands art as a temporary state of things, one that seeps into people's lives and cultures.[272]

Die Zuordnung der Kunstwerke zum Künstler oder zur Künstlerin begreift Bruguera hier als zur Disposition stehenden Restbestand des westlichen Modernismus. Die Abkehr von Autor*innenschaft beschreibt sie als Zugang zu einer alternativen Künstler*innenrolle, durch die eine lebensnahere Kunst entstehen

---

[270] Dies ähnelt dem Trennungsmotiv in Tillmans' Kampagne: Seine Bilder richteten sich an ein breiteres Publikum als seine die Kampagne begleitenden Statements.
[271] Vgl. Rappmann, „Über die FIU – Freie Internationale Universität".
[272] Bruguera, „Glossary".

könne. Durch die Künstler*innen werde ein Prozess oder eine Idee initiiert, die Künstler*innen bildeten nur den Ausgangspunkt für ein kollektives Geschehen. Bruguera spricht dabei von einem „initiator model"[273], also wieder einem *modellhaften* Künstler*innenverständnis, welches durch andere aufgegriffen werden kann und soll.

In einem Interview mit dem Kunsthistoriker J. W. T. Mitchell beschreibt sich Bruguera auch als „artist-citizen/citizen-artist". Bruguera führt dieses Rollenverständnis genauer aus: „,Artivism' is about creating a situation where you are an artist-citizen and a citizen-artist rather than an artist and a citizen: you are using what you know about art to do activism and to be part of a social movement."[274] Mit der Formel „artist-citizen" stellt Bruguera heraus, dass Künstler*innen sich nicht auf die Rolle der Kunstproduzenten oder Kunstproduzentinnen reduzieren lassen, sondern als Bürger*innen von der Politik betroffen sind. Die Anwendung ihres Wissens („what you know about art") auf aktivistische Vorhaben sei daher nur folgerichtig. Diese Argumentation findet sich ebenso bei Wolfgang Tillmans, der im Rahmen seiner Kampagne anmerkte, er wende die ihm persönlich naheliegende, künstlerische Sprache auf die politische Debatte an.

### 5.5.4 Zwischenfazit

Infolge des Brexit-Referendums setzten Künstler*innen nicht nur Kunstwerke und Kunstpraktiken politisch ein, sondern auch Kunsträume, -konzepte und die eigenen Künstler*innenrollen. Bei der „School of Integration" wurde der kolonial besetzte Galerieraum zu einem Kontext umfunktioniert, in dem Migrant*innen in die Rolle von Lehrenden gebracht wurden. Es geht also – wie bei *Keep it Complex* – nicht mehr „bloß" um die politische Entscheidung des Brexits, sondern auch um die Erfahrungen, die Migrant*innen in dessen Nachgang machen. Der Kunst schreibt Bruguera hier performativ die Funktion zu, diesen vornehmlich negativen Erfahrungen alternative, positive Erfahrungen und einen Schutzraum entgegenzustellen: in Form von Momenten der Würdigung von Wissen und des lokalen Austausches.

Dieser Ansatz ist zeigt, dass sich der Brexit nicht isoliert von dem globalen Anstieg von Flucht und Migration betrachten lässt. Bereits bei einem Vortrag im Jahr 2014 appellierte Bruguera: „Let's not give ‚artistic charity' to immigrants.

---

[273] Bruguera.

[274] Mitchell, „How to Make Art with a Jackhammer: A Conversation with Tania Bruguera", 58.

## 5.5 Aktivismus als performative Institutionskritik ...

(...) We should stop using art to imagine. We need to start using art to build the imagined. We need to stop ‚getting it' through art, we need to start living it."[275] Hier bringt sie die Rolle, die sie der Kunst zuweist, auf den Punkt. Die Kunst solle nicht nur das Verständnis von politischen Problemen fördern, sondern diese auch lösen.

Ob dies gelingt, ist nicht Gegenstand dieser Arbeit, vielmehr war in dieser Fallstudie von Interesse, mit welchen Praktiken sie dieses Vorhaben artikulierte. Dabei wurden zunächst derartige Appelle und theoretische Deklarationen selbst als aktivistische Praktiken ausgemacht. Denn ein wesentlicher Teil von Brugueras aktivistischem Ansatz ist es – wie auch bei den vorherigen Beispielen –, das Kunstfeld selbst zu mobilisieren, allerdings hier über den Umweg der Theorie. Die Akteure des Kunstfelds werden als potenzielle Mitwirkende an einer postkolonialen Transformation des Kunstbegriffs gesehen.

Der Gedanke der „Arte Útil", den Bruguera selbst wie eine Kampagne ausführt, zeigt zudem beispielhaft, wie sich aktivistische Kunst an der Westlichkeit des autonomen Kunstbegriffs abarbeiten kann. Brugueras Kritik an anti-migrantischen Ressentiments im Zuge des Brexits verschränkt sich direkt mit einer Kritik an bestimmten Aspekten westlicher Kunst – etwa am Konzept der Originalität oder – wie bei *Keep it Complex* – an der singulären Künstlerfigur. Dadurch entsteht eine doppelte „structure of address"[276]: Mit der „School of Integration" adressiert Bruguera nicht nur die lokale migrantische Community Manchesters im politischen Kontext Brexit, sondern auch eine internationale Kunstöffentlichkeit. Der Skalierungsgedanke des eigenen Handelns, den Tillmans über die Vervielfältigung der Poster und bei *Keep it Complex* über die Aktivierung der Kunstszene angestrebt wurde, wird hier also in der Theorie-Praxis untergebracht.

---

[275] Bruguera, „Migrations".
[276] Robbins, „Tania Bruguera".

# Schlussbemerkungen 6

Ziel der vorliegenden Studie war es, künstlerischen Aktivismus, ein zunehmend einflussreiches, Kunstsparten übergreifendes soziales Phänomen, genauer zu untersuchen. Es wurde erforscht, was aktivistische Kunstpraktiken auszeichnet, die sich angesichts von einschneidenden politischen Ereignissen wie dem Brexit verdichten. Dabei wurde für diesen Kontext beispielhaft dargelegt, welche Rollen Künstler*innen, künstlerische Artefakte, Konzepte und Institutionen in selbigem annehmen.

Im Theorieteil wurden zunächst einige Positionen zum Verhältnis von Kunst und Politik erläutert. Mit dem Argument, dass sich die Praktiken aktivistischer Künstler*innen als postautonome Praktiken verstehen lassen, wurde anschließend ein praxeologisches Begriffswerkzeug entwickelt, mithilfe dessen im empirischen Teil vier Fallbeispiele aktivistischer Kunstpraktiken im Kontext des Brexits ausführlich behandelt wurden. Ein wesentliches Ziel dieser Arbeit war es, zunächst auf den Einfluss einiger historisch gewachsener Tendenzen der Theoriebildung auf das Forschungsfeld hinzuweisen und diese Tendenzen stellenweise auch zu problematisieren: Einerseits dominiert in der Theoriebildung zum Thema eine rezeptionsästhetische Perspektive. Andererseits begünstigen die meisten soziologischen und ästhetischen Theorien zum Verhältnis von Kunst und Politik eine Vorstellung von Kunst als ein von der Politik differenzierter Raum, der die Annahme nahelegt, dass sich auch ein einheitliches Idealverhältnis *der* Kunst zur Politik definieren ließe.

Kunstaktivismus lässt sich auf Basis dieser Annahme aber nicht hinreichend erforschen. Um die unterschiedlichen politischen Ansätze, die in der Kunst gegenwärtig vorherrschen, zu verstehen, bedarf es eines genauen Blicks auf diejenigen Praktiken, die aktivistische Künstler*innen selbst ausführen, und die in ihrer Vielgestalt aufzeigen, dass die Bestimmung eines einheitlichen Idealverhältnisses den

Untersuchungsgegenstand verfehlt. Außerdem bedarf es neuer Untersuchungsmethoden, die es ermöglichen, diese Praktiken auch retrospektiv zu erforschen. Hierzu hat diese Arbeit einen methodischen Vorschlag präsentiert und selbst eine Anwendung dieses Ansatzes erprobt.

Für den Fall des Brexits wurde zu Beginn des empirischen Teils zunächst eine Tendenz zu bestimmten Praxisformen ausgemacht. Offenbar scheinen drei Formen als besondere politische Hebel zu gelten: Netzwerke, die Ressourcen bündeln, digitale Bilder, die sich gut über das Internet verbreiten lassen, sowie die Inszenierung alternativer Institutionen, die nicht nur die öffentliche politische Debatte, sondern auch die Politik des Kunstfelds adressieren.

Bevor diese Ansätze untersucht wurden, wurden ausgewählte Vorläufer aktivistischer Kunstpraktiken diskutiert, um wiederkehrende Fragestellungen in der Geschichte aktivistischer Kunst nachzuzeichnen. Gleichzeitig bot dieses Vorgehen die Möglichkeit, die Beispiele zum Brexit stellenweise historisch zu kontrastieren. Den empirischen Analysen wurde eine ausführliche Einleitung in den politischen Kontext des Brexits vorangestellt. Hierbei lag das Augenmerk auf der Frage, welche Aspekte der Debatte zum besonderen Anlass für künstlerisches Engagement wurden.

Im Folgenden werden die Ergebnisse dieser Arbeit zunächst nach Fallstudien zusammengefasst: Welche Aspekte gehen aus welcher Fallstudie besonders hervor? Im Anschluss werden diese Befunde diskutiert und in eine systematische Struktur übertragen, welche die drei zentralen analytischen Begriffe aufgreift, die den Analysen zugrunde lagen: Relationalität, Materialität und Performativität. Die Arbeit schließt mit einer kurzen Methodenreflexion und einem Ausblick auf zukünftige Forschung.

## 6.1 Ein Fazit nach Fallstudien

Bei der Studie der „pro-EU / anti-Brexit campaign" von Wolfgang Tillmans wurde gezeigt, wie seine Fotografien, aber auch sein künstlerisches Renommée aktivistisch eingesetzt werden. Den Brexit sieht Tillmans als Ergebnis eines kulturellen Wandels und als ein Ereignis, das eine größere Erosion westlicher Werte nach sich ziehen könnte. Er inszeniert ihn als Wendepunkt in der europäischen Nachkriegsgeschichte, als deren Produkt er sich persönlich versteht. Tillmans verknüpft hier ein historisches Argument mit einer persönlichen Perspektive, seiner Betroffenheit als Bürger, und gestaltet eine zu diesem Narrativ passende bildbasierte Kampagne, die er zur öffentlichen Aneignung bereitstellt. Dabei ermöglicht es ihm der Status als renommierter Künstler, besonders hörbar in der Debatte zu

## 6.1 Ein Fazit nach Fallstudien

Wort zu kommen. Außerdem kann er offenbar darauf bauen, für genau diese Art der subjektiven Positionierung Zuspruch von seinen Follower*innen zu erhalten. Dennoch muss sich Tillmans vor einigen Stimmen der Kunstkritik auch behaupten. Dazu mobilisiert er nachträglich ein Narrativ der Trennung: Seine Kampagne sei keine Kunst gewesen.

Mit der Untersuchung des Netzwerks *Keep it Complex* wurde ein kollektiver Ansatz zentriert, der sich in direkter Abgrenzung zu Tillmans' Kampagne bildete. So wurde sichtbar gemacht, dass es längst nicht mehr nur einen Konflikt zwischen nicht-aktivistischer Kunst und aktivistischer Kunst gibt, sondern auch Konflikte innerhalb des kunstaktivistischen Feldes über die Art und Weise, wie Aktivismus zu betreiben ist. Reagiert wurde durch *Keep it Complex*, anders als bei Tillmans, nicht auf den drohenden Verlust eines politischen Projekts und dessen kulturelle Freiheiten, sondern auf eine für die im Feld sozial engagierter Kunst arbeitenden Künstler*innen spürbare Veränderung des kulturellen Klimas. Der von *Keep it Complex* an den Tag gelegte Aktivismus besteht daher nicht aus einem groß angelegten, selbstbewussten Vorhaben zur Veränderung der Welt, sondern aus der Vermehrung und Verbindung dezentraler aktivistischer Praktiken. Dabei wird deutlich, dass die Frage der Nachhaltigkeit von Engagement die Künstler*innen stark beschäftigt. Die Materialien von *Keep it Complex* sind gespickt mit Rhetoriken des Anfangens, Aktivierens und Mobilisierens und es wimmelt von Imperativen. Ebenso wie Tillmans verstehen sich die Künstler*innen offenbar nicht nur selbst als Aktivist*innen, sondern auch als Aktivierende und Moderator*innen, und als Multiplikator*innen eines aktivistischen Kunstbegriffs, die das Engagement anderer durch konkrete Hilfestellungen und Vernetzungsangebote unterstützen. Ebenso wie Wolfgang Tillmans zeitigt der Ansatz von *Keep it Complex* daher einen großzügigen Umgang mit Veröffentlichung. Die Bündelung und Verfügbarmachung von Wissen wird offenbar als wirksamer Hebel betrachtet, mit den Ressourcen der Beteiligten politische Wirkung zu entfalten.

Die dritte Fallstudie, zum Netzwerk *Brexit Creatives*, fungierte in dieser Arbeit als Beispiel für die sich formierenden Gegenbewegungen zum Kunstaktivismus, und zeigte, auf welche Argumentationsmuster diese zurückgreifen. Dabei nimmt die Bezeichnung als Kreative eine kritische Rolle an, denn sie ermöglicht es der Initiative, sich von dem aktivistischen Zeitgeist des Kunstfelds abzugrenzen, und diese Abgrenzungsgeste mit der Aussage zu verbinden, die Initiative vertrete eine im Wesentlichen unhörbare Gruppe.

Als letztes Beispiel wurde Tania Bruguera Projekt „School of Integration" analysiert, welches sich nicht nur von der binären Logik des Referendums, sondern auch etwas von diesem Streit im Kunstfeld entfernte, und stattdessen die Frage des kulturellen Zusammenlebens nach dem Brexit aufgriff. Mit der „School of Integration" wurde ein pädagogischer Ansatz diskutiert, bei dem die politische Dimension der Kunst als Intervention in Wissensbestände gedacht wird. Zudem wurde in der Fallstudie die häufig postkoloniale Dimension aktivistischer Kunst exemplarisch betrachtet und der Gedanke, Museen müssten heute „Zufluchtsorte für Migrant*innen"[1] sein.

### 6.1.1 Europa-Begriffe: Affirmation, Meidung, Kritik

Die formalen Erscheinungsweisen der aktivistischen Praktiken waren jeweils durch ein bestimmtes Verständnis von Europa bedingt, welches die Künstler*innen zum Ausgangspunkt ihres Engagements nahmen. Tillmans etwa agierte auf Basis der Annahme, dass die EU vor allem ein Projekt des Liberalismus sei, das kulturelle Freiheiten schütze. Tillmans' Bilder legten den Betrachtenden daher eine Art von Gemeinsinn nahe, der zunächst wenig politisch erscheint. Erst in einem Ereignis wie dem Brexit, bei dem auch ein kultureller Backlash vonstatten ging, kann sein auf *Unity* basierender Europabegriff überhaupt aktivistisch zum Zuge kommen.

Obwohl der Brexit diesem Verständnis also eine Berechtigung verleiht, wird dieses Europaverständnis im Kunstfeld gleichzeitig auch in Frage gestellt. Pro-europäisch zu sein gilt gerade in den Künsten, in denen postkoloniale Theorien stark rezipiert werden, nicht gerade als kritische Position[2] – zumindest in Westeuropa. Im Zuge des Brexits erlangte das pro-europäische Bekenntnis allerdings den Status als Kritik.

Trotzdem schwingt in einigen Ansätzen ein ambivalentes Verhältnis zum Pro-Europäismus mit. So ist es kein Zufall, dass ein feministisches Kollektiv wie *Keep it Complex* den Begriff Europa eher meidet – in dem Wissen, dass das Engagement dafür ein gewissermaßen privilegiertes ist. Offen problematisiert das Kollektiv, dass der Brexit die Künstler*innen überhaupt als Krise ereilt, sei es doch schon zuvor für Einwanderer*innen aus Nicht-EU-Ländern normal gewesen, Fremdenfeindlichkeit im UK zu erfahren. Diese durchaus wichtigen und über den politischen Fall des Brexits hinaus interessanten Differenzen im pro-europäischen Lager bleiben allerdings eher latent. Sie werden in den untersuchten Projekten kaum thematisch ausgehandelt, wovon die Europa-Skeptiker*innen profitieren.

---

[1] Pes, „,No One's Culture Is Better Than Another'".
[2] Als kritisch gilt vielmehr, Europa zu „provinzialisieren". Vgl. Chakrabarty, *Provincializing Europe: postcolonial thought and historical difference*.

*Brexit Creatives* entwirft daher folgendes, sehr plastisches und kritisches Europabild: Eine ursprüngliche Idee Europas[3] werde bedroht durch eine unterdrückende EU, deren negative Attribute den Brexit legitimierten. *Brexit Creatives* operiert zudem mit einem konkreten Gegenentwurf: Die Initiative präsentiert die britische Nation als Trägerin einer wertvollen Ressource, der britischen Kreativität. Es ist ein ebenso entscheidender wie beunruhigender Befund, dass der Europa-Begriff von *Brexit Creatives* in Form eines Feindbilds auf diese Weise am klarsten an Kontur gewinnt.

### 6.1.2 Funktionszuweisungen zur Kunst

Das Verständnis, worin die Rolle der Künste in diesem politischen Zusammenhang liegt, geht insgesamt weit auseinander. Während Politiker*innen vorschlugen, Kunst müsse die zerrütteten Lager der Brexit-Debatte Großbritanniens wieder verbinden und durch eine Feier der Nationalkultur den Brexit legitimieren, zeigt sich in den künstlerisch-aktivistischen Praktiken eher eine Gegentendenz zu einer vereinheitlichen Rolle der Kunst. Das Kunstfeld wird vielmehr zum Ort ausdifferenzierter aktivistischer Einsätze künstlerischer Praktiken. Tillmans nutzt seine Kunst zur gezielten Affizierung, Bruguera zum Erschaffen eines geschützten Raumes, und *Keep it Complex* zur bewussten Gestaltung von Versammlungen. In der Untersuchung der ausgewählten Beispiele wurde also festgestellt, dass Kunstaktivist*innen der Kunst zwar allesamt aktivistische Funktionen zuweisen, dies aber auf sehr unterschiedlichen Ebenen: des Kunstwerks, der Inszenierung der Künstlerfigur, oder der Umdeutung und Aktualisierung künstlerischer Konzepte. Diese Funktionszuweisungen lehnt die Initiative *Brexit Creatives* insgesamt ab. Die Vielgestaltigkeit des Aktivismus ist hier insofern selbst ein politischer Aspekt, als dass sie sich als Gegenbewegung zur Vereinheitlichung der autonomen Rolle von Kunst lesen lässt.

### 6.1.3 Kipp-Punkte

Ziel dieser Arbeit war es nicht, die unterschiedlichen Ansätze der Künstler*innen im Hinblick auf ihre künstlerische Qualität oder aber ihren Wert für die politische Debatte zu bewerten. Bei den nachfolgenden kritischen Anmerkungen geht es mir

---

[3] Diese wird allerdings nicht näher erklärt.

daher nicht um eine Kritik an den Künstler*innen, sondern darum, einige Grenzen aufzuzeigen, an die in der aktivistischen Kunstpraxis gestoßen werden kann.

Zur Kampagne von Tillmans könnte man etwa anmerken, dass Tillmans' Geste, zumindest teilweise auf Autorschaft zu verzichten[4], dazu führt, dass sein Appell an den Gemeinsinn aus einer etwas unklaren Position herausgeschieht. Aus Perspektive des Diskurses um „situiertes Wissen"[5] könnte man also kritisieren, seine hier als allgemein vorgebrachte Haltung vertusche ihren partikularen Charakter. Auch deshalb kann sich nicht nur *Keep it Complex* klar von Tillmans abgrenzen, auch seine politischen Gegner, die *Brexit Creatives,* können durchaus wirksam monieren, dass er einen Gemeinsinn beschwört, den nicht alle teilen.

Die Initiative *Keep it Complex* stößt mit ihrer Praxis auf andere Probleme. Der Kunstkritiker Helmut Draxler sprach in einem Aufsatz von der „kategorische(n) Ambivalenz von Kollektiven"[6], die in ihrer konstitutiven Exklusivität bestehe. Sie stünden für ein gesellschaftliches Begehren: „dass Kollektive möglichst authentisch gesellschaftliche Zielsetzungen zwischen Autonomie und Originalität, Gleichheit und Gerechtigkeit zu verkörpern in der Lage seien"[7]. Obwohl Draxler mit seinem Unbehagen an Kunstkollektiven etwas weitergeht, als ich es an dieser Stelle tun möchte, erscheint mir doch die Perspektive wertvoll, dass künstlerische Kollektivität leicht zu idealisieren und als Projektionsfläche einzusetzen ist.[8] Und so sehr bei *Keep it Complex* darauf geachtet wird, einen inklusiven Raum zu schaffen, so sehr beruht genau dieser Vorgang auf voraussetzungsreichen Codes.

Bei dem Beispiel „School of Integration" ergibt sich vor allem durch die autotheoretische Praxis eine Spannung. Je stärker Bruguera die Orts- und Zeitspezifik ihrer Installationen und Happenings betont und theoretisch rahmt, desto mehr wird daraus das Gegenteil: eine kontextübergreifende künstlerische Programmatik. Das kann vor allem von den Teilnehmenden als unauthentisch wahrgenommen werden, insofern deren Teilnahme eher der Theoriebildung vor einem Kunstpublikum dient als der angekündigten lokalen Erfahrung. Eine weitere Spannung betrifft hier eine etwas inkonsequente Ausführung postkolonialer Kritik: Obwohl Bruguera mit ihren theoretischen Setzungen einen westlichen Kunstbegriff infrage stellt, wurde im Zuge der „School of Integration" trotzdem

---

[4] Einige Plakate wurden ohne seinen Namen veröffentlicht.

[5] Haraway, „Situated Knowledges: The Science Question in Feminism and the Privilege of Partial Perspective".

[6] Helmut Draxler, „Das Wir-Ideal. Zur Kritik der Kollektivität", *Texte zur Kunst*, 2022, 45.

[7] Draxler, 43.

[8] Vgl. hierzu auch meine Ausführungen in Rosenkranz, Marie. „Konjunktur der Kollektivität in der Gegenwartskunst. Theorien, Praktiken, Kritik". Paragrana, 2022.

eine westliche künstlerische Institution als Raum begriffen, dessen Effekt es ist, Dinge oder Praktiken aufzuwerten und zu würdigen.

## 6.2 Systematisierung der Forschungsergebnisse

So unterschiedlich die Aspekte sind, welche die Fallstudien akzentuieren – es gibt gerade mit Blick auf die beschriebenen Kipp-Punkte einige Gemeinsamkeiten, die alle untersuchten Ansätze verbinden. Denn es sind vor allem gemeinsame Spannungen, die die Ansätze verbinden und die sich als *innere Konflikte* aktivistischer Kunstpraxis beschreiben ließen.[9] Ein solcher Konflikt betrifft etwa die Frage, ob sich – aufgrund des Autonomieparadigmas – Kunst und Aktivismus trennen lassen müssten. Auf diese werden sehr unterschiedliche Antworten gegeben. Während sich manche Künstler*innen um eine Unterscheidung ihrer künstlerischen und aktivistischen Praxis bemühen, ist für andere gerade die Ablehnung dieser Trennung zentraler Bestandteil des aktivistischen Akts. Auch gibt es neben derartigen Konflikten einige Logiken, die in den Praktiken wiederkehren, etwa die Logik der Skalierung, die durch Netzwerke, Infrastrukturen, Institutionskritik und Strategien der Verfügbarmachung von Materialien oder Handlungswissen erzielt werden soll. Dabei geht es um eine möglichst hohe Nachhaltigkeit der aktivistischen Praxis.

Im Folgenden möchte ich diese Ergebnisse noch einmal entlang der für die Analysen zentralen Begriffe der Relationalität, Materialität und Performativität aufbereiten – beginnend mit der Frage nach der Relationalität, also den Bezügen der untersuchten Praktiken zu anderen sozialen Praktiken. Auffallend waren hier drei negative Relationen: der Versuch der Trennung von Kunst und Aktivismus innerhalb der Praktiken, Abgrenzungen zwischen den unterschiedlichen künstlerischen Ansätzen sowie historische Distanzierungen und kulturelle Verfeinerungen von Praktiken vor dem Hintergrund aktueller politischer Diskurse.

### 6.2.1 Relationalität: Trennung und Verfügbarmachung

Die Subjektivierungsform der in dieser Arbeit angeführten aktivistisch handelnden Künstler*innen zeichnet sich durch verschiedene Aspekte der Reflexion und

---

[9] Mit dieser Perspektive der inneren Konflikte arbeitete ich auch in Rosenkranz, „Praxis im Konflikt. Kunstaktivismus als performative Kulturpolitik".

Rechtfertigung aus. Während Tillmans Kunst und Aktivismus kurzzeitig zusammenführte, bemüht er sich mit öffentlicher Kritik konfrontiert nachträglich um eine Trennung der Künstler- und Bürgerrolle. Auch bei *Keep it Complex* und *Brexit Creatives* findet sich ein Motiv der Trennung: Die Form der Netzwerke ermöglicht es den Künstler*innen, ihre politische Positionierung abseits der individuellen Praxis zu situieren. Offen gegen eine Trennung – von Kunst und Aktivismus oder auch kollektivem und individuellem Handeln – wendet sich Bruguera mit dem Konzept der „Arte Útil".

Die Beispiele Tania Bruguera und *Keep it Complex* stehen für eine Praxis, die durch feministische und postkoloniale Diskurse geprägt ist. Dies bringt ein bestimmtes politisches Sensorium mit sich, das den aktivistischen Ansätzen zugrunde liegt und durch diese artikuliert wird. Dazu gehört auch ein besonderes Bewusstsein für die politischen Dimensionen der Praktiken selbst, darunter ihre Herkunft sowie die ungleichen Möglichkeiten, überhaupt aktivistisch tätig zu werden.

Bei diesen Ansätzen wird nicht mehr – wie noch bei den Avantgarden – behauptet, die Kunst müsse durchbrechen zum Leben, sondern es wird auf eine diesen Praktiken inhärente Verwobenheit mit politischen Bedingungen hingewiesen. Hier zeigt sich eine aktivistische Kunst, die nicht bloß agitieren will, sondern sich für ihre politischen Aufführungsweisen sensibilisiert, und die Politik immer weniger als getrennten gesellschaftlichen Bereich sieht, sondern als eine unvermeidliche Querdimension künstlerischer Praxis.

Die in dieser Arbeit betrachteten Formen aktivistischer Kunst unterscheiden sich nicht nur in ihrer Kultur und in ihrem Gestus von vielen Vorläufern aus dem „Phantom-Archiv"[10], sondern sie sind zugleich auch als zukunftsgewandte Praktiken zu betrachten. Dies nicht nur, weil sie bestimmte politische Ziele verfolgen, sondern auch, weil sie zu dem von Sholette beschriebenen fluiden Repertoire aus abrufbaren Protestpraktiken als neue Beispiele hinzukommen. Dieses Aufgegriffen-Werden durch weitere Handlungsträger*innen wird durch die Praktiken aktiv herausgefordert, indem etwa Poster online zur Verfügung gestellt, offene Netzwerkstrukturen geschaffen und gezielt kreative Ressourcen gebündelt werden.

Der Ansatz der Verfügbarmachung von Praktiken ließe sich auch als Antwort auf den Trennungskonflikt von Kunstpraxis und Engagement deuten. So kann nämlich die einzelne Praktik zunächst politisch folgenlos bleiben; jedoch situiert sich in der Möglichkeit, damit weitere Praktiken anzustoßen, ein potenzieller politischer Effekt. Dies kann jedoch sowohl durch politisch gleichgesinnte

---

[10] Sholette, 49.

Handlungsträger*innen geschehen als auch durch politische Gegner*innen, und es entstehen gerade in dem Moment der Skalierung und Multiplikation der Ansätze unweigerlich auch gesteigerte Möglichkeiten der unkontrollierten Aneignung.

### 6.2.2 Materialität: Zur Navigation kunstkritischer und politischer Diskurse

Bei der Materialität der Praktiken ging es nicht nur um die ästhetischen Erscheinungsweisen, sondern vor allem um materielle Faktoren, die diese bedingen. Denn dass aktivistischen Kunstpraktiken eine ästhetische Dimension zukommt, unterscheidet sie nicht von anderen sozialen Praktiken. In den untersuchten Beispielen werden ästhetische Entscheidungen stark mit pragmatischen Überlegungen verbunden: Zum Beispiel waren bei der Kampagne von Tillmans Bilder nicht nur affizierende, sondern auch naheliegende Transporteure seiner politischen Aufrufe. Zu den materiellen Faktoren wurden neben den digitalen Medien, welche die Logik der Vervielfältigung, Skalierung und Vernetzung bedingen, auch (kunst-)kritische Diskurse als Faktoren benannt, die materiell auf die Erscheinungsweisen der Praktiken einwirken. So scheinen die benannten Kipp-Punkte, also die sensiblen Stellen, an denen sich aktivistische Ansätze entgegen ihrer proklamierten Ziele ausrichten, mittlerweile selbst zu materiellen Bedingungen der kunstaktivistischen Praxis zu werden. Das heißt: Aktivistische Künstler*innen müssen routiniert mit einer Reihe von Kritiklinien am Aktivismus umzugehen wissen, sie müssen etwa die Kritiken des „Virtue Signalling" – also der Zurschaustellung moralischer Werte – oder der kulturellen Aneignung kennen, diese antizipieren und in ihren Praktiken umgehen. Aktivistische Künstler*innen navigieren ein Feld von Praktiken, in denen sowohl künstlerische als auch politische Spielregeln gelten, und die zu vereinbaren einige Schwierigkeiten mit sich bringt.

### 6.2.3 Performativität: Normalisierung des aktivistischen Kunstbegriffs

Unter dem Stichwort der Performativität wurde dann eine gegenteilige Perspektive eingenommen. Es wurde nicht mehr die Art und Weise betrachtet, wie aktivistische Kunstpraktiken bedingt werden, sondern andersherum gefragt, welche Bedingungen sie selbst schaffen. Hier wurde argumentiert, dass sich die untersuchten aktivistischen Ansätze durch eine doppelte Performativität auszeichnen. Gemeint ist hiermit, dass sie nicht bloß auf der Ebene des politischen

Konflikts Wirklichkeiten produzieren, sondern ebenso auf der Ebene künstlerischer Diskurse Aktualisierungen vornehmen oder dies zumindest wollen. Projekte wie die „School of Integration" haben nicht nur politische Ziele, sondern bemühen sich auch um die Normalisierung einen aktivistischen Kunstbegriff. Mit ihren Ansätzen interessierten sich die in dieser Arbeit thematisierten Künstler*innen dabei nicht für die Hervorrufung einer besonders politischen Rezeptionserfahrung im Sinne Rancières, sondern praktizierten stattdessen eine offene, häufig versprachlichte Form der Mobilisierung. Dabei bildet sich eine bestimmte von Dringlichkeit und Wirksamkeitsansprüchen geprägte politische Kultur im Kunstfeld, die von der Auffassung zeugt, dass eine ästhetisch-politische Erfahrung nicht schnell oder nachhaltig genug zu hinreichender Veränderung führen kann. Stattdessen versuchen viele Künstler*innen, konkrete Allianzen und Infrastrukturen zu schaffen.

## 6.3 Einordnung ins Forschungsfeld

Aktivistischen Kunstpraktiken wird häufig immer noch vor dem Hintergrund des Narrativs begegnet, sie bedeuteten für die Kunst vor allem eines: einen Verlust künstlerischer Autonomie. Damit wird suggeriert, Kunstaktivist*innen seien für diesen mitverantwortlich. „Das Ende der Kunst (aber) ist ein Gerücht"[11], schreibt die Literaturwissenschaftlerin Eva Geulen. Diese Studie hat daher untersucht, wie Künstler*innen ihre Kunst anlässlich politischer Ereignisse wie dem Brexit aktivistisch einsetzten, umfunktionierten oder aus ihrer künstlerischen Praxis heraus aktivistische Praktiken entwarfen. Der zum Narrativ des Autonomieverlusts tendierenden autonomieästhetischen Sichtweise hat diese Arbeit daher einen Mikro-Blick auf aktivistische Kunstpraktiken entgegengestellt: Was *tun* aktivistische Künstler*innen? Auf der Diskursebene war es daher Ziel dieser Arbeit, den Begriff des Aktivismus in einer Weise zu rehabilitieren, die ihn nicht als wertend einsetzt, sondern als soziales Phänomen im Feld der Kunst sichtbar macht: im Sinne einer „Wirklichkeit der Praxis"[12], denn Aktivismus ist dort gegenwärtig omnipräsent. Und er zeigt sich in derart ausdifferenzierten Praktiken, dass sich kein einheitliches Verhältnis von Kunst und Politik bestimmen lässt. Vielmehr trägt der Umstand, dass sich viele Künstler*innen gegenwärtig auch als Aktivist*innen verstehen, sogar noch zu einer Pluralisierung möglicher Kunst-Politik Verhältnisse bei. Denn es wird nicht nur um politische Ziele gestritten, sondern gerade auch die Form und Aufführungsweisen derjenigen Praktiken, mit denen diese Ziele erreicht werden sollen.

---

[11] Geulen, *Das Ende der Kunst*, 9.
[12] Van Eikels, *Die Kunst des Kollektiven*, 11.

## 6.3 Einordnung ins Forschungsfeld

Mit meiner Arbeit habe ich weiterhin auf theoretischer Ebene argumentiert, dass eine Erweiterung einer Theorietradition, die das politische Potenzial der Kunst vor allem in der Rezeption von Kunstwerken situiert, angesichts des künstlerischen Aktivismus immer notwendiger wird.[13] Aktivismus markiert eine Verschiebung des politischen Moments vom Publikum zur Künstler*in: Aktivistische Künstler*innen weisen die passive Rolle außenstehender Beobachter*innen von sich, auch, weil sie von den politischen Ereignissen, die zur Politisierung des Kunstfelds führen, nicht nur im Hinblick auf die Bedingungen für ihre Kunstproduktion betroffen sind. Nicht erst in der ästhetischen Erfahrung eines Publikums darf die Theorie daher nach politischen Dimensionen der Kunst suchen, sondern auch in der Art und Weise, wie Künstler*innen politisch aktiv werden, mit welchen Ressourcen und von welchem Standpunkt aus. Dies ist auch deshalb gerade für die soziologische Forschung von Interesse, da Künstler*innen im Zuge ihres Aktivismus' die sozialen und ökonomischen Bedingungen dieses Handelns immer offener thematisieren – und, so wollen es die aufkommenden Regeln dieses Praxisfelds, auch thematisieren müssen, um Kritik zu vermeiden.

Wie ich in der Einleitung dargelegt habe, ist neben dem Autonomieparadigma und dem daraus hervorgehenden Interventionsgedanken die Frage nach dem Neuheitswert aktivistischer Kunst im Forschungsfeld wichtig. Obwohl diese in der vorliegenden Arbeit bewusst nicht zentral gestellt wurde[14] ergeben sich angesichts der gerade erläuterten Veränderungen im Gestus aktivistischer Künstler*innen einige Anmerkungen. Denn sichtbar wird bei den untersuchten Beispielen, dass nicht nur um den Brexit, sondern immer auch um die Art und Weise gestritten wird, wie Künstler*innen sich hierzu aktivistisch zu Wort melden sollten. Abgelehnt werden dabei – vor allem durch das Kollektiv *Keep it Complex* – einige ältere aktivistische Figuren. So geht es den Künstler*innen nicht um große moralische Gebärden, sondern um eine Vielzahl von kleinen, konkreten und niedrigschwelligen Praktiken.

Hier scheinen einige neue, im Kunstfeld aufkommende Normen und Konflikte auf: Es gilt zwar als zeitgemäß und gar geboten, sich als Künstler*in zu engagieren, dabei ist jedoch eine Reflexion des Standpunkts der Künstler*innenfigur

---

[13] Damit stimme ich Judith Siegmund zu, die das Fehlen einer allgemeinen Produktionsästhetik in ihren Arbeiten auf verschiedene Weise kritisiert hat und übertrage dies auf die Frage künstlerischer Politik. Vgl. Siegmund, *Die Evidenz der Kunst* sowie Siegmund, *Zweck und Zweckfreiheit*.

[14] Da ich Gregory Sholette zustimmen würde, dass sich vor allem der Status aktivistischer Kunst im Kunstfeld gewandelt hat. Vgl. Sholette, *The Art of Activism and the Activism of Art*, 59 ff.

erwünscht. Widmet sich *Keep it Complex* einer kollektiven Praxis, versucht Bruguera über ihre Inszenierung als Initiatorin, sich aus dem künstlerischen Geschehen zurückzuziehen. Bei dieser kritischen Befragung der Künstler*innenfigur als Handlungsträger*in von Aktivismus scheint es etwa bei *Keep it Complex* um eine ökonomiekritische Sensibilität dafür zu gehen, dass sich aus künstlerischem Engagement kein Kapital schlagen lassen sollte, andererseits um eine Verquickung mit identitätspolitischen Diskursen, in denen es ein ganz besonderes Sensorium dafür braucht, wer in wessen Namen die Stimme erhebt. Die Frage, wie aktivistische Kunstpraktiken derartige Sensorien nicht nur anwenden, sondern auch selbst mit hervorbringen und über die Grenzen der Kunst hinaus verbreiten, gilt es weiter zu erforschen.[15]

Denn folgt man einigen einflussreichen Gesellschaftstheorien, dann ist die gegenwärtige Betonung des Aktivistischen im Kunstfeld nicht einfach als Kultur *eines* beliebigen sozialen Feldes einzuordnen, sondern als eine über das Kunstfeld hinaus besonders relevante und prägende Kultur, die daher auch die Allgemeine Soziologie beschäftigen sollte.

Mit Andreas Reckwitz' These, dass Kreativität zum Ideal westlicher, spätmoderner Gesellschaften geworden sei, der Kunst also eine gewisse „zentrifugale Kraft"[16] zukomme, durch die einige Werte und Praktiken des Kunstfelds dazu neigten, in andere soziale Felder überzutreten, wurde in der deutschsprachigen Soziologie eine Denkweise popularisiert, die das System Kunst zwar als klein, aber gesellschaftlich äußerst einflussreich betrachtet. Auch durch Luc Boltanski und Eve Chiapellos Analyse eines neuen Geistes des Kapitalismus, der nicht zuletzt durch Formen der Künstlerkritik entstanden sei[17], wurde es zur einer prominenten, die Kunst betreffenden soziologischen Annahme, dass die Kunst besonderen gesellschaftlichen Einfluss zeitige. Obwohl diese Denkweise, dass sich *aus dem Kunstfeld heraus* Impulse in die Gesellschaft richten, etwas einseitig ist – sie entspricht der Figur der Intervention, die ich um die Betonung wechselseitiger Einflüsse von Kunst und Politik erweitert habe – ist der breitere gesellschaftliche Einfluss, den der beschriebene Wandel im Kunstfeld mit sich bringt, weiter zu beobachten. Zu fragen ist auch, inwieweit das Engagement von Künstler*innen den Effekt hat, Aktivismus durch Ästhetisierung aufzuwerten

---

[15] Einige Überlegungen hierzu haben Karen van den Berg und ich bereits angestellt in van den Berg und Rosenkranz, „Von der Institutionskritik zur Moral Economy. Hans Haacke, Dana Schutz und eine queer-feministische Buchhandlung".
[16] Reckwitz, *Die Erfindung der Kreativität*, 54.
[17] Vgl. Boltanski und Chiapello, *The New Spirit of Capitalism*.

und zu popularisieren. Wolfgang Tillmans macht sich diese Logik selbst zu eigen, indem er mit ästhetischen Mitteln zum Aktivismus animiert.

## 6.4 Grenzen der Arbeit und Ausblick

„Whose side are we on?", betitelte der kürzlich verstorbene Kunstsoziologe Howard S. Becker einen 1967 in der Zeitschrift *Social Problems* erschienen Artikel. Darin erörtert er die Schwierigkeit, damit umzugehen, dass man mit dem Gegenstand, den man als Soziologe oder Soziologin untersucht, immer auch in einem persönlichen Verhältnis steht.[18] Dies gilt auch für diese Arbeit. Die Aktionen unterschiedlicher politischer Lager zu untersuchen geht meist auch mit einem unterschiedlichen Grad an Sympathie für deren Ziele einher. Insofern es in der Arbeit jedoch um die aktivistischen Praktiken ging, weniger um die mit diesen Ansätzen verfolgten Absichten, habe ich versucht, diese Sympathie-Unterschiede in ihrem Einfluss zu minimieren und mich darum bemüht, allen Beispielen mit gleicher Offenheit zu begegnen. Deutlich wurde dabei, dass alle politischen Lager mit auffallend ähnlichen Argumenten der Hörbarmachung und Mobilisierung agieren.

Hinweisen möchte ich zuletzt auf einige weitere Grenzen der Arbeit. Die angewandten Methoden und der mit diesen erschlossene Materialkorpus lassen über einige Dinge, die weiterführend von Interesse wären, keine Aussagen zu. Ein Besuch der Initiativen vor Ort, sowie eine teilnehmende Beobachtung bei ihren Aktionen, wären für das tiefere Verständnis der Praktiken äußerst gewinnbringend gewesen. Was dabei stärker in den Blick gekommen wäre, wären etwa die körperlichen Vollzüge von Praktiken, die diese Studie weitgehend ausgespart hat. Eine teilnehmende Beobachtung war aber aufgrund des Lockdowns, der während meiner Feldforschung in London verhängt wurde, und auf den viele der Initiativen mit der Einschränkung ihrer Aktivitäten reagieren mussten, nicht mehr möglich. So war ich im Projekt gezwungen, mich dem Problem zu widmen, wie man Praktiken auch anhand der vielfältigen Spuren erforscht, die sie hinterlassen. Ergebnis ist nicht zuletzt ein methodisches Werkzeug, dass in Zukunft auf weitere künstlerische Beispiele und politische Kontexte angewandt werden kann.

Die Forschungsfragen – Was zeichnet aktivistische Kunstpraktiken aus, die sich anlässlich des Brexits mit dem europäischen Einigungsprojekt auseinandersetzen? Welche Rollen nehmen Künstler*innen durch aktivistische Kunstpraktiken in diesem politischen Kontext ein? – erlaubten zudem eine verschiedene

---

[18] Vgl. Becker, „Whose Side Are We On?"

Gewichtung zweier sehr unterschiedlicher Aspekte. Entweder legen diese Fragen eine primäre Beschäftigung mit den Charakteristika der aktivistischen Kunstpraktiken nahe, oder mit deren spezifischer Auseinandersetzung mit dem europäischen Einigungsgedanken. In der Annahme, dass sich künstlerisch-aktivistische Ansätze sehr kontextspezifisch entwickeln und sich somit beide Fragen am ehesten gemeinsam beantworten lassen, habe ich den analytischen Fokus auf die Praktiken gelegt. Zwar zentrierte ich im Zuge der Analyse auch immer wieder deren Spezifik für den europäischen Kontext, allerdings ist dies, retrospektiv betrachtet, eine Abzweigung, an der ich auch einen anderen Weg hätte einschlagen können.

Um die Frage des europäischen Einigungsprojekts noch zentraler zu stellen wäre ein Vergleich mit anderen europäischen Fällen weiterführend interessant. Denn nicht nur der Brexit stellte das europäische Einigungsprojekt in Frage. Auf ganz andere Weise werden etwa die Illiberalisierungs-Tendenzen in Polen und Ungarn immer wieder zum Anlass für aktivistische Initiativen im Feld der Kunst. Häufig steht dabei das Thema Erinnerungspolitik im Fokus,[19] welches im Zuge des Brexits – anders als zu Beginn erwartet – eine eher kleine Rolle spielte.[20] Durch einen Vergleich mit Fallbeispielen aus osteuropäischen Mitgliedsstaaten oder der Ukraine könnte zudem akzentuiert werden, wie pro-europäischer Aktivismus vor dem Hintergrund der Bedrohung durch Russland mit ganz anderer Überzeugung und Verve betrieben wird. Ein solcher Vergleich ist jedoch ein umfassendes Projekt, welches nicht nur eine aufwändige Darstellung weiterer künstlerischer Beispiele, sondern auch der politischen Kontexte, in denen sie situiert sind, erfordern würde. Gleiches gilt für einen Vergleich mit außereuropäischen Beispielen; durch diese käme die privilegierte kulturpolitische Lage vieler in Europa agierenden Künstler*innen noch stärker in den Blick – die trotz aller Zerfallserscheinungen der EU weiterhin besteht.[21]

In den Ergebnissen dieser Arbeit finden sich noch einige weitere Ansatzpunkte für zukünftige Forschung. Etwa wäre die Frage zu verfolgen, wie aktivistische

---

[19] Vgl. Deim, „Entanglements of art and memory activism in Hungary's illiberal democracy"; Galliera, „Guided Horizontality in Art Resistance Platforms in Hungary Since 2010"; Stępnik, „"Let the Sirens Roar": The Women's Protests in Poland and the Artistic Response to the Backlash"; Bukowiecki, Wawrzyniak, und Wróblewska, „Duality of Decolonizing".

[20] Im Unterschied zu den Protesten um *Black Lives Matter*, die mit zahlreichen Monumentenstürzen einhergingen. Moulton, „Black monument matters: Place-based commemoration and abolitionist memory work".

[21] Vgl. Frederiksen, „Aesthetics of Reciprocity. Socially Engaged Art in China and Hong Kong"; Thomas, „Atomized Solidarity and New Shapes of Resistance. Visual Activism in South Africa Afer Apartheid"; Chotpradit, „Shattering Glass Ceiling: Art and Activism in Thailand since 2020".

## 6.4 Grenzen der Arbeit und Ausblick

Praktiken auch durch Institutionen eingesetzt werden, und in welchem Verhältnis dies steht zu dem kulturpolitischen Druck, unter den aktuellen politischen Bedingungen gesellschaftliche Relevanz zu zeitigen. Hier ist auch der Einfluss der Pandemie zu berücksichtigen, der zum Zeitpunkt meiner Forschung noch kaum zu bemessen war. Dieser hat die Lage britischer Künstler*innen noch zusätzlich zum Brexit stark verändert.

Auch die Frage, wie Kunstaktivist*innen das Spannungsfeld aus Betroffenheit und ihrer Einbettung in ein Marktgeschehen navigieren, ist für weiterführende Forschung zum Thema relevant. Die Kunstwissenschaftlerin Isabel Graw hat in einer Ausgabe von *Texte zur Kunst* im Jahr 2022 mit dem Stichwort der „Resortisierung" beschrieben, wie sich „im Schatten von (…) begrüßenswerten Öffnungen und Revisionen" im Kunstfeld „ein Umbau der Kunstökonomie"[22] vollziehe, der diesen Öffnungen diametral entgegenstehe. Nicht nur der Aktivismus selbst, auch derartige dialektische Effekte und die offenen Gegenbewegungen zum Aktivismus im Kunstfeld sollten weiter untersucht werden. Das betrifft nicht nur die Kunstwissenschaft, sondern auch die Soziologie: denn ‚nur' um die Kunst geht es im Feld der Kunst schon lange nicht mehr.

---

[22] Parallel zur „progressiven Neuorientierung und Politisierung des künstlerischen Feldes" würden durch die Herausbildung konservativer Resorts „die Weichen für einen konservativen Blacklash gestellt". Vgl. Graw, „Willkommen im Resort. Sechs Thesen zum neuerlichen Strukturwandel des künstlerischen Feldes und zu dessen Folgen für die Wertbildung", 49.

# Literatur

„Actipedia. A Wiki for Creative Activism". Zugegriffen 13. Januar 2021. https://actipedia.org/.
Adorno, Theodor W. „Ästhetische Theorie (1970)". In *Ästhetik und Gesellschaft: Grundlagentexte aus Soziologie und Kulturwissenschaften*, herausgegeben von Andreas Reckwitz, Sophia Prinz, und Hilmar Schäfer, 4. Aufl., 270–75. Berlin: Suhrkamp, 2022.
als/dpa/AFP. „Brexit: Europas Rechtspopulisten jubeln". *Der Spiegel*, 24. Juni 2016. https://www.spiegel.de/politik/ausland/brexit-europas-rechtspopulisten-jubeln-a1099564.html.
Anderson, Benedict. *Imagined Communities. Reflections on the Origin and Spread of Nationalism*. 3. Aufl., London: Verso, 2006.
Aristoteles. *Nikomachische Ethik*. 10., Berlin: Akademie Verlag, 1999.
ArtReview „Power 100". *Artreview*. Zugegriffen 20. Juli 2023. https://artreview.com/power100/.
Austin, John. *How to do things with Words*. Oxford: Oxford University Press, 1962.
Barnett, Anthony. *The Lure of Greatness: England's Brexit and America' Trump*. London: Unbound, 2017.
Barthes, Roland. „Rhetorik des Bildes". In *Der entgegenkommende und der stumpfe Sinn*, 28–46. Frankfurt am Main: Suhrkamp, 2005.
Baumgarten, Alexander Gottlieb. *Ästhetik*. Herausgegeben von Dagmar Mirbach. Bd. 1. Hamburg: Meiner, 2007.
BBC News. „Brexit added to Oxford English Dictionary". 15. Dezember 2016. https://www.bbc.com/news/uk-england-oxfordshire-38326516.
Becker, Howard S. *Art Worlds*. Berkeley: University of California Press, 1982.
Becker, Howard S. „Whose Side Are We On?". *Social Problems* 14, Nr. 3 (1967): 239–47.
Becker, Sascha O., Thiemo Fetzer, und Dennis Novy. „Who voted for Brexit? A comprehensive district-level analysis". *Economic policy* 32, Nr. 92 (2017): 601–50.
Bell, David M. „The Politics of Participatory Art". *Political Studies Review* 15, Nr. 1 (Februar 2017): 73–83.
Benjamin, Walter. „Das Kunstwerk im Zeitalter seiner technischen Reproduzierbarkeit (zweite Fassung 1936)". In *Walter Benjamin. Gesammelte Schriften*, herausgegeben von Rolf Tiedemann und Hermann Schweppenhäuser, 1. Aufl., VII: 350–84. Frankfurt am Main: Suhrkamp, 1989.
Benjamin, Walter. *Der Autor als Produzent: Aufsätze zur Literatur*. Stuttgart: Reclam, 2012.

Berlin, Isaiah. „Zwei Freiheitsbegriffe". *Deutsche Zeitschrift für Philosophie* 41, Nr. 4 (1993): 741.
Bertram, Georg W. *Kunst als menschliche Praxis: eine Ästhetik.* 1. Aufl., Berlin: Suhrkamp, 2014.
Bertram, Georg W., Stefan Deines, und Daniel Martin Feige, Hrsg. „Die Kunst und die Künste. Einleitung in ein Forschungsfeld der Gegenwartsästhetik". In *Die Kunst und die Künste: ein Kompendium zur Kunsttheorie der Gegenwart*, 1. Aufl., 15–48. Berlin: Suhrkamp, 2021.
Bessette, Juliette, und Anne Bessette. „On Environmental Activism in Museums". *E-Flux*, 6. Dezember 2022. https://www.e-flux.com/notes/507828/on-environmental-activism-inmuseums.
Bhambra, Gurminder K. „Locating Brexit in the Pragmatics of Race, Citizenship and Empire". In *Brexit: Sociological Responses*, herausgegeben von William Outhwaite, 91–100. London: Anthem Press, 2017.
Bishop, Claire. *Artificial Hells: Participatory Art and the Politics of Spectatorship.* London: Verso, 2012.
Bishop, Claire. *Participation.* Documents of contemporary art. London; Cambridge, Massachusetts: Whitechapel, MIT Press, 2006.
Blanding, Michael. „Where Does Journalism End and Activism Begin?". *Nieman Reports*, 21. August 2018. https://niemanreports.org/articles/where-does-journalism-end-andactivism-begin/.
Bobo, Kimberley A., Jackie Kendall, und Steve Max. *Organizing for Social Change: Midwest Academy Manual for Activists.* 3. Aufl., Santa Ana, California: Seven Locks Press, 2001.
Bogner, Alexander, Beate Littig, und Wolfgang Menz. *Interviews mit Experten: Eine praxisorientierte Einführung.* Wiesbaden: Springer, 2014.
Böhm, Gottfried. *Wie Bilder Sinn erzeugen. Die Macht des Zeigens.* Berlin: Berlin University Press, 2007.
Böhm, Kathrin. Persönliches Interview, 27. November 2020. Die zugehörigen Daten sind in Anhang 1 im elektronischen Zusatzmaterial einsehbar.
Boltanski, Luc, und Ève Chiapello. *The New Spirit of Capitalism.* London: Verso, 2007.
Boon, Marcus, und Gabriel Levine, Hrsg. *Practice.* Documents of contemporary art. London; Cambridge, Massachusetts: Whitechapel Gallery, MIT Press, 2018.
Bourdieu, Pierre. *Die feinen Unterschiede. Kritik der gesellschaftlichen Urteilskraft.* 3. Aufl., Frankfurt am Main: Suhrkamp, 1989.
Bourdieu, Pierre. „Die Logik der Felder". In *Reflexive Anthropologie*, herausgegeben von Pierre Bourdieu und Loïc Wacquant, 124–47. Frankfurt am Main: Suhrkamp, 2006.
Bourdieu, Pierre. *Die Regeln der Kunst. Genese und Struktur des literarischen Feldes.* Frankfurt am Main: Suhrkamp, 2001.
Bourriaud, Nicolas. *Relational Aesthetics.* Collection Documents sur l'art. Dijon: Les Presses Du Reel, 2002.
Bourriaud, Nicolas. „Relational Aesthetics. Art of the 1990s". In *Right About Now. Art & Theory since the 1990s*, herausgegeben von Stedelijk Museum Amsterdam und Universiteit van Amsterdam, 45–57. Amsterdam: Valiz, 2008.
Boyd, Andrew, und Dave Oswald Mitchell. *Beautiful Trouble. A Toolbox for Revolution.* New York: OR Books, 2012.

Bredekamp, Horst. *Der Bildakt: Frankfurter Adorno-Vorlesungen 2007*. Neufassung 2015. Berlin: Klaus Wagenbach, 2015.

Brinkmann, Sigrid, und Barbara Köhler. Als würde der Ort überhaupt keine Rolle spielen. *Deutschlandfunk Kultur,* 30. August 2018. https://www.deutschlandfunkkultur.de/neues-gedicht-fuer-alice-salomon-hochschuleals-wuerde-der-100.html.

Brittnacher, Hans Richard, Hrsg. *Inseln*. Bd. 10. Projektionen. Studien zu Natur, Kultur und Film. München: edition text + kritik, 2017.

Broadey, Andy. „Tania Bruguera: School of Integration". *Corridor8*, 29. Juli 2019. https://corridor8.co.uk/article/tania-bruguera-school-of-integration/.

Brooks, Richard. „Mary Beard Blocked by No 10 as British Museum Trustee ‚for pro-Europe Views'". *The Observer*, 1. März 2020. https://www.theguardian.com/books/2020/mar/01/british-museum-put-mary-beard-onthe-board-despite-downing-st-veto.

Brüggmann, Franziska. *Institutionskritik im Feld der Kunst: Entwicklung – Wirkung – Veränderungen*. 1. Aufl., Bielefeld: Transcript, 2020.

Bruguera, Tania. „Cátedra Arte de Conducta", 23. Juni 2018. https://taniabruguera.com/catedra-arte-de-conducta-behavior-art-school/.

Bruguera, Tania. „Glossary". Zugegriffen 29. September 2022. https://taniabruguera.com/category/glossary/glossary-glossary/.

Bruguera, Tania. „Migrations". Vortrag auf dem Creative Time Summit, Stockholm, 12. Dezember 2014. Zugegriffen 29. September 2022. https://www.youtube.com/watch?v=4rpFoXdqGZY.

Bruguera, Tania. „Notes on Political Timing Specificity". *Artforum*, Mai 2019.

Bruguera, Tania. „The Artist as Activist: Tania Bruguera in Conversation with Claire Bishop". The Graduate Center, CUNY, 7. März 2016. https://www.youtube.com/watch?v=4raYhes7OwI.

Buchan, Lizzy. „Britain to hold post-Brexit festival celebrating culture, sport and innovation, Theresa May announces". *The Independent*, 29. September 2018. https://www.independent.co.uk/news/uk/politics/brexit-latest-theresa-may-thefestival-culture-innovation-sport-great-exhibition-queen-victoria-a8561021.html.

Bukowiecki, Łukasz, Joanna Wawrzyniak, und Magdalena Wróblewska. „Duality of Decolonizing: Artists' Memory Activism in Warsaw". *Heritage & Society* 13, Nr. 1–2 (3. Mai 2020): 32–52.

Bundespräsidialamt. „Ordensverleihung zum Tag der Deutschen Einheit". Zugegriffen 2. Februar 2022. https://www.bundespraesident.de/SharedDocs/Berichte/DE/FrankWalter-Steinmeier/2018/10/181002-Verdienstorden-TdDE.html.

Bürger, Peter. *Theorie der Avantgarde*. 16. Aufl., Frankfurt am Main: Suhrkamp, 2013.

Burk, Tara. „Radical Distribution: AIDS Cultural Activism in New York City, 1986–1992". *Space and Culture* 18, Nr. 4 (November 2015): 436–49.

Busta, Carolin. Wolfgang Tillmans über seine politischen Plakate, 12. Oktober 2017. https://www.textezurkunst.de/articles/wolfgang-tillmans-plakate/.

Butler, David, und Uwe Kitzinger, Hrsg. *The 1975 Referendum*. 2. Aufl., London: Macmillan, 1996.

Butler, David, und Uwe Kitzinger. „Pro-Marketeers". In *The 1975 Referendum*, herausgegeben von David Butler und Uwe Kitzinger, 2. Aufl., 68–96. London: Palgrave Macmillan, 1996.

Butler, Judith. *Gender Trouble: Feminism and the Subversion of Identity*. New York: Routledge, 1999.
Butler, Judith. *Notes Toward a Performative Theory of Assembly*. Cambridge, Massachusetts: Harvard University Press, 2015.
Cap, Piotr. „'BRITAIN IS FULL TO BURSTING POINT!' Immigration themes in the Brexit discourse of the UK Independence Party". In *Discourses of Brexit*, herausgegeben von Veronika Koller, Susanne Kopf und Marlene Miglbauer, 69 ff. London: Routledge, 2019.
Castellano, Carlos Garrido. „Decentring the Genealogies of Art Activism". *Third Text* 34, Nr. 4–5 (2. September 2020): 437–47.
Chakrabarty, Dipesh. *Provincializing Europe: Postcolonial Thought and Historical Difference*. Princeton: Princeton University Press, 2000.
Chandler, John, und Lucy Lippard. „Dematerialization of Art". In *Changing. essays on art criticism*, herausgegeben von Lucy Lippard, 255–67. New York: E. P. Dutton, 1971.
Charnley, Kim. *Sociopolitical aesthetics: art, crisis and neoliberalism*. First edition. London: Bloomsbury, 2020.
Chotpradit, Tanavi. „Shattering Glass Ceiling: Art and Activism in Thailand since 2020". In *The Routledge Companion to Art and Activism in the Twenty-First Century*, herausgegeben von Lesley Shipley und Mey-Yen Moriuchi, 1. Aufl., 75–90. New York: Routledge, 2022.
Cobain, Ian, Nazia Parveen, und Matthew Taylor. „The slow-burning hatred that led Thomas Mair to murder Jo Cox". *The Guardian*, 23. November 2016. https://www.theguardian.com/uk-news/2016/nov/23/thomas-mair-slow-burninghatred-led-to-jo-cox-murder.
Company Drinks. „Communal Lunches", 25. Januar 2023. http://companydrinks.info/whatson/events/communal-lunches/.
Corner, James, und Alison Bick Hirsch, Hrsg. *The Landscape Imagination Collected Essays of James Corner 1990–2010*. New York: Princeton Architectural Press, 2014.
Cox, Nicholas, und Lisa Taylor. „Brexit, Ugly Feelings and the Power of Participatory Art in Grayson Perry: Divided Britain". *European Journal of Cultural Studies*, 31. Oktober 2022.
Debord, Guy. *Die Gesellschaft des Spektakels*. 1. Aufl., Berlin: Edition Tiamat, 1996.
Debord. „Theses on Cultural Revolution". Herausgegeben von Thomas McDonough. *October, Special Issue on Guy Debord and the Situationists* 079 (1997): 90–97.
de Búrca, Gráinne. „How British was the Brexit vote?" In *Brexit and Beyond*, herausgegeben von Benjamin Martill und Uta Staiger, 46–52. Rethinking the Futures of Europe. London: UCL Press, 2018.
Deim, Reka. „Entanglements of art and memory activism in Hungary's illiberal democracy". *Heritage, Memory and Conflict* 2 (2022): 61–75.
Demos, T.J. „Between Rebel Creativity and Reification: For and Against Visual Activism". *Journal of Visual Culture* 15, Nr. 1 (April 2016): 85–102.
Demos, T.J. *Radical Futurisms. Ecologies of Collapse, Chronopolitics, and Justice-to-Come*. Berlin: Sternberg Press, 2023.
*Der Spiegel*. „Antisemitismus-Vorwurf gegen ,Süddeutsche Zeitung'". 25. Februar 2014. https://www.spiegel.de/kultur/gesellschaft/mark-zuckerberg-wiesenthal-centerkritisiert-sueddeutsche-fuer-antisemitische-karikatur-a-955613.html.
Deutsche, Rosalyn. *Evictions Art and Spatial Politics*. Cambridge, Massachusetts: MIT Press, 1996.

DFG-Netzwerk „Cultures of Aesthetic Resistance". Zugegriffen 17. September 2021. https://aesthetic-resistance.de/.

DFG-Netzwerk „Versammeln: Mediale, räumliche und politische Konstellationen'". Zugegriffen 24. Januar 2023. https://tu-dresden.de/gsw/der-bereich/news/dfgnetzwerk-versammeln-mediale-raeumliche-und-politische-konstellationen.

Dinan, Desmond, Neill Nugent, und William Paterson. *The European Union in crisis*. London: Palgrave Macmillan, 2017.

Draxler, Helmut. „Das Wir-Ideal. Zur Kritik der Kollektivität". *Texte zur Kunst*, Nr. 124 (2021): 43–64.

Duncombe, Stephen, Hrsg. *Cultural Resistance Reader*. London: Verso, 2002.

Duncombe, Stephen, Hrsg. „Does It Work?: The Æffect of Activist Art". *Social Research: An International Quarterly* 83, Nr. 1 (2016): 115–34.

Electoral Commission. „Results and turnout at the EU referendum", 25. September 2019. https://www.electoralcommission.org.uk/who-we-are-and-what-we-do/elections-and-referendums/past-elections-and-referendums/eu-referendum/results-and-turnout-eurefe rendum.

*England's Mask – A Song for Independence by Meg Lee Chin*. Youtube, 2018. https://www.youtube.com/watch?v=5UE9WP6gA7w.

„EU student applications for UK design courses plummet as Brexit bites", *dezeen*, 14. Juli 2021. https://www.dezeen.com/2021/07/14/eu-design-students-uk-brexit-news/.

Europäischer Rat. „Zeitleiste – Das Austrittsabkommen zwischen der EU und dem Vereinigten Königreich". Zugegriffen 24. November 2022. https://www.consilium.europa.eu/de/policies/eu-relations-with-the-unitedkingdom/the-eu-uk-withdrawal-agreement/timeline-eu-uk-withdrawal-agreement/.

European Alternatives. „Interview with Tania Bruguera", 19. April 2013. https://euroalter.com/interview-with-tania-bruguera/.

Eusterschulte, Birgit, und Christian Krüger, Hrsg. *Involvierte Autonomie: Künstlerische Praxis zwischen Engagement und Eigenlogik*. 1. Aufl., Bielefeld: Transcript, 2022.

Fassin, Didier. „A Contribution to the Critique of Moral Reason". *Anthropological Theory* 11, Nr. 4 (Dezember 2011): 481–91.

Feige, Daniel M., und Judith Siegmund, Hrsg. *Kunst und Handlung: ästhetische und handlungstheoretische Perspektiven*. Bielefeld: Transcript, 2015.

FEINART. „The Future of European Independent Art Spaces in a Period of Socially Engaged Art". Zugegriffen 24. Januar 2023. https://feinart.org/.

Felshin, Nina. *But is it art? The spirit of art as activism*. Winnipeg: At Bay Press, 1995.

Fiedler, Konrad. „Über den Ursprung der künstlerischen Tätigkeit". In *Schriften zur Kunst. 1*, herausgegeben von Gottfried Böhm, 2. Aufl., 1991.

Fielitz, Maik, und Laura Lotte Laloire, Hrsg. *Trouble on the far right contemporary rightwing strategies and practices in Europe*. Bielefeld: Transcript, 2016.

Fischer-Lichte, Erika. *Ästhetik des Performativen*. 10. Aufl., Frankfurt am Main: Suhrkamp, 2017.

Florida, Richard. *The Rise of the Creative Class*. New York: Basic Books, 2002.

Fluck, Winfried. *Das kulturelle Imaginäre: eine Funktionsgeschichte des amerikanischen Romans 1790 – 1900*. 1. Aufl., Frankfurt am Main: Suhrkamp, 1997.

Flyerservice Hahn. Zugegriffen 27. Oktober 2021. https://www.flyerservice-hahn.de.

Foster, Susan Leigh. „Choreographies of Protest". *Theatre Journal* 55, Nr. 3 (2003): 395–412.
Foulkes, S. H. *Introduction to group-analytic psychotherapy studies in the social integration of individuals and groups.* London, New York: Karnac Books, 1983.
Franklin, Sarah. „Nostalgic Nationalism: How a Discourse of Sacrificial Reproduction Helped Fuel Brexit Britain". *Cultural Anthropology* 34, Nr. 1 (22. Februar 2019): 41–52.
Franzen, Johannes. „Kultur und Kontroverse: Kunst als Machtmissbrauch", 54books. 5. Mai 2021. https://www.54books.de/kultur-und-kontroverse-kunst-als-machtmissbrauch/.
Fraser, Andrea. „From the Critique of Institutions to an Institution of Critique". *Art Forum* 44, Nr. 1 (2005): 278–86.
Frearson, Amy. „Brexit Party logo is ‚very clever' graphic design says Ben Terrett". *dezeen*, 15. Mai 2019. https://www.dezeen.com/2019/05/15/brexit-party-logo-clever-graphicdesign-branding-ben-terrett/.
Frederiksen, Mai Corlin. „Aesthetics of Reciprocity. Socially Engaged Art in China and Hong Kong". In *The Routledge Companion to Art and Activism in the Twenty-First Century*, herausgegeben von Lesley Shipley und Mey-Yen Moriuchi, 1. Aufl., New York: Routledge, 2022.
Freybourg, Anne Marie. „Einleitung". In *Die Inszenierung des Künstlers: [Andy Warhol, Neo Rauch, Rebecca Horn ...]*, herausgegeben von Anne Marie Freybourg, 7–11. Berlin: Jovis, 2008.
Furedi, Frank. *Therapy Culture: Cultivating Vulnerability in an Uncertain Age*. London: Routledge, 2004.
Gaensheimer, Susanne, Isabelle Malz, Catherine Nichols, und Eugen Blume, Hrsg. *Jeder Mensch ist ein Künstler. Kosmopolitische Übungen mit Joseph Beuys*. Kunstsammlung Nordrhein-Westfalen. Düsseldorf: Hatje Cantz, 2021.
Galliera, Izabel. „Guided Horizontality in Art Resistance Platforms in Hungary Since 2010". In *The Routledge Companion to Art and Activism in the Twenty-First Century*, herausgegeben von Lesley Shipley und Mey-Yen Moriuchi, 1. Aufl., 48–62. New York: Routledge, 2022.
Galliera, Izabel. „Self-Institutionalizing as Political Agency: Contemporary Art Practice in Bucharest and Budapest". *ARTMargins* 5, Nr. 2 (1. Juni 2016): 50–73.
Gasson, Leonie Rae, und Alan McKendrick. *Cadaver Police In Quest Of Aquatraz Exit*. 29. März 2019. Performance. https://www.youtube.com/watch?v=OSuPAqqeiyM.
Germer, Stefan. „Haacke, Broodthaers, Beuys". *October* 45 (1988): 63–75.
Geulen, Eva. *Das Ende der Kunst: Lesarten eines Gerüchts nach Hegel*. 1. Aufl., Frankfurt am Main: Suhrkamp, 2002.
Geuss, Fiona. „Das dialogische Kunstwerk. Gesprächsformate und Öffentlichkeit in der Kunst von der Art Workers Coalition bis Group Material und ‚new genre public art'". Freie Universität, 2019.
Gielen, Pascal, und Thijs Lijster. „Culture: The Substructure of a European Common". In *No Culture, No Europe: On the Foundation of Politics*, 19–66. Amsterdam: Valiz, 2015.
Gilroy, Paul. *After empire. melancholia or convivial culture*. Oxfordshire: Routledge, 2014.
Gludovatz, Karin, Beatrice von Bismarck, Dorothea von Hantelmann, und Bernhard Schieder, Hrsg. *Kunsthandeln*. 1. Aufl., Zürich: Diaphanes, 2010.
Goodwin, Matthew J., und Heath. „The 2016 Referendum, Brexit and the Left Behind: An Aggregate-level Analysis of the Result". *The Political quarterly* 87, Nr. 3 (2016): 323–32.

Goodwin, Matthew J., und Caitlin Milazzo. *UKIP: inside the campaign to redraw the map of British politics*. 1. Aufl., Oxford: Oxford University Press, 2015.

Gorski, Paul C. „Fighting racism, battling burnout: causes of activist burnout in US racial justice activists". *Ethnic and Racial Studies* 42, Nr. 5 (4. April 2019): 667–87.

Govinda, Manick. „Arts policy should return to Keynes' vision". *SDPtalk*, 3. November 2020. https://sdp.org.uk/sdptalk/arts-policyshould-return-to-keynes-vision/.

Govinda, Manick. Interview mit der Creative Industries Federation. 23. März 2018. https://www.youtube.com/watch?v=MexBXZuM95g.

Govinda, Manick. Persönliches Interview, 13. März 2020. Die zugehörigen Daten sind in Anhang 1 im elektronischen Zusatzmaterial einsehbar.

Govinda, Manick. „The not-so-liberal arts". *Spiked*, 4. März 2020. https://www.spikedonline.com/2020/03/04/the-not-so-liberal-arts/.

Govinda, Manick. „What's the point of political art?". *The Critic*. Zugegriffen 16. November 2021. https://thecritic.co.uk/what-is-the-point-of-political-art/.

Gramlich, Naomie, und Annika Haas. „Situiertes Schreiben mit Haraway, Cixous und grauen Quellen". *Zeitschrift für Medienwissenschaft* 20, Nr. 1 (2019): 39–52.

Graw, Isabel. „Willkommen im Resort. Sechs Thesen zum neuerlichen Strukturwandel des künstlerischen Feldes und zu dessen Folgen für die Wertbildung". *Texte zur Kunst* 127 (September 2022): 43–69.

Griffin, Tim. „Historical survey". *Artforum international* 43, Nr. 1 (2004): 224–96.

Groys, Boris. „On art Activism". *e-flux journal*, Nr. 56 (2014): 1–14.

Guderjan, Marius, Hugh Mackay, und Gesa Stedman, Hrsg. *Contested Britain: Brexit, austerity and agency*. Bristol: Bristol University Press, 2020.

Haacke, Hans, und Pierre Bourdieu. *Freier Austausch: für die Unabhängigkeit der Phantasie und des Denkens*. Frankfurt am Main: S. Fischer, 1995.

Haarmann, Anke. „Praxisästhetik". In *Kunst und Handlung: ästhetische und handlungstheoretische Perspektiven*, herausgegeben von Daniel M. Feige und Judith Siegmund. Bielefeld: Transcript, 2015.

Hanschke, Kevin. „Demo für Ungarns Studenten: Der Hoffnungsschimmer des Protests". *FAZ.NET*. Zugegriffen 26. November 2021. https://www.faz.net/aktuell/feuilleton/debatten/berliner-demonstrieren-fuer-ungarnsstudenten-17088711.html.

Haraway, Donna. „Situated Knowledges: The Science Question in Feminism and the Privilege of Partial Perspective". *Feminist Studies* 14, Nr. 3 (1988): 575–99.

Hatuka, Tali. *The Design of Protest: Choreographing Political Demonstrations in Public Space*. 1. Aufl., Austin: University of Texas Press, 2018.

Hillebrandt, Frank. „Was ist der Gegenstand einer Soziologie der Praxis?" In *Methoden einer Soziologie der Praxis*, herausgegeben von Franka Schäfer, Anna Daniel und Frank Hillebrandt, 1. Aufl., 15–36. Bielefeld: Transcript, 2015.

Hiller, Kurt. *Der Aufbruch zum Paradies*. München: Kurt Desch, 1952.

Holert, Tom. „Für eine meta-ethische Wende. Anmerkungen zur neueren Verantwortungsästhetik". *Zeitschrift für Kunstgeschichte* 81, Nr. 4 (18. Dezember 2018): 538–54.

Horkheimer, Max, und Theodor W. Adorno. *Dialektik der Aufklärung: philosophische Fragmente*. 23. ungekürzte Ausgabe. Frankfurt am Main: Fischer Taschenbuch Verlag, 2017.

Hornuff, Daniel. *Die Neue Rechte und ihr Design: Vom ästhetischen Angriff auf die offene Gesellschaft*. Bielefeld: Transcript, 2019.

"How To Talk To People You Disagree With. Episode 1 von Keep it Complex". Zugegriffen 17. Mai 2022. https://soundcloud.com/user-684352380/how-to-talk-to-people-youdis agree-with-episode-1.

Hutchinson, Paul. Korrespondenz mit der Autorin, 2020.

ICM Unlimited. "Impact of Brexit Research 2017". Arts Council England, 20. Februar 2018. https://www.artscouncil.org.uk/impact-brexit-arts-and-culture-sector-2018.

"Ideenwettbewerb: Tillmans und Koolhaas rufen zur Imagekampagne für EU auf". *monopol*, 26. März 2018. https://www.monopol-magazin.de/tillmans-und-koolhaas-rufen-zur-imagekampagne-fuer-eu-auf.

Inwood, Stephen. *Historic London: An Explorer's Companion*. London: Macmillian, 2008.

Jäger, Anton. *Hyperpolitik. Extreme Politisierung ohne politische Folgen*. Originalausgabe. Berlin: Suhrkamp, 2023.

Jones, Jonathan. "Anish Kapoor's Brexit artwork: Britain on the edge of the abyss". *The Guardian*, 3. April 2019. https://www.theguardian.com/artanddesign/2019/apr/03/anish-kapoor-brexit-artworkbritain-edge-abyss.

Jones, Jonathan. "These Anti-Brexit Posters Show Just What We Lose by Leaving the EU". *The Guardian*, 26. April 2016. https://www.theguardian.com/artanddesign/jonathanjone sblog/2016/apr/26/antibrexitposters-wolfgang-tillmans-eu-referendum.

Kaddar, Merav, Volker Kirchberg, Nir Barak, Milena Seidl, Patricia Wedler, und Avner de Shalit. "Artistic City-Zenship: How Artists Perceive and Practice Political Agency in Their Cities". *Journal of Urban Affairs*, 8. September 2020, 1–19.

Kalmbach, Heiko. *If one thing matters – a film about Wolfgang Tillmans*, 2008. https://vimeo.com/channels/heikokalmbach/14087355.

Kant, Immanuel. "Kritik der Urteilskraft". In *Texte zur Theorie der Literaturkritik*, herausgegeben von Sascha Michel, 39–52. Reclams Universalbibliothek 18549. Stuttgart: Reclam, 2008.

Karstein, Uta, und Nina Tessa Zahner, Hrsg. *Autonomie der Kunst? Zur Aktualität eines gesellschaftlichen Leitbildes*. Wiesbaden: Springer Fachmedien, 2016.

Kastner, Jens. *Der Streit um den ästhetischen Blick: Kunst und Politik zwischen Pierre Bourdieu und Jacques Rancière*. Wien: Turia + Kant, 2012.

Kastner, Jens. *Die Linke und die Kunst: ein Überblick*. 1. Aufl., Münster: Unrast, 2019.

Kastner, Jens. "Über strukturelle Grenzen (hinweg). Was Kunstproduktion und soziale Bewegungen verbindet". In *Kunst. Theorie. Aktivismus. Emanzipatorische Perspektiven auf Ungleichheit und Diskriminierung*, herausgegeben von Alexander Fleischmann und Doris Guth, 23–58. Bielefeld: Transcript, 2015.

Kastner, Jens, und Lea Susemichel. *Identitätspolitiken: Konzepte und Kritiken in Geschichte und Gegenwart der Linken*. 1. Aufl., Münster: Unrast, 2018.

Kauppert, Michael. "Ästhetische Praxis. Selbstentgrenzung der Künste oder Entkunstung der Kunst?". In *Ästhetische Praxis*, herausgegeben von Michael Kauppert und Heidrun Eberl, 3–36. Wiesbaden: Springer, 2016.

Keblusek, Marika, und Badeloch Vera Noldus, Hrsg. *Double agents. Cultural and political brokerage in early modern Europe*. Leiden, Boston: Brill, 2011.

*Keep it Complex, Make it Clear*. "Programme ,Unite Against Dividers – An Activation Weekend for the Arts'", 2017.

Kellermann, Florian im Gespräch mit Julius Stucke. "Streit um Westerplatte-Museum in Danzig – Polens Regierung will ihr Geschichtsbild durchdrücken". *Deutschlandfunk*

*Kultur*. 18. Juli 2019. https://www.deutschlandfunkkultur.de/streit-um-westerplatte-museum-in-danzig-polens-regierung-100.html.

Kester, Grant H. *Conversation pieces: community and communication in modern art*. Berkeley: University of California Press, 2013.

Kester, *The One and the Many: Contemporary Collaborative Art in a Global Context*. Durham: Duke University Press, 2011.

Kielburger, Marc, und Craig Kielburger. *Take Action! A Guide to Active Citizenship*. Hoboken, New Jersey: John Wiley & Sons, 2002.

Kirchberg, Volker, Marie Hoop, und Merav Kaddar. „The Influence of Political Engagement on Artistic Reputation. Self-Evaluations of Artists". Der Einfluss von politischem Engagement auf die künstlerische Reputation. Selbsteinschätzungen von Künstlern, Journal of Cultural Management and Cultural Policy / Zeitschrift für Kulturmanagement und Kulturpolitik, 9, Nr. 1 (2023): 29–58.

Kleinmichel, Philipp. „The Symbolic Excess of Art Activism". In *The Art of Direct Action: Social Sculpture and Beyond*, herausgegeben von Karen van den Berg, Cara M. Jordan und Philipp Kleinmichel, 211–38. Berlin: Sternberg Press, 2019.

Klimke, Daniela, Rüdiger Lautmann, Urs Stäheli, Christoph Weischer, und Hanns Wienold, Hrsg. *Lexikon zur Soziologie*. 6. Aufl., Wiesbaden: Springer, 2020.

Knorr-Cetina, Karin, Eike Savigny und Theodore R. Schatzki, Hrsg. *The Practice Turn in Contemporary Theory*. London, New York: Routledge, 2001.

Koller, Veronika, Susanne Kopf, und Marlene Miglbauer. „Introduction. Context, history and previous research". In *Discourses of Brexit*, herausgegeben von Veronika Koller, Susanne Kopf und Marlene Miglbauer, 1–14. London: Routledge, 2019.

Kraetzig, Viktoria. „Urheberrecht: Der Brexit stört die Markenstrategie". *FAZ.NET*, 26. Januar 2021. https://www.faz.net/aktuell/wirtschaft/welche-auswirkungen-der-brexit-auf-dasurheberrecht-hat-17166272.html.

Krasny, Elke. „Das Insuläre. Von den Strategien hypermoderner Raumproduktion". In *Inseln und Archipele*, herausgegeben von Anna E. Wilkens, Patrick Ramponi und Helge Wendt, 187–207. Bielefeld: Transcript, 2011.

Krastev, Ivan, und Stephen Holmes. *The Light That Failed Why the West Is Losing the Fight for Democracy*. New York, London: Pegasus, 2019.

Kreienbrink, Matthias. „Der Objektivitäts-Schwindel". *taz*, 17. Dezember 2019. https://taz.de/!5646280/.

Krieger, Verena. „Sieben Arten, an der Überwindung des Künstlersubjekts zu scheitern. Kritische Anmerkungen zum Mythos vom verschwundenen Autor". In *Was ist ein Künstler? Das Subjekt der modernen Kunst*, herausgegeben von Martin Hellmold, Sabine Kampmann, Ralph Lindner und Katharina Sykora, 117–48. München: Wilhelm Fink, 2003.

Kruse, Jan. *Reader „Einführung in die Qualitative Interviewforschung"*. Freiburg: Institut für Soziologie, 2011.

Kunstsammlung NRW. *Digital Talk: Matthias Lilienthal & Wolfgang Tillmans*. Gesprächsreihe „Für den Hasenkomplex", 2021. https://www.youtube.com/watch?v=sZBOC6aFhfs&t=2s.

Laclau, Ernesto, und Chantal Mouffe. *Hegemony and Socialist Strategy: Towards a Radical Democratic Politics*. 2. Aufl., London, New York: Verso, 2001.

Lacy, Suzanne, Hrsg. *Mapping the Terrain. New Genre Public Art*. Winnipeg: Bay Press, 1994.

Laudenbach, Peter und John Goetz. „Druck von rechts". *Süddeutsche.de*, 27. August 2019. https://www.sueddeutsche.de/kultur/afd-kulturpolitik-rechtsextremismus-gewalt1.4578106.

Lettau, Meike. *Künstler als Agents of Change Auswärtige Kulturpolitik und zivilgesellschaftliches Engagement in Transformationsprozessen*. 1. Aufl., Wiesbaden: Springer, 2020.

Liberate Tate. „Liberate Tate", 2016. https://liberatetate.wordpress.com/.

Lind, Maria. „The Collaborative Turn". In *Taking the matter into common hands: On Contemporary Art and Collaborative Practices*, herausgegeben von Maria Lind, Johanna Billing und Lars Nils, 15–31. London: Black Dog, 2007.

Lippard, Lucy. „Trojan Horses. Activist Art and Power". In *Art after modernism: rethinking representation*, herausgegeben von Brian Wallis, 341–48. 6. Aufl., New York, Boston: The MIT Press, 1984.

Lippard, Lucy. *Six years: the dematerialization of the art object from 1966 to 1972*. 1. California paperback print. Berkeley: University of California Press, 1997.

Love, Nancy S., und Mark Mattern. *Doing Democracy: Activist Art and Cultural Politics*. SUNY Series, Praxis: Theory in Action. Albany: SUNY Press, 2013.

Lowndes, Sarah. *The DIY Movement in Art, Music and Publishing: Subjugated Knowledges*. New York: Routledge, 2016.

Ludovici, Ginevra. „Conversation with Tania Bruguera". *Made in Mind Magazine*, 19. Juni 2019. https://www.madeinmindmagazine.com/conversation-with-tania-bruguera/.

Luhmann, Niklas. *Die Kunst der Gesellschaft*. 1. Aufl., Frankfurt am Main: Suhrkamp, 1997.

Lütticken, Sven. „Guy Debord and the Cultural Revolution". *Grey Room* 52 (Juli 2013): 108–27.

MacDonald, Stuart. „Brexit, Kunst und Kultur". *Kulturpolitische Mitteilungen* 163, Nr. 4 (2018): 24–25.

MacDonald, Stuart. *The Impact of Brexit on International Cultural Relations in the European Union*. Edition Culture and Foreign Policy. Stuttgart: ifa Institut für Auslandsbeziehungen, 2017.

MacKinnon, Catharine A. *Butterfly Politics*. Cambridge, Massachusetts: The Belknap Press of Harvard University Press, 2017.

Mader, Rachel, Hrsg. *Kollektive Autorschaft in der Kunst: alternatives Handeln und Denkmodell*. Kunstgeschichten der Gegenwart 10. Bern: Peter Lang, 2012.

Malzacher, Florian, und steirischer herbst, Hrsg. *Truth is Concrete. A Handbook for artistic strategies in everyday politics*. Berlin: Sternberg Press, 2014. Manchester Art Gallery.

Manchester Art Gallery. „School of Integration". Zugegriffen 5. Januar 2021. https://mancsterartgallery.org/exhibitions-and-events/exhibition/school-ofintegration/.

Manig, Bert-Oliver. „Züricher ‚Europa-Rede' 1946 – Als Winston Churchill zur Ikone der Europabewegung wurde". *deutschlandfunk*, 19. September 2021. https://www.deutschlandfunk.de/zuericher-europa-rede-1946-als-winston-churchillzur-ikone-100.html.

Marchart, Oliver. *Conflictual Aesthetics: Artistic Activism and the Public Sphere*. Berlin: Sternberg Press, 2019.

Marsili, Lorenzo, und Niccolo Milanese. *Citizens of nowhere: how Europe can be saved from itself*. London: ZED, 2018.

Mayring, Philipp. *Qualitative Inhaltsanalyse. Grundlagen und Techniken.* 12. Aufl., Beltz Juventa, 2015.
„McDonald's Radio University". Zugegriffen 28. April 2021. http://www.mru.global/.
McGarry, Aidan, Itir Erhart, Hande Eslen-Ziya, Olu Jenzen, und Umut Korkut. „Introduction: The Aesthetics of Global Protest: Visual Culture and Communication". In *The Aesthetics of Global Protest,* herausgegeben von Aidan McGarry, Itir Erhart, Hande Eslen-Ziya, Olu Jenzen und Umut Korkut. Amsterdam: Amsterdam University Press, 2020.
McGaughey, Ewan. „If ‚Vote Leave' Broke the Law, Could Brexit be Void?" *Verfassungsblog,* 8. Juni 2018. https://verfassungsblog.de/if-vote-leave-broke-the-law-could-brexit-bevoid/.
McGraw, Hesse. „Theaster Gates: Radical Reform with Everyday Tools". *Afterall Journal,* Nr. 30 (7. Juni 2012). https://www.afterall.org/article/theaster-gates-radical-reform-witheveryday-tools.
McKee, Yates. *Strike Art: Contemporary Art and the Post-Occupy Condition.* London; New York: Verso, 2016.
McMahon, Joe, und James Hartigan. *Brexit, the Trump effect, and de-globalization.* Bradford:
Mesch, Claudia. *Art and Politics: A Small History of Art for Social Change since 1945.* London: I. B. Tauris, 2013.
Mesch, Claudia. „Institutionalizing Social Sculpture. Beuys' Office for Direct Democracy through Referendum Installation 1972 (1997)". In *Joseph Beuys: The Reader,* herausgegeben von Claudia Mesch und Viola Michely, 198–217. London: I. B. Tauris, 2007.
Michalka, Matthias. *The artist as ...* Wien: MOMUK, Museum Moderner Kunst Stiftung Ludwig, 2006.
Manchester International Festival, *MIF Originals: The School of Integration,* 2019. Zugegriffen 6. Februar 2023. https://www.youtube.com/watch?v=oD1CRdv30As.
*Migrants Make Culture.* London, 2020. Zugegriffen 6. Februar 2023. https://www.youtube.com/watch?v=1arPZRSubuU.
Mitchell, William John Thomas. „How to Make Art with a Jackhammer: A Conversation with Tania Bruguera". *Afterall: A Journal of art context and enquiry* 42 (2016): 51–72.
Mohr, Henning. *Die Kunst der Innovationsgesellschaft.* Wiesbaden: Springer, 2018.
Monopol „Überraschung beim Turner Prize: Auszeichnung geht an alle Nominierten". *monopol,* 3. Dezember 2019. https://www.monopol-magazin.de/turner-prize-geteilt.
Montenegro Rosero, Andrés David. „Arte de Conducta: On Tania Bruguera's Tatlin's Whisper Series". In *Rhetoric, Social Value and the Arts,* herausgegeben von Charlotte BonhamCarter und Nicola Mann, 85–106. Cham: Springer International Publishing, 2017.
Morton, Tom. „The Spectacular Emptiness of Boris Johnson's 'Festival of Brexit'". *Frieze,* 19. November 2019. https://www.frieze.com/article/spectacular-emptiness-boris-johnsonsfestival-brexit.
Moshenska, Gabriel. „Anatomy of a 'Trigger Warning' Scandal". Manchester: Manchester University Press, 2020.
Mouffe, Chantal. *Exodus und Stellungskrieg: die Zukunft radikaler Politik.* 2. Aufl., Wien: Turia + Kant, 2009.
Moulton, Alex A. „Black monument matters: Place-based commemoration and abolitionist memory work". *Sociology compass* 15, Nr. 12 (2021).

Musarò, Pierluigi, Melissa Moralli, und Paola Parmiggiani. „Borders Kill. Tania Bruguera's Referendum as an Artistic Strategy of Political Participation". *Journal of Mediterranean Knowledge*, Nr. 4 (Dezember 2019): 137–59.

Museums Association. „Anxiety Deepens over Risk of No-Deal Brexit". 26. Februar 2019. https://www.museumsassociation.org/museums-journal/analysis/2019/02/01032019anxiety-grows-over-risk-no-deal-brexit/.

Museums Association. „How a No-Deal Brexit Could Affect Arts, Culture and Heritage Organisations", 17. Oktober 2019. https://www.museumsassociation.org/news/17102019-brexit-checklistgovernment.

Music Venue Trust. „Cancel the Festival of Britain – Save Britain's Grassroots Culture". Change.org, 2021. https://www.change.org/p/boris-johnson-cancel-the-festival-ofbritain-save-britain-s-grassroots-culture.

Musicians Union. „Let Touring Musicians Travel: Support Musicians Working in the EU Post-Brexit". Change.org. Zugegriffen 27. April 2020. https://www.change.org/p/government-parliament-let-touring-musicians-travel-support-musicians-working-in-the-eu-post-brexit-workingintheeu.

Musil, Robert. *Prosa und Stücke*. Hamburg: Rowohlt, 1978.

Ng, Eve. *Cancel Culture: A Critical Analysis*. Cham: Springer International Publishing, 2022.

Nicolaïdis, Kalypso. *Exodus, reckoning, sacrifice: three meanings of Brexit*. London: Unbound, 2019.

Nohlen, Dieter. *Lexikon der Politik. 7. Politische Begriffe*. München: C.H. Beck, 1995.

Norris, Pippa, und Ronald Inglehart. *Cultural backlash Trump, Brexit, and authoritarian populism*. Cambridge: Cambridge University Press, 2019.

Nowicka, Magdalena. „Cultural Precarity: Migrants' Positionalities in the Light of Current Anti-Immigrant Populism in Europe". *Journal of Intercultural Studies* 39, Nr. 5 (3. September 2018): 527–42.

Oliver, Tim. *Understanding Brexit. A Concise Introduction*. Bristol: Policy Press, 2018.

Ostrom, Elinor. *Governing the commons: the evolution of institutions for collective action*. Cambridge: Cambridge University Press, 2015.

Panofsky, Erwin. *Studien zur Ikonologie. Humanistische Themen in der Kunst der Renaissance*. Köln: DuMont, 1980.

Perrigo, Billy. „,Get Brexit Done.' The 3 Words That Helped Boris Johnson Win Britain's 2019 Election". *Time*, 13. Dezember 2019. https://time.com/5749478/get-brexit-doneslogan-uk-election/.

Pes, Javier. „,No One's Culture Is Better Than Another': Why Artist Tania Bruguera Opened a School of Multicultural Food, Craft, and History". *Artnet News*, 1. August 2019. https://news.artnet.com/art-world/tania-bruguera-school-of-integration-1608730.

Piper, Adrian. „To Art (reg. intrans. v.)". In *Practice*, herausgegeben von Marcus Boon und Gabriel Levine, 39–43. Documents of contemporary art. London; Cambridge, Massachusetts: Whitechapel Gallery, MIT Press, 2018. „Polis180". Zugegriffen 20. Januar 2022. https://polis180.org/.

Polis180. „Polis180". Zugegriffen 20. Januar 2022. https://polis180.org/.

Queens Museum. „Immigrant Movement International", 2012. https://queensmuseum.org/program/immigrant-movement-international-2/.

Rancière, Jacques. *Der emanzipierte Zuschauer*. 2. Aufl., Wien: Passagen Verlag, 2015.

Rancière, Jacques. *Die Aufteilung des Sinnlichen: die Politik der Kunst und ihre Paradoxien.* Herausgegeben von Maria Muhle. Berlin: b_books, 2006.

Rancière, Jacques. *The Emancipated Spectator.* London; New York: Verso, 2021.

Raunig, Gerald. *Art and Revolution: Transversal Activism in the Long Twentieth Century.* Los Angeles; Cambridge, Massachusets: Semiotext(e), 2007.

Raunig, Gerald. „Instituent Practices: Fleeing, Instituting, Transforming". In *Art and Contemporary Critical Practice Reinventing Institutional Critique*, herausgegeben von Gerald Raunig und Gene Ray, 3–12, 2009.

Rauterberg, Hanno. „Joseph Beuys: Ein deutscher Heiland". *ZEIT ONLINE*, 28. März 2021. https://www.zeit.de/2021/13/joseph-beuys-kunst-aktivismus-nationalsozialismusholocaust-werk/komplettansicht.

Rauterberg, Hanno. „Kunstkollektive: Wir! Wir! Wir!" *Die ZEIT*, 22. Oktober 2021.https://www.zeit.de/2021/43/kunstkollektive-kunst-documenta-turner-preiskunstmarkt-identitaetspolitik-kapitalismus.

Rauterberg, Hanno. *Wie frei ist die Kunst? Der neue Kulturkampf und die Krise des Liberalismus.* 1. Aufl., Berlin: Suhrkamp, 2018.

Ray, Gene, und Gregory Sholette. „Introduction: Whither Tactical Media?" *Third Text* 22, Nr. 5 (September 2008): 519–24.

Rappmann, Rainer, Hrsg. „Über die FIU - Freie Internationale Universität". FIU Verlag, 1992. http://www.muenster.org/beuys/000/25.htm.

Rebentisch, Juliane. „Ausstellungen des Politischen in der Kunst". Mosse Lecture, 13. Juni 2019. https://www.youtube.com/watch?v=a4Uaz20QDdM.

Rebentisch, Juliane. *Theorien der Gegenwartskunst.* Hamburg: Junius, 2013.

Rebentisch, Juliane. „Zur Aktualität ästhetischer Autonomie. Juliane Rebentisch im Gespräch." In *Inaesthetik. Theses on contemporary art.*, herausgegeben von Tobias Huber und Marcus Seintweg, 103–18. Zürich – Berlin: Diaphanes, 2008.

Reckwitz, Andreas. „Ästhetik und Gesellschaft – ein analytischer Bezugsrahmen". In *Ästhetik und Gesellschaft: Grundlagentexte aus Soziologie und Kulturwissenschaften*, herausgegeben von Andreas Reckwitz, Sophia Prinz und Hilmar Schäfer, 4. Aufl., 13– 54. Berlin: Suhrkamp, 2015.

Reckwitz, Andreas. „Der Kreative als Sozialfigur der Spätmoderne". In *Kreativität und soziale Praxis: Studien zur Sozial- und Gesellschaftstheorie*, 185–94. Bielefeld: Transcript, 2016.

Reckwitz, Andreas. *Die Erfindung der Kreativität: zum Prozess gesellschaftlicher Ästhetisierung.* 3. Aufl., Berlin: Suhrkamp, 2013.

Reckwitz, Andreas. *Die Gesellschaft der Singularitäten: zum Strukturwandel der Moderne.* Berlin: Suhrkamp, 2017.

Reckwitz, Andreas. „Die Reproduktion und die Subversion sozialer Praktiken. Zugleich ein Kommentar zu Pierre Bourdieu und Judith Butler". In *Doing culture: neue Positionen zum Verhältnis von Kultur und sozialer Praxis*, herausgegeben von Karl H. Hörning und Julia Reuter, 40–54. Bielefeld: Transcript, 2004.

Reckwitz, Andreas. „Kulturkonflikte als Kampf um die Kultur: Hyperkultur und Kulturessenzialismus". In *Das Ende der Illusionen: Politik, Ökonomie und Kultur in der Spätmoderne*, 29–62. Berlin: Suhrkamp, 2019.

Reckwitz, Andreas. *Subjekt.* 3. Aufl., Bielefeld: Transcript, 2008.

Reckwitz, Andreas. „Toward a Theory of Social Practices: A Development in Culturalist Theorizing". *European Journal of Social Theory* 5, Nr. 2 (Mai 2002): 243–63.
Riegel, Hans Peter. *Beuys: die Biographie.* 1. Aufl., Berlin: Aufbau-Verlag, 2013.
Robbins, Christa Noel. „Tania Bruguera: The Structure of Address after the Participatory Turn". *The Minnesota Review* 2015, Nr. 85 (2015): 170–79.
Roberts, John. „Art, Neoliberalism and the Fate of the Commons". In *The Art of Direct Action: Social Sculpture and Beyond*, herausgegeben von Karen van den Berg, Cara M. Jordan und Philipp Kleinmichel, 239–58. Berlin: Sternberg Press, 2019.
Roberts, John. *Revolutionary Time and the Avant-Garde*. London: Verso, 2015.
Roe-Crines, Andrew S. „Margaret Thatcher and the Rhetorical Road to Brexit". In *Thatcherism in the 21st Century: The Social and Cultural Legacy*, herausgegeben von Antony Mullen, Stephen Farrall und David Jeffery, 185–207. Cham: Springer International Publishing, 2020.
Rogger, Basil. „Protest. Eine Zukunftspraxis". In *Protest: eine Zukunftspraxis*, herausgegeben von Basil Rogger, Jonas Voegeli, und Ruedi Widmer, 32–45. Korrespondenzen: Nr. 7. Zürich: Lars Müller Publishers, 2018.
Rosenkranz, Marie. „Konstruktive Zerstörung. Zur Performativität kunstaktivistischer Praxis in der Klimakrise". *Zeitschrift für Ästhetik und allgemeine Kunstwissenschaft*, 2022: 65–76.
Rosenkranz, Marie. „Politische Erfahrungswelten. Zu einer soziologischen Perspektive auf Literatur nach Luc Boltanski". In *Luc Boltanski und die Literatursoziologie*, herausgegeben von David-Christopher Assmann, 139–50. Wiesbaden: Springer Fachmedien, 2024.
Rosenkranz, Marie. „Praxis im Konflikt. Kunstaktivismus als performative Kulturpolitik". In *Konfliktuelle Kulturpolitik*, herausgegeben von Anke Schad-Spindler, Friederike Landau-Donnelly, Fridrik und Oliver Marchart, 159–73. Politologische Aufklärung – konstruktivistische Perspektiven. Wiesbaden: Springer VS, 2022.
Rosenkranz, Marie. „Stealing (as) Art. Performances of Restitution from Mwazulu Diyabanza to Frankfurter Hauptschule". *Journal of Cultural Analysis and Social Change* 6, Nr. 1 (31. Juli 2021).
Rosenkranz, Marie. „Zur ‚zentrifugalen Kraft' aktivistischer Kunst. Überlegungen am Beispiel einer künstlerischen Protestaktion". In *Plurale Verschränkungen. Zur Entdifferenzierung von Kunst, Politik, Wissenschaft und Wirtschaft*, herausgegeben von Marie Rosenkranz und Nina Tessa Zahner, Wiesbaden: Springer VS, 2024.
Roß, Jan. „Aus dem vereinigten ist ein gespaltenes Königreich geworden". *Die ZEIT*, 13. Oktober 2020.
Roß, Jan. „So schön, wie es nie war". *ZEIT ONLINE*, 1. Januar 2022. https://www.zeit.de/2022/01/nostalgie-konservative-weltanschauung-fortschrittwandel.
Roth, Silke. „Introduction: Contemporary Counter-Movements in the Age of Brexit and Trump". *Sociological Research Online* 23, Nr. 2 (Juni 2018): 496–506.
ruangrupa. „Glossar". *documenta fifteen*, 2022. https://documenta-fifteen.de/glossar/.
Sanio, Sabine. *Alternativen zur Werkästhetik: John Cage und Helmut Heißenbüttel*. Saarbrücken: Pfau, 1999.
Saunders, Robert. „A tale of two referendums: 1975 and 2016". *Political Quarterly* 887, Nr. 3 (2016): 318–322.

Schäfer, Armin, und Michael Zürn. *Die demokratische Regression*. Edition Suhrkamp. Frankfurt am Main: Suhrkamp, 2021.
Schäfer, Franka, Anna Daniel, und Frank Hillebrandt. „Einleitung". In *Methoden einer Soziologie der Praxis*, herausgegeben von Franka Schäfer, Anna Daniel, und Frank Hillebrandt, 1. Aufl., 7–12. Bielefeld: Transcript, 2015.
Schama, Simon. *Landscape and memory*. 1. Aufl., New York: Vintage Books, 1996.
Schankweiler, Kerstin. *Bildproteste. Widerstand im Netz*. Berlin: Verlag Klaus Wagenbach, 2019.
Schuler, Günter. *body types. Kompendium der Satzschriften: Serif, Sans Serif und Slab Serif*. Kilchberg: Smart Books, 2003.
Schürkmann, Christiane, und Nina Tessa Zahner, Hrsg. *Wahrnehmen als soziale Praxis: Künste und Sinne im Zusammenspiel*. Kunst und Gesellschaft. Wiesbaden: Springer Wiesbaden, 2021.
Schürmann, Eva. „Sagen, Zeigen, Handeln". In *Kunst und Handlung: ästhetische und handlungstheoretische Perspektiven*, herausgegeben von Daniel M. Feige und Judith Siegmund, 53–72. Bielefeld: Transcript, 2015.
Scott, Marc. „Cambridge Analytica Did Work for Brexit Groups, Says Ex-Staffer". *POLITICO*, 30. Juli 2019. https://www.politico.eu/article/cambridge-analytica-leave-eu-ukipbrexit-facebook/.
Seiler, Sascha. „Das Schreckgespenst von der Insel – Vorbemerkungen zum Schwerpunkt ‚BrexLit' der April-Ausgabe". literaturkritik.de. Zugegriffen 27. April 2020. https://literaturkritik.de/das-schreckgespenst-insel-vorbemerkungen-schwerpunkt-brexlit-april-ausgabe,25588.html.
Serafini, Paula. *Performance Action: The Politics of Art Activism*. London, New York: Routledge, 2018.
SFB 1512 „Intervenierende Künste". Zugegriffen 14. September 2023. https://www.sfbintervenierende-kuenste.de/ueber-uns/forschungsprogramm/index.html.
Shaw, Anny. „UK art market: too little, too late?" *The Art Newspaper – International art news and events*, 4. Mai 2022. https://www.theartnewspaper.com/2022/05/04/britains-shareof-the-global-market-is-at-its-lowest-in-a-decade.
Sholette, Gregory. „After OWS: Social Practice Art, Abstraction, and the Limits of the Social". *E-Flux Journal*, 2012.
Sholette, Gregory. „Dark Matter. Activist Art and the Counter-Public Sphere". *Art Forum*, o. J., 1–23.
Sholette, Gregory. *The Art of Activism and the Activism of Art*. London: Lund Humphries, 2022.
Siegmund, Judith. *Die Evidenz der Kunst: Künstlerisches Handeln als ästhetische Kommunikation*. Bielefeld: Transcript, 2007.
Siegmund, Judith. *Zweck und Zweckfreiheit: Zum Funktionswandel der Künste im 21. Jahrhundert*. Ästhetiken X.0 – Zeitgenössische Konturen ästhetischen Denkens. Stuttgart: J.B. Metzler, 2019.
Smith, Terry. „Infrastructural Activism". *NAVA*, 17. Oktober 2016. https://visualarts.net.au/news-opinion/2016/infrastructural-activism/.
Sonderegger, Ruth. „Kants Ästhetik im Kontext des kolonial gestützten Kapitalismus". *Zeitschrift für Ästhetik und Allgemeine Kunstwissenschaft* Sonderheft 17 (2018): 109–29.

Spengler, Jochen. „Kulturförderung in UK – Britanniens Kultur floriert trotz Kürzungen". *Deutschlandfunk Kultur,* 24. Dezember 2014. https://www.deutschlandfunkkultur.de/kul turfoerderung-in-uk-britanniens-kulturfloriert-trotz-100.html.
Speretta, Tommaso. *Rebels Rebel: AIDS, Art and Activism in New York, 1979 – 1989.* Ghent: MER. Paper Kunsthalle, 2014.
Staal, Jonas. *Propaganda art in the 21st Century.* Cambridge, Massachusetts: The MIT Press, 2019.
Stadt Kassel. „Arnold Bode Award Goes to INSTAR – Tania Bruguera". Documenta Archiv, 30. März 2021. https://www.documenta-archiv.de/en/aktuell/neuigkeiten/2443/ arnoldbode-award-goes-to-instar-tania-bruguera.
Sternfeld, Nora. „Das Teilen des Mehrwerts als eine Form von Kollektivität. ruangrupa im Gespräch mit Nora Sternfeld". *Texte zur Kunst* 124 (2021): 66–84.
Steuerwald, Christian. „Einleitung". In *Klassiker der Soziologie der Künste,* herausgegeben von Christian Steuerwald, 1–19. Wiesbaden: Springer, 2017.
Stewart, Heather, und Rowena Mason. „Nigel Farage's anti-migrant poster reported to police". *The Guardian,* 16. Juni 2016. https://www.theguardian.com/politics/2016/jun/16/nig elfarage-defends-ukip-breaking-point-poster-queue-of-migrants.
Stimson, Blake, und Gregory Sholette, Hrsg. *Collectivism after Modernism: The Art of Social Imagination after 1945.* Minneapolis: University of Minnesota Press, 2007.
Szreder, Kuba. „Duck-Rabbits Against Fascism: Post-Artistic Postcard from Warsaw". *FIELD. A Journal of Socially Engaged Art Criticism.,* Nr. 12 (2019). http://fieldjournal. com/issue-12/duck-rabbits-against-fascism-post-artistic-postcard-fromwarsaw.
Tailor, Neelam. „Tania Bruguera's 'School of Integration': A Two-Way Exchange". *Frieze,* 29. Juli 2019. https://www.frieze.com/article/tania-brugueras-school-integration-two way-exchange.
Taylor, Charles. *The Ethics of Authenticity.* Cambridge, Massachusetts: Harvard University Press, 1992.
Tello, Verónica. *Counter-Memorial Aesthetics.* New York: Bloomsbury Academic, 2016.
Tello, Verónica. „What Is Contemporary about Institutional Critique?: Or, Instituting the Contemporary: A Study of *The Silent University*". *Third Text* 34, Nr. 6 (1. November 2020): 635–49.
The Center for Artistic Activism. „About". Zugegriffen 13. Januar 2022. https://c4aa.org/.
The Museum of Brexit. „The Museum of Brexit". Zugegriffen 27. April 2020. https://www. museumofbrexit.uk/.
„The Silent University". Zugegriffen 28. April 2021. http://thesilentuniversity.org/.
Theimer, Walter. *Lexikon der Politik: politische Grundbegriffe und Grundgedanken.* 9., Neubearb. Aufl., München: UTB Francke, 1981.
Thompson, Nato. *Living as form: socially engaged art from 1991 – 2011.* 1. edition. New York: Creative Time Books, 2012.
Thompson, Nato. *Seeing Power: Art and Activism in the 21st Century.* 1. Aufl., Brooklyn, N.Y. [u.a.]: Melville House, 2012.
Thompson, Nato. und Gregory Sholette, Hrsg. *The Interventionists. Users' Manual for the Creative Disruption of Everyday Life.* Cambridge, Massachusetts: MIT Press, 2004.

Tillmans, Wolfgang. „pro-EU / Anti-Brexit campaign". persönliche Website von Wolfgang Tillmans, 2016. https://tillmans.co.uk/campaign-eu.

Tillmans, Wolfgang. „Protect the European Union". Zugegriffen 25. Januar 2022. https://tillmans.co.uk/protect-the-eu.

Trebeß, Achim, Hrsg. *Metzler Lexikon Ästhetik: Kunst, Medien, Design und Alltag*. Stuttgart: J.B. Metzler, 2006.

UK Music. „Brexit: UK Music's Key Concerns", 2019. https://www.ukmusic.org/policy/brexit/brexit-uk-musics-key-concerns/.

Ullrich, Peter. „Protestforschung zwischen allen Stühlen. Ein Versuch über die Sozialfigur des ‚Protestforschers'". *Forschungsjournal Soziale Bewegungen* 32, Nr. 1 (2019): 29–40.

Ullrich, Wolfgang. „Die Kunst, keine zu sein". *ZEIT ONLINE*, 19. August 2022. https://www.zeit.de/kultur/kunst/2022-08/documenta-fifteen-ausstellung-kunstkultur?utm_referrer=https%3A%2F%2Fwww.google.com%2F.

Ullrich, Wolfgang. *Die Kunst nach dem Ende ihrer Autonomie*. Berlin: Klaus Wagenbach, 2022.

Unboxed Festival. „UNBOXED: Creativity in the UK", 2022. https://unboxed2022.uk/.

Ursprung, Philip. *Joseph Beuys. Kunst, Kapital, Revolution*. München: C.H. Beck, 2021.

Van Abbe Museum. „Museum of Arte Útil", 7. Dezember 2013. https://vanabbemuseum.nl/en/programme/programme/museum-of-arte-util/.

van den Berg, Karen. „‚Joseph Beuys und das Erbe der Sozialen Plastik'". Skulpturenpark Waldfrieden, Wuppertal, 2. Juni 2021. https://skulpturenpark-waldfrieden.de/vortraege/detailansicht/prof-dr-karen-van-den-berg-joseph-beuys-unddas-erbe-der-sozialen-plastik.html.

van den Berg, Karen, Cara M. Jordan, und Philipp Kleinmichel, Hrsg. *The Art of Direct Action: Social Sculpture and Beyond*. Berlin: Sternberg Press, 2019.

van den Berg, Karen, Philipp Kleinmichel, und Cara M. Jordan. „Introduction: From an Expanded Notion of Art to an Expanded Notion of Society". In *The art of direct action: social sculpture and beyond*, vii–xiv. Berlin: Sternberg Press, 2019.

van den Berg, Karen, und Marie Rosenkranz. „Von der Institutionskritik zur Moral Economy. Hans Haacke, Dana Schutz und eine queer-feministische Buchhandlung: From Institutional Criticism to Moral Economy. Hans Haacke, Dana Schutz, and a queer feminist bookstore". *Journal of Cultural Management and Cultural Policy / Zeitschrift für Kulturmanagement und Kulturpolitik* 8, Nr. 2 (1. Dezember 2022): 137–58.

van Eikels, Kai. *Synchronisieren. Ein Essay zur Materialität des Kollektiven*. Berlin: b-books, 2020.

van Kessel, Stijn. „No One-Trick Ponies. The Multifaceted Appeal of the Populist Radical Right". In *Trouble on the far right contemporary right-wing strategies and practices in Europe*, herausgegeben von Maik Fielitz und Laura Lotte Laloire, 37–42. Political Science 39. Bielefeld: Transcript, 2016.

van Noord, Gerrie, Paul O'Neill, und Mick Wilson, Hrsg. *Art on the Scale of Life. Kathrin Böhm*. Berlin: Sternberg Press, 2023.

Virchow, Fabian, Martin Langebach, und Alexander Häusler. „Bedeutung und Wandel von ›Kultur‹ für die extreme Rechte", 441–69. Wiesbaden: Springer, 2016.

Visit Manchester. „School of Integration", 2019. https://www.visitmanchester.com/whatson/school-of-integration-p411501.

von Bismarck, Beatrice. *Auftritt als Künstler: Funktionen eines Mythos*. Köln: König, 2010.

von Hantelmann, Dorothea. *How to do things with art*. Genf: JRP I Ringier & Les presses du réel, 2010.
von Ondarza, Nicolai „Die verlorene Wette". Herausgegeben von bpb. *Aus Politik und Zeitgeschichte*, Nr. 49–50 (2016). https://www.bpb.de/shop/zeitschriften/apuz/238133/die-verlorene-wette/.
von Ondarza, Nicolai „Labours Linksruck verändert auch die britische EU-Debatte". *Stiftung Wissenschaft und Politik (SWP)*, 14. September 2015. https://www.swpberlin.org/publikation/labours-linksruck-veraendert-auch-die-britische-eu-debatte.
von Seiler, Sascha. „Das Schreckgespenst von der Insel – Vorbemerkungen zum Schwerpunkt ‚BrexLit' der April-Ausgabe". literaturkritik.de. Zugegriffen 27. April 2020. https://literaturkritik.de/das-schreckgespenst-insel-vorbemerkungen-schwerpunktbrexlit-april-ausgabe,25588.html.
Wald, Carlotta. „Galerist Johann König: Leidenschaft, die Leiden schafft". *Der Tagesspiegel Online*, 6. September 2022. https://www.tagesspiegel.de/kultur/galerist-johann-konigleinenschaft-die-leiden-schafft-8606956.html.
Walker, Nigel. „Brexit Timeline: Events Leading to the UK's Exit from the European Union". Briefing Paper. London: House of Commons, 6. Januar 2021.
Wall, Stephen. *The official history of Britain and the European Community. From rejection to referendum: 1963 – 1975*. Bd. 2. London: Routledge, 2013.
Weibel, Peter, Hrsg. *Global activism: art and conflict in the 21st century*. Cambridge, Massachusetts: MIT Press, 2015.
Weibel, Peter, Hrsg. *Kontextkunst. Kunst der 90er Jahre*. Köln: DuMont, 1995.
Weiß, Matthias. „,Sendungsbewusstsein' des Fernsehkünstlers Joseph Beuys". Kunstsammlung NRW, Düsseldorf, 2. Juni 2021. https://www.youtube.com/watch?v=S3UWKFwgp_I.
Weizman, Eyal. *Forensis. The Architecture of Public Truth*. Herausgegeben von Forensic Architecture. Berlin: Sternberg Press, 2014.
Weizman, Eyal. *Forensis*. „Open Verification". *e-flux*. Zugegriffen 2. Juli 2020. https://www.eflux.com/architecture/becoming-digital/248062/open-verification/.
Willemsen, Roger. „Die sentimentale Gesellschaft. Zur Begründung einer aktivistischen Literaturtheorie im Werk Robert Musils und Robert Müllers". *Deutsche Vierteljahresschrift für Literaturwissenschaft und Geistesgeschichte* 58, Nr. 2 (1984): 289–316.
Williams, Raymond. „Culture is Ordinary". In *Raymond Williams. Essays on Culture and Society*, herausgegeben von Jim McGuigan, 1–18. London: Sage, 1958.
WochenKlausur. „From the Object to the Concrete Intervention". In *Institutional Critique. An Anthology of Artists' Writing*, herausgegeben von Alexander Alberro und Blake Stimson, 462–69. Cambridge, Massachusetts: MIT Press, 2005.
Wrana, Daniel. „Zur Methodik einer Analyse diskursiver Praktiken". In *Methoden einer Soziologie der Praxis*, herausgegeben von Franka Schäfer, Anna Daniel und Frank Hillebrandt, 1. Aufl., 121–44. Bielefeld: Transcript, 2015.
Wulff, Helena, und Randy Martin. *Critical Moves: Dance Studies in Theory and Politics*. Durham, London: Duke University Press, 1998.
Yalcinkaya, Gunseli. „Richard Littler creates satirical poster for UK's proposed ‚Festival of Brexit Britain'". *dezeen*, 3. Oktober 2018. https://www.dezeen.com/2018/10/03/richard-littler-satirical-poster-festival-brexit-britain-news-graphics/.

Zembylas, Tasos, Hrsg. *Artistic Practices: Social Interactions and Cultural Dynamics*. European Sociological Association, Studies in European Societies. London; New York: Routledge, 2014.

Zürner, Christian. *Ästhetisches Sorgen: Eine Theorie der Kunst*. Bielefeld: Transcript, 2020.

Printed in the USA
CPSIA information can be obtained
at www.ICGtesting.com
CBHW071522081224
18663CB00006B/141